U0584014

历史、经验
与感觉结构

英国新左派的文化观念

HISTORY, EXPERIENCE
AND THE FEELING STRUCTURE

CULTURAL CONCEPTS OF THE BRITISH NEW LEFT

程祥钰 著

社会科学文献出版社
SOCIAL SCIENCES ACADEMIC PRESS (CHINA)

目 录

第一章

导　论

第一节　独特的英国视角

当我们从整体语境的角度回顾 20 世纪西方人文社会科学波澜壮阔的思潮涌动时，首先抓住我们眼球的往往是所谓"理论的突显"。乔纳森·卡勒在他的《文学理论》中总结认为，"理论"这一 20 世纪出现的特殊事物，因为它的跨学科性质，因为它对常识的批判分析，对思维的探索，从而彻底改变了包括文学在内的各个人文学科领域的研究状况。这场轰轰烈烈的理论的勃兴和跨界之旅对 20 世纪下半叶以来的文学研究产生的重大影响至少可以概括为：第一，它突出强调了文学观念中最为核心的部分，即"文学的定义"的重要性，甚至可以说，它使得"什么是文学"这一提问成为可能；第二，它对传统的文学观念，无论是理论还是批评，发起了前所未有的系统的冲击，建立了许多既相互对立又深度关联的新的理论体系，历史地改写了文学研究的面貌。[①] 然而，一旦跳出这种肯定性的总括，我们便能清晰地发现：一方面，结构主义、后结构主义、精神分析等这些 20 世纪的"理论英雄"们，几乎成了阐述当代问题无法绕过的话题；另一方面，我们也会隐约发觉，这样一条常常被概述为"语言学转向"的历史

---

① 参见〔美〕乔纳森·卡勒《文学理论》，李平译，沈阳：辽宁大学出版社，1998 年版，第 1~18 页。

线索，实际上业已成为某种"话语霸权"。它在我们试图进入历史的细部进行考察时常常会遮蔽一些问题，或者将一些异己的因素化约到自己的"刻板印象"当中。

而当我们将目光投向当代英国马克思主义的文学与文化的研究中时，这种紧张感就尤为明显。它提醒我们时刻注意，还存在这样一类与常常被视为"主体"的那些理论之间充满复杂张力的独特的观念与理论体系，提醒我们注意这类思考的形成过程及其自身的独特性。如果加以历史地观察的话，我们会发现英国马克思主义的文学与文化理论与兴盛于欧美的理论及其派生的文学文化理论之间总体上保持一种审慎的距离。伊格尔顿曾调侃英国的传统批评家们"就像一些负责知识移居的官员"一样对外来的思想挑挑拣拣，以此筛选出符合"资产阶级口味"的新工具。① 然而，与这些秉承"资产阶级口味"的批评家截然不同的英国马克思主义批评家们，对待舶来的理论也绝非欣然接受。他们不仅对形式主义、结构主义、后结构主义、精神分析、后殖民主义等兴盛于欧美的各种理论进行了深入的分析和尖锐的批评，同时也对在他们内部产生重大影响，甚至直接参与建构英国马克思主义文学观念的理论资源，如阿尔都塞和葛兰西的理论，进行了长期审慎的观察和激烈的争论。这些内部和外部的论争最终赋予英国马克思主义的文学与文化研究别具一格的理论面貌和历史价值。王杰在《漫长的革命：20 世纪英国马克思主义文论的问题与理论立场》中对英国马克思主义美学和文论的主要贡献做出三点概括：①论证了文学和审美的物质基础；②重新思考了经济基础和上层建筑关系的理论；③关于当代大众文化实践积极作用的研究。② 笔者认为还可以补充两点：①实现了许多当代批判理论的英国化和马克思主义化；②重新思考了一些传统思想资源与当代马克思主义理论之间的关系。

必须指出的是，上述历史贡献都是和英国当代马克思主义的现实斗争与理论论争密不可分的，如果脱离具体的历史与现实情境，仅仅在思想演变的脉络中看待这些成就，是无法实现更为深入的理解和反思的。而考察

---

① 参见〔英〕特里·伊格尔顿《二十世纪西方文学理论》，伍晓明译，北京：北京大学出版社，2007 年版，第 120 页。

② 参见王杰《漫长的革命：20 世纪英国马克思主义文论的问题与理论立场》，《湖北大学学报》（哲学社会科学版）2008 年第 1 期，第 36～37 页。

这段历史最好的坐标，就是对英国马克思主义思想、社会主义思想以及工人运动、文化研究等各方面影响重大的英国新左派运动。英国新左派运动赋予一批英国马克思主义思想家和同路人一个共同的历史身份：英国新左派；它还为英国新兴的左派思想提供了参与政治实践的另一种途径；它同时也为这些思想和理论的争鸣提供了舞台；最后，作为一场影响深远的政治与思想运动，它贡献了一笔宝贵的精神遗产，在实际运动结束后的时代中依然发挥重要的影响。就本书而言，将要重点考察的几个人物，如雷蒙德·威廉斯和 E. P. 汤普森等，本身就是新左派运动的核心成员；他们的理论建树和批评实践都与新左派的具体历史密不可分，而他们的思考也是构成这场运动的一个部分。因此，将这些思想家的理论与实践放归到新左派运动的历史当中，在新左派紧张而复杂的内部、外部关系中研究其独特的文学观念的形成及意义，就显得十分必要。

在此我们不妨先对本书的关键词进行简要的阐释，并以此勾勒本书的问题意识与切入角度。

第二节　英国新左派

对英国新左派历史的回顾并非要重复一段世人皆知的历史叙述，而是为了凸显这段历史所包含的错综复杂的关联、矛盾与分歧。应当说，英国新左派自诞生之初就包含诸多深刻而复杂、充满内在矛盾的特征，它们不仅对其日后的发展影响深远，更直接构成了这些代表人物思想的复杂性和差异性，并赋予了他们独特的精神气质。要在这种无法化约为"一脉相承"的特殊而紧密的关系中把握这些人物，或许就得借用伊格尔顿对维特根斯坦的"家族相似性"理论的概括：与其说是某些永恒不变的"本质"，不如说是一个具有交叠特点的网络。[1]

一　英国新左派的诞生

英国新左派的出现至少与两种思想传统和两个政党组织有密不可分的

---

[1]　参见〔英〕特里·伊格尔顿《话语与意识形态》，马驰、王朝元、麦永雄译，《马克思主义美学研究》第 2 辑，桂林：广西师范大学出版社，1999 年版，第 362 页。

关系。英国悠久的社会主义传统和马克思主义传统既是第一代英国新左派深深扎根的思想土壤，又是他们审视当下、反身自问乃至寻求突破时的参照与批判的对象。英国共产党和英国工党则既是英国新左派与现实政治和社会运动产生关联的必要途径，又是刺激后者以独立的姿态登上历史舞台的直接因素。

更为具体地看，二战之后急剧变化的英国社会生活和冷战时期许多影响深远的重大事件，则是英国新左派诞生更为直接的推动力。研究者张亮指出，二战结束后，英国共产党和英国工党内部都积聚了一定数量的知识分子党员。同时，还有一些社会主义知识分子团结在两个政党的周围。虽然就当时而言，不管是在共产党内还是在工党内，也不管是在政治上还是在思想上，这些左派知识分子都不占据领导地位，但他们却始终保持对政治和理论问题的独立思考和深度介入。[①] 如果以和英国共产党的关系为标准，这些知识分子最初大体可以划分为以汤普森为代表的"党内异议分子"和以威廉斯为代表的自由左翼知识分子。作为一个整体，这些持左翼立场的知识分子在二战结束后的英国处于非常不利的位置。工党政府的右倾、斯大林主义的侵蚀和冷战意识形态的笼罩，使得他们的言论和活动空间一度受到极大的压抑；作为不同传统的继承者，他们又各自面临不同的直接冲击。最终，在内外交困的局面下，双方主动走到了一起，并且在困境中全力寻找新的突破口，由此便诞生了后来的"新左派"。

"党内异议分子"最为集中的代表是由爱德华·汤普森、艾瑞克·霍布斯鲍姆等人组成的"共产主义历史小组"。他们在历史研究与现实关注中，都日益明显地感觉到英国的马克思主义越来越陷入僵化与教条之中。机械的阶级斗争学说和简单化的经济决定论模式，一方面限制了对英国历史的广泛深入研究；另一方面又对战后英国乃至整个西方资本主义世界社会生活发生的重大而复杂的变化缺乏解释力。更为严重的是，由于党内的官僚与机械作风，以及自身的边缘化位置，汤普森等人很难开展对既有问题的批判性讨论。当1956年苏共二十大赫鲁晓夫的秘密报告在欧美左派知识分子中产生巨大震动之际，汤普森等人迅速做出反应并争取到了一些进

---

① 参见张亮《编者的话》，张亮编《英国新左派思想家》，南京：江苏人民出版社，2010年版，第1~2页。

行批判与反思的机会，然而这些努力也很快受到压制。终于，同年 10 月、11 月间发生的苏联入侵匈牙利的事件使得这部分知识分子与英国共产党之间的矛盾彻底爆发，包括汤普森等人在内的一大批人宣布退党。在共产党的体制之外寻求新的社会主义政治途径，成为汤普森等人之后的目标。几乎与此同时，另一个事件的发生也深刻影响了英国的左派知识分子群体，那就是英国联合法国和以色列，与埃及争夺苏伊士运河掌控权的军事行动。这一事件彻底暴露了帝国强权在英国政治当中的阴魂不散，也等于宣告了战后十年以来英国左派，尤其是自由左翼的政治努力的失败。[①] "匈牙利事件"和"苏伊士运河危机"的爆发，将一批英国左派知识分子推到了一个艰难的境地。东西方两大阵营的主导性力量的暴行，让他们感受到前所未有的自身的边缘化。如何在恶劣的国内政治环境和令人失望的国际形势的裹挟中突围，找到自身的立足点，并谋求新的希望，成为英国新左派诞生的思想动力。

正是在这样的背景下，作为一场非体制化的思想运动和政治运动的英国新左派运动登上了历史舞台。这场运动最初的主导者是汤普森和霍尔等人，他们起先分别代表上述两种不同的左翼知识分子传统的突围努力，之后很快在相互之间形成了互动，并且联结起包括威廉斯等人在内的许多左派知识分子。在运动的第一阶段，参与者和受影响人群则来自各行各业，其身份涵盖了教师、学生、工人、作家、外来移民、社会主义者、无政府主义者乃至女性主义者等不同的阶层和团体。与成员的多元性相对应的是新左派组织形式的开放性——由散布于英国各地的读书会和俱乐部开展讨论和政治运动，活动地点则包括高等学府、成人教育机构、杂志编辑部和咖啡馆。[②] 这种松散的组织形式一方面是顺应客观实情（成员的多样和地点的分散），另一方面也是早期新左派核心成员有意为之，为的是抵制可能出现的僵化与官僚作风，而这一特点也对新左派后来的发展产生了深刻的影响。在松散的组织形式之外，新左派也拥有自己核心的思想阵地，那就是由汤普森和约翰·萨维勒等担任编辑的《新理性者》（*New Reasoner*），

---

① "50 年代是失败的 10 年"，参见〔美〕丹尼斯·德沃金《文化马克思主义在战后英国》，李凤丹译，北京：人民出版社，2008 年版，第 64 页。

② 参见〔英〕迈克尔·肯尼《第一代英国新左派》，李永新、陈剑译，南京：江苏人民出版社，2010 年版，第 19 ~ 41 页。

霍尔和拉斐尔·塞缪尔等担任编辑的《大学与左派评论》（*Universities and Left Review*）以及 1960 年这两份杂志合并后创刊并延续至今的《新左派评论》（*New Left Review*）。本书所要探讨的新左派人物，他们各自思想的构建以及与其他成员的冲突，他们与各个时期新左派内部"核心辩题"的关系，除了个人专著之外，在这三份杂志中总能得到充分而及时的体现。

英国新左派运动历经 20 多年，无论在政治实践领域还是在思想领域都对英国乃至世界产生了重大而深远的影响。英国新左派的活动横跨政治、经济、文化等各个领域，讨论的问题涵盖历史与当下、国内局势与国际形势、具体策略与理论方法等各个方面。就政治运动而言，他们参与了工人运动、和平运动、核裁军运动、妇女运动等运动并在其中发挥了重要作用；就思想理论而言，他们所关注的"批判斯大林主义""文化""西方马克思主义""殖民"等问题很大程度上影响了英国各个人文学科研究的面貌，对日后兴起的许多思想运动意义深远，并直接催生了英国的文化研究。

二 英国新左派的论争

在摆脱了原有的理论教条和局限的方法论的束缚后，新左派在思想上的活力得以释放，所探讨的问题和领域无论从广泛度还是新颖度上都呈现爆发的态势。参与者的多元化也同时决定了论题、立场和角度的多元化。而与这种广泛和多元相伴而生的则是新左派思想内部的激烈碰撞与分歧。在英国新左派的历史当中，核心的思想论争发生过至少四次，第一次是 20 世纪 50 年代中后期早期新左派对斯大林主义的批判；第二次是 60 年代初关于"文化"问题的争论；第三次是 60 年代中期第二代新左派对第一代新左派的"文化观念"发起的冲击；第四次是 70 年代所谓"文化马克思主义"与"结构马克思主义"之争。概言之，这些论争所关注的是新左派自身与当时所谓"正统马克思主义"、英国本土的思想传统和历史经验，以及西方马克思主义之间的关系。实际上英国新左派的论争并不像概括的那样分期明确，围绕各个核心问题展开的辩论不仅前后之间有千丝万缕的联系，而且往往绵延甚久，在时间和内容上常常相互渗透、相互阐发。这种绵延与渗透一方面增加了历次论争的激烈程度；另一方面也一定程度上构成了组织松散、差异明显的新左派思想家之间的特殊关联。

英国新左派论争的另一大特点是内部张力明显。这不仅是指形成冲突观点的对立双方之间存在很大的分歧，还包括曾经或有可能被归为同一立场的人物内部的不容忽视的差异甚至直接冲突，以及一些人物思想本身的内在矛盾性。如果说前面提到的几次重大的论争作为重大的历史背景和历史事件总是能受到一定关注的话，这类相对细微的思想交锋则更容易被追求体系化和一致性的论述所淹没，甚至干脆被忽视。而这些细节在关于新左派的文化观念的梳理当中会表现得更为明显。

第三节 "文化"与"文化观念"

严格来说，用"观念"来指称英国新左派围绕"文化"建构起的论述，效果并不完美。一方面，"观念"一词似乎总是意味着一种相对抽象的思维方式，一种从具体的对象当中提炼某种纯粹的本质或关系的冲动，而从后面的分析当中可以看到，这与新左派的基本观点和方法是完全相悖的；另一方面，新左派对"文化"的思考是逐步深入和复杂化的，而当最初略显零散的思考最终被引向对历史唯物主义的基本理论问题的重新阐释时，它所形成的丰富的论述已经可以被称为一种"理论"。但是，考察其具体的历史发展过程就会发现，新左派的文化观对"理论"似乎有一种天生的抵制。对新左派，尤其是早期新左派而言，"文化"原本就是用来对抗被视为抽象的理论教条的斯大林主义的，这种意识又在两代新左派的"经验"与"理论"之争中被进一步放大，事实上成了新左派文化论述鲜明的个性特征。因此，尽管最终形成的"文化唯物主义"确实具备了理论化的内在诉求，但我们依然不应忘记汤普森用《理论的贫困》（*The Poverty of Theory*）彰显的对"理论"形式本身的警惕。所以，本书选择使用"文化观念"，一方面是为了淡化其"理论"的外观，另一方面也意在凸显其形成过程的复杂性。除此以外，"文化观念"一部分也来自新左派成员之一的特里·伊格尔顿的启示，他在 2000 年出版的一本书中对当代意义重大但同时又越来越难以控制的"文化"进行了一番阐释，书名就叫《文化的观念》。

英国新左派围绕"文化"的讨论涉及文化的定义、文化的重要性、文化与历史和当下的关系，尤其是英国自身的文化与当今的工人运动和社会主义事业之间的关系。这些讨论不仅包括历史与现今的经验考察，同时也包括了理论与方法上的批判性思考，特别是对传统马克思主义相关领域存在的缺陷的审视与补充，以及对来自欧洲大陆的西方马克思主义相关理论的审慎态度。从新左派内部思想交锋的角度来回顾这些讨论，首先吸引人们注意的就是它们所体现的第一代新左派与第二代新左派之间的显著差异。"文化"大讨论的标志性开端是理查德·霍加特出版于 1957 年的《识字的用途》（*The Use of Literacy*），其核心著述还包括威廉斯的《文化与社会》（1958）、《长期革命》（*The Long Revolution*，1961）两本著作以及汤普森的评论性文章《长期革命》（"The Long Revolution"，1961）和威廉斯的《文化是普通的》（"Culture is Ordinary"，1958）等一系列文章。这几位早期新左派的代表人物共同开创了新左派关注研究文化问题的传统，并将文化问题与如何看待英国文化传统，如何理解英国文化现状和如何反思传统马克思主义业已暴露的理论上的局限性等问题结合在一起，构成了日后被称为"文化唯物主义"这一英国新左派重要思想贡献的基础。然而，早期新左派这种被认为基于平民化、经验化和带有怀旧感伤气质的思考，自 60 年代以来便遭到了以佩里·安德森、汤姆·奈恩和特里·伊格尔顿等为代表的第二代新左派的批评。他们在《英国工人阶级》（"The English Working Class"）、《当前危机的起源》（"Origin of the Present Crisis"）、《批评与政治：威廉斯的工作》（"Criticism and Politics：The Work of Raymond Williams"）等文章中质疑了早期新左派的文化分析，焦点主要集中在：这种经验式的考察是否能够保证其研究是"唯物主义"的；英国的思想传统与革命传统在当今的社会主义事业当中是否具有他们所认为的价值；他们提出的工人阶级的文化是否能够作为有效的斗争武器和值得争夺的战场。从根本上说，第二代新左派怀疑的是早期新左派的理论水平和他们与英国传统观念乃至精英主义文化之间的"暧昧关系"。表面上看，新生代的批评并未给威廉斯、汤普森等人的工作带来多大的影响，威廉斯的威尔士研究、戏剧研究和《乡村与城市》（*The Country and the City*），汤普森的《英国工人阶级的形成》（*The Making of the English Working Class*）等显然是沿着他们设定的路线逐步进行的，但实际上他们与新人之间的思想交锋已经打响。在提供了上述出色的具体研究成果之后，威廉斯与汤普森也开始针锋相对地回应后者的批评。汤普森用《英格兰的独特性》（"The Peculiarities of the English"）回击了安德森等人对他的"民族主义"指责，用《理论的贫困》批评了第二代新左派倚仗欧洲大陆新兴思想资源，过分贬抑、轻视英国本土革命传统的创造力的所谓"国际化视野"；威廉斯则通过《马克思主义文化理论中的基础与上层建筑》等文章再次深入探讨了马克思主义传统当中存在的问题，同时借助分析并吸纳第二代新左派深感兴趣的一些"新"的理论资源来支撑、完善自己的观点，尝试进行"希望的资源"的整合，并且在《马克思主义与文学》当中坚定地明确提出了"文化唯物主义"这一具有总括意义的概念。

　　上述的论争在国内现有的相关领域研究当中得到了一定程度的重视，但其进展与意义往往被高度压缩。这种压缩使得许多重要的细节与差异被忽视，尤其是早期新左派在这一问题上的分歧无法展开，由此也使得我们无从窥见其中深层次的复杂性，特别是这些复杂矛盾对日后英国新左派思想发展的影响。在"文化"讨论的初期，霍加特的《识字的用途》与威廉斯的《文化与社会》共同奠定了"文化"这一主题。同时，威廉斯在《大学与左派评论》上发表的回应霍加特的文章《识字的用途：工人阶级文化》，以及二人共同发表于《新左派评论》第一期的对话《工人阶级的态度》（*Working Class Attitudes*），似乎都显示出二者之间的遥相呼应。然而实际上不仅在新左派合流之前他们鲜有联系，更重要的是，他们之间无论是立场还是观点都存在分歧。后人对二人此阶段工作的批评中往往会提到他们的"怀旧"与"保守"，提到他们对逝去的文化环境的天真幻想，然而事实上他们最大的差异正是在这一层面。对霍加特来说，英国的工人阶级是一个"有机共同体"，他们拥有自己共同的文化，而他试图寻找的，是对这一文化和传统的合理有效的分析，这一分析既有别于利维斯式的"精英主义"，也有别于奥威尔等人的左翼批评。在他看来，当时对这种共同体文化最大的威胁来自随消费主义而兴盛的各种"流行文化"，正是这些流行文化的肤浅、庸俗摧残着工人阶级教育事业的成果，诱使工人阶级的文化走向堕落。而威廉斯虽然认同"共同体"与"共同文化"的提法，但认为过分孤立地看待个别的共同文化存在很大的风险。他更为提倡将其置于更为广阔也更为历史化的整体文化语境中加以把握。因此，威廉斯的《文化与社会》用很大的篇幅来讨论那些常常被归于"资产阶级的"或"精英主义的"文化传统，其实也就是在整体的英国文化传统中来思考新兴文化,在社会整体中来思考工人阶级的问题。除去这一区别,威廉斯与霍加特的分歧显然还体现在对待"流行文化"的态度上。与霍加特较为单一地拒斥、批评流行文化不同,威廉斯的看法更为复杂。他一方面承认流行文化的负面效应,但另一方面又"反对出于保守的目的而控制文化批评"。① 在他看来,重要的不是区分或想象所谓"高雅"与"流俗",而是恰恰相反,要首先破除这种二元论的偏见。新兴的技术媒介所造就的流行文化如果简单地被归为当今工人阶级的文化,其实就是又回到这种二元论的老路上了。不难看出,威廉斯与霍加特在一开始就出现的这些分歧,很大程度上构成了他后来在《长期革命》中探讨"文化扩张"等问题和在《电视:科技与文化形成》等书中研究媒介与文化问题的内在动力。

与之相似的情况出现在威廉斯与汤普森的分歧当中。汤普森撰写的长文《长期革命》是对威廉斯的文化观念的回应。汤普森并不否认文化的重要性,但他对威廉斯强调文化的方式表示怀疑,认为这有可能过分夸大了文化问题的重要性,尤其是夸大了它对社会冲突问题的解释能力,从而实际上消解了斗争与冲突的存在。他对威廉斯的批评大致可以归结为"不敢直接面对历史唯物主义"和用"感觉结构"取代了社会结构。汤普森也借这篇评论文章表达了自己对文化的定义:文化应是"整体的斗争方式",而不是威廉斯所谓的"整体的生活方式"。对汤普森的批评,威廉斯并未直接做出回应,但他后来的思想发展证明了他在回忆时所说的话:汤普森的批评是对他的理论的一种补充。威廉斯后来对"共同文化"的发展,对整体文化中的各种冲突及其整合方式的关注,对葛兰西霸权理论的分析和关于"中介"的探讨等都与之相关。不仅如此,汤普森发表于 1957 年的《社会主义人道主义:致非利士人书》中将"基础与上层建筑"这一理论架构明确称为一种并非真实存在的"隐喻",这一提法在多年后威廉斯的《马克思主义文化理论中的基础与上层建筑》一文中也得到了呼应。有趣的是,这种呼应从形式上却更像是以第二代新左派所乐于看到的方式,即欧洲大陆左派理论的本土转化的方式实现的。

以上关于新左派"文化"论争的示例,可以证明考察新左派内部的理

---

① 〔英〕弗兰西斯·马尔赫恩:《一种福利文化?:50 年代的霍加特与威廉斯》,黄华军译,《马克思主义美学研究》第 3 辑,桂林:广西师范大学出版社,2000 年版,第 486 页。

论纷争以及或大或小的差异对理解新左派思想，以及从今天的角度重新审视其历史价值的重要性。任何重要的思想或理论都必然存在与其他思想理论的碰撞、冲突和接续、融合的特点，关于这方面的探讨看似是一个在研究过程中水到渠成的事情。然而笔者认为，研究本书所涉及的人物，更应当强调这些论争与融合的重要性。这不仅是因为国内对这些人物的专门研究相对忽视了这些问题，或者没有体现出恰当的重视；更为重要的是，英国新左派的历次论争，无论是就其密度还是激烈程度而言，都足以被看作其思想发展的决定性动力。如果我们仅仅满足于提供几个体系化的理论版本，或仅仅聚焦于个别思想的内在脉络，而忽视这些思想相互之间以及与其他思想之间事实发生过的交叉和冲突，那么我们就无法更好地理解这些思想中存在的差异、矛盾和断裂，同时也无法更好地理解融合的意义。因此，在这里强调激辩与融合，其实就是意图对这些思想或理论加以历史的、动态的把握。

第二章

困境中的左翼

第一节　　"史前史"的意义

美国历史学者丹尼斯·德沃金在《文化马克思主义在战后英国》一书中这样写道："新左派经历产生的最深远的影响之一是，它对英国文化马克思主义的产生起了重要作用。英国文化马克思主义的产生源于一系列努力，努力建立对战后英国的社会主义理解，努力把握当代生活中工人阶级富裕，消费资本主义和大众传媒飞速发展的作用等一系列元素的重要性。这些变化对传统马克思主义假设——工人阶级必然预示社会主义社会的到来——造成威胁。它们也打破了传统左派对政治和经济范畴的完全依赖，因为战后变化影响了工人的'整体的生活方式'，并正用新的和复杂的方式重塑他们的身份。文化马克思主义者试图发现这个新领域的结构，重新定义社会斗争。与正统马克思主义者将文化归为第二位——文化是对现实社会关系的反映——以及保守主义者将文化看成被思考和被写作的最好的东西相反，文化马克思主义者在人类学意义上看待文化，将其理解为日常生活和经验的表现。"[1]

德沃金所说的"文化马克思主义"其实是对第一代英国新左派的另一种称呼。这一称呼并非完全出自这些人的自我指认，而是更多源自后人对英国的第一代新左派与第二代新左派在立场和方法上的区分：前者被称为"文化马克思主义"，后者被称为"结构主义马克思主义"。虽然这种笼统

---

[1] 〔美〕丹尼斯·德沃金：《文化马克思主义在战后英国》，第111页。

的概括必然存在明显的缺陷，但它也很好地向我们传递了一个准确的信息，即"文化"是第一代新左派思想中的关键词。

若想正确地理解英国新左派对"文化"的关注与思考，则必须首先留意其中的时间与阶段的跨度，而这也恰恰是单纯的"文化马克思主义"一词容易掩盖的重要环节。一般公认的为新左派的文化理论做出重要贡献的人是理查德·霍加特，雷蒙德·威廉斯、E. P. 汤普森以及更为年轻的斯图亚特·霍尔。虽然他们当中有些人（如汤普森和威廉斯）一直或后来宣称自己是马克思主义者，有些人（如霍尔）的理论与研究工作始终与马克思主义有相近的立场，但在他们各自写作新左派文化理论奠基性作品的时候，除汤普森以外的其他人都还不是明确意义上的马克思主义者，因此，所谓的"文化马克思主义"不应该被局限地理解为一场发生在英国马克思主义思想内部的理论革新，而应被视作更为广泛的左翼的和激进的思想的碰撞融合。这种碰撞与融合的前提是一个共享的努力方向，即德沃金所说的"努力建立对战后英国的社会主义理解"。这也恰恰反映了英国新左派运动的一个重要特征，那就是充分利用英国历史悠久的社会主义思想的理论基础和社会基础，努力建立广泛的左翼之间的联系，并借此介入当时的国内和国际的现实政治。

回到"文化"的问题上来。第一代新左派对文化问题的探讨始于20世纪50年代后期，最初的代表作分别是理查德·霍加特的《识字的用途》（1957）和雷蒙德·威廉斯的《文化与社会》（1958）与《长期革命》（1961）。综观这些著作，一个鲜明的特点是：它们所谈论的"文化"都不是一般性的哲学或政治学的范畴概念，而是有其特定对象，那就是"工人阶级的文化"。这也是早期新左派在讨论文化问题时的一个基本前提和出发点。两位作者均出身工人家庭，且都对工人阶级抱有深厚的感情。这一点是两位作者在各自写作时虽素未谋面却能够形成共同关注的原因，因为"他们观点的形成是对同样的文化和政治情势的反映，是从大略相等的阶级立场出发，在共同的理论传统和反对这个传统的条件下进行思考"。[①] 可以想见，当《识字的用途》和《文化与社会》这两部有相似的阶级立场和相近的论述对象的著作相继出版的时候，"工人阶级的文化"会成为当时左派阵营中被讨论和争议得何等热烈的问题。而随着威廉斯的《长期革

---

① 〔美〕丹尼斯·德沃金：《文化马克思主义在战后英国》，第133~134页。

命》出版并引来 E. P. 汤普森的长篇同名评论文章，以及随后汤普森的《英国工人阶级的形成》（1963）的出版，一种有鲜明特色的关于英国工人阶级文化的观念也在种种激烈的争辩中初具规模。

英国新左派运动自始至终充满内在的异质性和激烈的内部争论，关于文化的讨论也不例外。被一同视作新左派文化理论奠基人的霍加特、威廉斯和汤普森三人之间不仅有明显的差异，而且发生过直接的批评与回应。相较而言，汤普森与霍加特和威廉斯二人之间的差异似乎更为显著，因为在当时看来，汤普森对英国工人阶级的历史研究是对历史唯物主义的明确运用，并且还通过对诸如"阶级""文化"等概念范畴的强调与重新理解，展现出挑战某些当时被奉为正统的马克思主义教条的努力；而霍加特和威廉斯的文化分析则被认为处处可见文化保守主义者利维斯的影子，是利维斯主义影响下的左翼产物，因而他们二人也常常被冠以"左派利维斯主义"的名号。毋庸讳言，当时的霍加特和威廉斯无论在理论资源还是在分析方法上都深受利维斯的影响，二人对此也坦然承认。然而，简单地以"左派利维斯主义"来看待他们这一时期的著作以及受到的批评，却是远远不够的。与上文提到的"文化马克思主义"这个称呼类似，"左派利维斯主义"的名号恰恰也是出自他们的对手，特别是作为内部论争者的第二代新左派。在当时新老两代人的论战语境中，这样一个称呼被用来强调第一代新左派在理论水平上的保守与落后，在观察范围和视野上的相对狭窄与抱守本土。从"左派利维斯主义"到"文化马克思主义"，第二代新左派的批评对象实际上逐渐从霍加特和威廉斯扩展到他们当时的主要论战对手汤普森。然而当我们今天回过头去关注这段历史的时候，类似的标签就不应被作为合理有效的评判依据，而应当被作为一个个问题来重新加以审视。威廉斯曾表达过对给出类似批评的伊格尔顿的不满，这种不满并非出于自我辩护，也不是针对这类批评行为本身，而是出于这样一个理由，即伊格尔顿没有充分意识到《文化与社会》是一本过渡性的书："一个新的时代，需要一本完全不同的书。《文化与社会》也许充当了从一个时代通往另一个时代的桥梁，但是现在人们忽略了它只是一个桥梁。"[1] 在这里威

---

① 〔英〕雷蒙德·威廉斯：《政治与文学》，樊柯、王卫芬译，开封：河南大学出版社，2010年版，第93~94页。

廉斯给出了一个重要的提示：新左派的内部分歧——无论是同代人之间的还是两代人之间的——分歧不能被视为一般意义上的理论冲突，它们各自应对的是不同的历史背景所提出的不同要求。更为重要的是，早期新左派的工作本身就是其间历史转型的推动力之一，因而，值得我们关注的可能既不是两代人孰是孰非，也不是去谋求可以贯串新左派运动各个阶段的"一致性"原则，而是早期新左派的工作如何为第二代人扫清了某些障碍，提供了一个新的起点，使他们得以以此为基础提出新的主张。这样的思路同样适用于从某些方面来理解汤普森和威廉斯、霍加特之间的分歧。对《识字的用途》和《文化与社会》这些因"生逢其时"而在新左派早期历史引发重大反响的作品，我们不能满足于仅仅用从后来的历史归纳中得出的一些问题框架来加以考量，而应该同样注重威廉斯所提示的那种"时代的差异"，或者更准确地说，是"时代的需求的差异"。在同样一段访谈中，威廉斯多次强调，自己写作《文化与社会》的那十年和该书面世受到广泛注意的时代无论在外部形势还是在个人内在状态方面都非常不同："作为一种结果，这本书被赋予了它在某种程度上应得的重要性，因为它已经提出了这些问题，并且留下了关于这些问题的大量阅读和思考。然而在另一种意义上，这种重要性放错了地方，因为在这本书出版的那个时期，环境是非常不同的……毫不奇怪这种矛盾终于在后来浮现出来了。"①对于 1956 年以后接连受到来自东欧社会主义阵营和西方资本主义世界一系列事件冲击的英国左翼而言，《识字的用途》和《文化与社会》，尤其是它们引出的一连串讨论，刚好是他们所需要的；而对霍加特和威廉斯而言，他们在书中真正应对的是二战前后直到 20 世纪 50 年代中期的英国社会。考虑到必然存在的前后历史间的关联与重叠，这本是一个短暂到可以忽略不计的时代上的错位，却因为当时飞速变动的政治局势②而被放大，其内在蕴含的重要意义和矛盾因子也因此而得以凸显。

因此，在本章内容中，我们有理由以一种新左派运动"史前史"的眼光来考察早期的文化关注和文化论争得以形成的历史语境。在这里值得我

---

① 〔英〕雷蒙德·威廉斯：《政治与文学》，第 93 页。

② 对《文化与社会》面世时所处的这一历史时期，威廉斯这样评价："它恰恰出现在飞快的政治变动局势当中，新的问题在这种局势当中被提了出来，随后新的时期阶段则围绕这些问题显示其特色。"参见〔英〕雷蒙德·威廉斯《政治与文学》，第 93 页。

们关注的，首先是推动那些早期著作诞生的内部与外部动力，是他们意图与之对话和抗争的对象，以及他们的关注如何能够成为新左派共享的一个主题。

第二节　成人教育

《识字的用途》和《文化与社会》两本书的积累和写作时间是 20 世纪 40 年代后期到 50 年代中期。在这段时期里两位作者霍加特和威廉斯之间没有真正意义上的联系，但他们之间却有一个交集，那就是都投身于英国的成人教育工作。此外，其他的新左派重要人物，如汤普森和霍尔等，也都有过长期从事成人教育的经历。英国成人教育对英国新左派的文化观念有深刻的影响。它一方面是受新左派影响而兴起的英国文化研究的最早的实践场所，另一方面也是引发第一代新左派关注文化问题的现实动力。威廉斯在晚年回忆这段历史时这样写道："我有时候读到了一些对文化研究的发展的描述，它们很有特点地根据'各种文本'来追溯它的各种发展……但事实上，早在 1940 年代晚期……甚至是在 1930 年代，文化研究在成人教育中极其活跃。"① 在其他地方他则强调："我们看到许多文章根据 50 年代末期的这一本书或那一本书来追溯'文化'的起源。这些都不对。有关艺术与文学以及它们与历史和当代社会之关系的教学观点发生改变的地方不是别处，正是成人教育。"② 在当时的英国左翼当中，文化研究与关于文化问题的讨论是一种互为表里的关系。因而，不仅威廉斯自己"第一次开始考虑文化这个观念是在一门成人教育课上"③，后来轰轰烈烈的新左派文化论争的最初萌发地同样也是成人教育的课堂。

英国的成人教育有悠久的传统，其历史可以追溯到 19 世纪中叶牛津大学设立的皇家专门调查委员会所施行的"大学拓展"活动。此后"大学拓展"活动逐步演变成各个大学的成人教育部，并在第一次世界大战后发展成为依托于大学的成人教育组织机构。从成人教育持续发展的早期开始，

① 〔英〕雷蒙德·威廉斯：《现代主义的政治——反对新国教派》，阎嘉译，北京：商务印书馆，2002 年版，第 218 页。

② Raymond Williams, *What I Came to Say* (London：Hutchinson Radius，1989)，p. 162.

③ 〔英〕雷蒙德·威廉斯：《政治与文学》，第 79 页。

英国的左翼社会力量与政治力量就介入进来并发挥了相当重要的作用。20世纪30年代以后，英国的工人阶级作为成人教育主要对象的地位得以确立，同时成人教育事业也进入了快速发展期。此后《1944年教育法案》的出台既是英国一系列保障成人教育的立法活动的开始，也预示了二战结束后英国成人教育的又一轮高潮的到来。二战胜利之后，英国国内政治上的教育民主化和教育机会均等的呼声，以及战后经济恢复的客观需要，都成为成人教育的发展动力。①

在研究者梳理的二战后英国成人教育的历史记录中，我们能够看到许多熟悉的名字："威廉斯于1945年进入牛津大学成人教育机构，教授文学和国际关系，并在那里工作长达15年，直到1961年他进入剑桥大学；霍伽特于1946年进入赫尔大学的成人教育机构，担任成人教育的指导教师，教授文学课程，时间长达13年；汤普森则于1948年担任利兹大学的校外成人教育讲师，在那里工作到1956年；离开牛津大学后，斯图亚特·霍尔也曾长时间在伦敦附近从事成人教育工作。"② 文化研究重要的早期人物悉数从事成人教育，这显然并非巧合：应当说，正是成人教育工作，正是在工人教育活动中的实践经历，促使他们开始关注文化这个概念，并进而发展出各自的文化观念与文化理论。我们至少可以从两个层面来理解这其中的重要性。首先，"成人教育为这批学者提供了一个安身立命之地，一个施展才华的舞台。由于成人教育本身就是一个充满争议的阵地，是各种政治观点交锋的前沿之一，这些学者充分发挥自己的优势，就当时的各种社会问题展开激烈的论争，形成了各自的政治立场"。③ 德沃金也认为，"英国的工人和成人教育传统，尤其是工人教育协会，为知识分子和工人提供了独特的交流机会，并且这种环境为创立文化研究，对形成马克思主义历史学研究路径，起了很大作用"。④ 在当时，不同的左翼知识分子对成人教育有不同的设想和期望，如将自己的第一部著作定义为"写给那些没有受

① 关于英国成人教育的历史，参见张新生《英国成人教育史》，济南：山东教育出版社，1993年版。
② 付德根：《战后英国成人教育与文化研究》，《马克思主义美学研究》2008年第2期，第25页。
③ 付德根：《战后英国成人教育与文化研究》，第25页。
④ 〔美〕丹尼斯·德沃金：《文化马克思主义在战后英国》，第8页。

过专门的文学训练，但对我们当下生活的本质充满兴趣，并且做好准备去考察阅读诗歌是否与这种兴趣有重大关联之人"① 的霍加特，他后来的文化研究工作实际上就是对成人教育的深入延续；又如以"创造革命"为目标加入成人教育的汤普森②，他对工人阶级历史主体性问题的思考构成了他本人后来许多理论观点的基础。相较于这种期待上的不同，成人教育对新左派而言的一个重要意义是，在那个"战后太多的人都在重建他们自己的生活，陷于各种各样的处境之中"③ 的特殊时代，成人教育成了为数不多的在扑朔迷离的国际局势和纷乱缠绕的国内政治当中明确值得英国左翼知识分子投身其中的事业，从某种意义上说也成了再次建立广泛的左翼统一战线的潜在基础。

另外，如同当时英国社会生活的其他方方面面一样，成人教育本身的是非曲直，也是推动左翼进行文化思考的动力。作为这段历史的亲历者之一，威廉斯的一番回顾颇具解释力。他曾这样梳理道："第一次世界大战之前，伴随着著名的罗斯金大罢工，成人教育运动沿着两个方向分裂了。一个是主张对自觉联系社会主义的工人进行教育，最终产生了全国劳动院校理事会；另一个是工人教育协会，依托各个大学，努力发展对工人阶级的教育，这种教育吸收大学中探索各种立场的主张，而不是从特定立场出发进行教学。"④ 最初在威廉斯看来，后者要比前者成功得多，理由是前者"那种明确与阶级立场相关的教育无疑在某些重要方面造成了风险，使其在特定时期屈从于特定的党的路线，真正失去它的某些教育性质"。⑤ 这也是威廉斯坚持使用"成人教育"而非"工人教育"的内在初衷，即不愿意用一种不恰当的方式强调阶级立场和党派意识。然而工人教育协会后来的发展则走向了另一个极端，即刻意向大学学术标准靠拢。威廉斯回忆道，在整个 20 世纪 50 年代，"工人教育协会开始被中产阶级当作一种休闲和教

---

① Richard Hoggart, *Auden: An Introductory Essay* (London: Chatto & Windus, 1965), p. 9.
② 关于汤普森的成人教育经历与"创造革命"，可参见张亮《阶级、文化与民族传统：爱德华·P. 汤普森的历史唯物主义思想研究》，南京：江苏人民出版社，2008 年版，第 9 ~ 11页。
③ 〔英〕雷蒙德·威廉斯：《政治与文学》，第 61 页。威廉斯这里主要想表达的是当时的英国左翼知识分子处于自顾不暇、分崩离析、缺乏统一目标的离散状态。
④ 〔英〕雷蒙德·威廉斯：《政治与文学》，第 62 ~ 63 页。
⑤ 〔英〕雷蒙德·威廉斯：《政治与文学》，第 63 页。

育形式大量运用"。① 在战后的福利社会与消费社会的双重背景下，原本针对工人和其他缺少接受教育机会的人群办学的英国成人教育，开始越来越多地迎合中产阶级"自我提升"、打发闲暇或职业进修的需要。与此同时，成人教育自身的教学内容也日渐制度化和精英化，越来越受制于大学的标准。大学体制收编成人教育的结果是精英教育模式对成人教育的成功殖民。在中立和平等的旗帜下，工人教育协会复制了精英大学体制中事实上的各种倾向性和不平等，一方面，将"任何教育以外的强调都被撇在一边"②，另一方面，进一步扩展非工人教育的内容并将其制度化，最终令威廉斯感叹"成人教育不再具有足够的意义"而于60年代初离开了这一领域。③

在这段成人教育经历中困扰威廉斯的是一些对他来说并不陌生的问题。在全国劳动院校理事会和工人教育协会各自走向的对比中，威廉斯看到的是教条式的权威主义和贵族式的精英主义这两种倾向。而这两者恰恰是当时困扰英国左翼知识分子的两大难题。15年的成人教育经历使得威廉斯认识到，尽管表面上迥然不同，但激进派的权威主义和保守派的精英主义之间其实有某些共通的结构相似性，都可被看作一种权威模式的不同变体。这样一种感受的形成不仅仅是源于成人教育，当时英国国内的社会、政治、经济环境以及整个国际形势的各种动荡与激变也是其深刻的原因。④正如前文所说，在此期间威廉斯已经开始思考文化的问题，那么显然那些现有的解释与观念——无论是左派的还是保守主义的——都无法令他满意。如何使"文化"既能摆脱精英主义的一贯影响，又能在基本的左派立场下获得一个有价值的、合法的身份，既能对现实发挥积极的作用，又能突破狭隘的政治活动的诱捕，成为威廉斯整个50年代的探寻方向。

第三节　工党政治与"福利国家"

促使早期新左派关注文化问题的另一个重要因素，就是英国的社会与

---

① 〔英〕雷蒙德·威廉斯：《政治与文学》，第64页。
② 〔英〕雷蒙德·威廉斯：《政治与文学》，第65页。
③ 〔英〕雷蒙德·威廉斯：《政治与文学》，第65页。
④ 参见〔英〕雷蒙德·威廉斯《政治与文学》，第72~78页。威廉斯甚至在此引用了别人对自己的评价——"一个独来独往的家伙"——来概括自己这一阶段充满怀疑、失望与焦虑的思想状态。

政治现实。二战结束后，英国工党在大选中击败保守党获得执政权，看上去自 30 年代以来左翼人民阵线所努力的"社会主义方向"就此获得了一个较为光明的前景。然而事实的发展与之大相径庭。艾德礼政府上台后的接连几项举措都令包括威廉斯等人在内的部分左翼人士感到失望：首先是接受美国的"马歇尔援助计划"，这在威廉斯看来"必然使工党顺应美国的世界版图"①，并事实上促进了东西阵营对垒的形成；其次是在 1946 年到 1947 年冬天的能源危机中出兵镇压码头工人罢工，这使得许多人意识到当下的工党政府"早就变成一个在客观上非常反动的政府了"②；此外，作为工党重要施政纲领的"国有化"，在其推进过程中却未能有效地遏制新体系的官僚化，这也直接导致了大量原本对国有化抱有很大期望的英国工人的严重不满。③

　　更为重要的是，工党接受美国援助并不仅仅是出于经济上的考虑，而是当时冷战意识形态对垒的体现。曾先后出任贸易部长和首相的工党要员哈罗德·威尔逊，在 1963 年为《大英百科全书年鉴》撰写的"英国社会主义"条目中这样写道："如果没有富于想象力和慷慨的'马歇尔援助'计划，以及通过它所建立的欧洲经济合作组织而实现的更加紧密的欧洲合作，欧洲经济也许已经破产，而普遍的饥馑和失业也许已经使大陆欧洲的大片地区为共产主义大开方便之门了。"④ 同样的说法还不止一处："英国的第一个四年计划（1948 ~ 1952）是为了适应马歇尔计划的需要而制订的。而且正是美国强使欧洲接受了计划：如果它不这样做，欧洲早就向共产主义大开方便之门了。"⑤ 威尔逊的露骨言论明显充满了冷战思维和对更为激进的社会主义政治的敌视，这不仅与战争刚刚结束时许多英国左翼的乐观想象完全背离，反而恰好揭示了战后左翼政治所面临的艰难与风险。

　　与接受美国援助和国有化同等重要的另一项工党政治举措就是建立"福利国家"。关于战后英国社会的"福利化"，有学者分析指出，"艾德

---

① 〔英〕雷蒙德·威廉斯：《政治与文学》，第 54 页。
② 〔英〕雷蒙德·威廉斯：《政治与文学》，第 54 页。
③ 参见〔英〕雷蒙德·威廉斯《政治与文学》，第 54 ~ 55 页。
④ 〔英〕哈罗德·威尔逊：《英国社会主义的有关问题》，李崇淮译，北京：商务印书馆，1966 年版，第 15 页。
⑤ 〔英〕哈罗德·威尔逊：《英国社会主义的有关问题》，第 16 页。

礼工党政府尽管在各种场合仍然坚持工党要实现社会主义的目标，但实际上，工党所要求的只是一种福利资本主义，并不是要彻底改变英国现存的社会制度，所以工党与保守党的很多分歧只是在国有化的程度和范围方面，当福利国家制度实行以后，双方的分歧已经日益缩小，并最终以福利国家的建立为标志，形成战后英国新的共识政治，这就是在凯恩斯主义的基础上实行混合经济和福利国家政策，保证充分就业，以便逐步地提高英国全民的生活水平，进入所谓的大众高额消费的阶段"。① 所谓的福利国家或福利社会，实际上是以小范围的补助代替整体性的重新分配，以物质性的改善代替公平性的诉求，以"增长的神话"代替"分配的正义"，它与英国左翼所期望的更为民主、更为公平的社会主义依然有本质上的差别。

值得一提的是，英国工党在增长——丰盛——福利——消费这个逻辑怪圈中打转并非一时一刻②，我们可以从威尔逊的著述中窥见某种根深蒂固的历史连续性。还是在那篇文章中，威尔逊提出，"社会主义最初是作为对十九世纪工业革命的不平等和剥削的反抗而出现的。像威廉·莫里斯和基尔·哈迪、罗伯特·布拉奇福德和悉尼·韦伯这些具有不同地位的人都致力于提倡一种社会制度，在这种社会制度下，人们对生产资料日益增长的权力应该用来为大家谋福利，而不是为少数人谋利益"。③ 这段话本不奇怪，奇怪的是它是被用来解释威尔逊上文的一个定义："如果有一个名词我可以用来说明现代社会主义，那就是'科学'。"④ 威尔逊随即毫无过渡地大谈起当下身处的"以机器力代替人的体力"的"工业革命的气氛"，赞扬 1945 年以来军事技术和工业技术的飞速进步，并称"工业中的自动化革命，像原子革命一样，给人们提供一种在无比穷困和无比繁荣之间选择的机会"。⑤ 威尔逊显然完全无视他所概括的英国社会主义的初衷和他所

---

① 商文斌：《战后英国共产党对社会主义发展道路的探索》，北京：中国社会科学出版社，2006 年版，第 27 页。

② 艾德礼政府于 1945 年至 1951 年间在英国施行的以国有化和"福利国家"为核心的社会改革，其理论根源向上可以追溯到 1918 年工党党章第四条以及《工党和新社会秩序》所确立的工党主流社会主义意识形态，参见张志洲《英国工党社会主义意识形态变迁研究》，北京：社会科学文献出版社，2011 年版。

③ 〔英〕哈罗德·威尔逊：《英国社会主义的有关问题》，第 38 页。

④ 〔英〕哈罗德·威尔逊：《英国社会主义的有关问题》，第 38 页。

⑤ 〔英〕哈罗德·威尔逊：《英国社会主义的有关问题》，第 38 ~ 39 页。

赞扬的科技进步之间亟待细致分析的复杂关系，以及世界范围内业已显现的问题所揭示的深刻矛盾。他将科技进步等同于政治进步的逻辑其实就是典型的"增长的神话"的逻辑，并且有鲜明的经济—技术决定论的色彩。然而，即使是威尔逊自己也不得不承认，技术革命所带来的高失业率是不可避免的，任何形式的——无论是自由市场的还是国家的——扩大再生产都会带来更大规模的失业[1]，对此他又提出了关于福利的主张："英国范围内的社会主义——对于斯堪的纳维亚高度成功的和建立已久的民主社会主义社会以及德国社会民主党的计划，也可以这样说——意味着为一个更合理的和更平等的社会而动员经济。"[2] "就英国的范围来说，这就意味着对没有特权的人在社会保险方面的更多支出、更完备的公费医疗制度、教育方面的更多支出，以及把我们这一代人接受下来的陈旧的和低标准的房屋加以重建和现代化的伟大运动。如果我们想要达到使人民享受比较丰富的生活这一目的，所有这些计划都是重要的。"[3] 威尔逊这一系列福利方案其实很清楚地显示了他本人的——也是工党整体上所倾向的——关于不平等问题的观点。在他看来，发展的重要性是远远高于占有与分配的结构性调整的重要性的。而对于眼下的不如意，则可以通过提高民众在某些方面的物质生活水准，即提高福利来解决。至于拥有了现代化的房屋是否就是拥有了"平等"，或者说实现福利是否就是实现了较为公平的分配，威尔逊都没有再提。事实上，他干脆将福利所要应对的对象称之为"由社会不平衡产生的心理病态"。[4]

虽然工党执政的弊端不出意外地很快便显现出来，但当时的英国左翼阵营却始终未能对此形成共识性的应对：实际情况是，左翼自身陷入了矛盾和分裂。例如在关于是否应该接受美国的援助计划的问题上，当时的英国左翼存在分歧，既有人反对，也有人支持。支持者的理由与工党大致相当，即"拒绝美国贷款会导致极端的物质匮乏，让工人阶级和复员军人承受这样的苦难是行不通的"。[5] 然而正如后来的镇压罢工所证实的，最终工

---

① 〔英〕哈罗德·威尔逊：《英国社会主义的有关问题》，第89页。
② 〔英〕哈罗德·威尔逊：《英国社会主义的有关问题》，第88页。
③ 〔英〕哈罗德·威尔逊：《英国社会主义的有关问题》，第89页。
④ 〔英〕哈罗德·威尔逊：《英国社会主义的有关问题》，第88页。
⑤ 〔英〕雷蒙德·威廉斯：《政治与文学》，第54页。

人还是被要求为所谓"整个国家"的艰难买单；反对者虽然很快便握有了现实的证据，但是正如威廉斯指出的那样，他们当时对经济没有任何属于自己的方案，"对美国贷款没有自己的看法就表明了这一点"。① 在没有统一而合理的主张的情形下，左翼人士陷入了各自为战的境地，纷纷依据各自的信仰、理念和经历来思考眼前的问题。面对工党的各项措施，有人就其内在的妥协性而表示反对，也有人认为基于现实的增益应当给予支持；有人站在支持苏联的立场而反对工党政府，也有人出于反对苏联和共产主义的立场而支持工党。一时间，曾经缔造过"人民阵线"这样值得骄傲的统一政治行动的英国左翼变成了一盘散沙。

第四节　左翼青年学生与"历史学家小组"

如果说是霍加特和威廉斯的著作最早引发了英国新左派的"文化论争"，相信不会有多少人反对；但我们并不能就此认定是他们将文化这个主题带给了后来的新左派。实际的情况是，由于各种各样的原因，文化在那个时期受到了一部分左翼人士的普遍关注，而这种普遍与共通也是新左派得以形成的基础之一。与霍加特和威廉斯的例子相似的是，这部分英国左翼知识分子之所以关注文化，也是与时代的压力、自身的独特背景以及当时英国和世界的整体形势密不可分的。

一　左翼青年学生

众所周知，英国新左派早期的代表性刊物是《新理性者》和《大学与左派评论》。在斯图亚特·霍尔的回忆中，这两份刊物被认为代表了两个相互关联却又存在差异的传统：《新理性者》代表可以被姑且称为"共产主义的人道主义"的传统；《大学与左派评论》则代表了一种独立的社会主义传统，其核心力量主要是 20 世纪 50 年代的持左翼立场但又与各种政党机构保持一定距离的大学生。霍尔还专门提到，《大学与左派评论》的创办者及其接受对象大体上都对文学、文化尤其是各种亚文化和族裔文化感兴趣。我们只需看一眼这份杂志最早的编委会成员名单便能理解个中缘

---

① 〔英〕雷蒙德·威廉斯：《政治与文学》，第 59 页。

由。早期的四位编辑都是牛津大学的学生，分别是拉斐尔·塞缪尔、加布里埃尔·皮尔森、斯图亚特·霍尔和查尔斯·泰勒，前两位是犹太人，又都属于英共的党内"异议分子"，在匈牙利事件之后均宣布退党，其中拉斐尔·塞缪尔后来还撰文探讨了英共的各种失误[1]；后两位则来自英帝国的殖民地和前殖民地：霍尔来自牙买加，泰勒来自加拿大，并且是使用法语的魁北克省。霍尔与泰勒的身份更容易使我们理解这份杂志所代表的一种独特性。他们的"外来者"的身份使得他们与身处的英国社会构成了更为复杂的关系。如果说早期新左派中的许多人物更加倾向于选择以较为英国本土化的视角来看待问题的话，霍尔与泰勒则相对而言选择了更为开放与多元化的视角。这其中既包括从过去的帝国与殖民地关系和现在的第一世界与第三世界关系的角度来反思英国当下政治与文化的正义性与合理性，也包括了青年人特有的好奇心和求知欲所带来的对更多、更新的激进思想资源的关注，尤其是关于文学、艺术的激进态度和那些来自欧洲大陆的新奇的理论。

同样地，我们也必须强调，作为一种"传统"，霍尔等青年学生的左翼立场及其"独特性"并非从1956年才开始形成。霍尔告诉我们50年代发生在牛津的一系列受到广泛争论的问题："随着保守主义的复兴，工党和左翼的未来是什么？福利国家和战后资本主义的性质是什么？在早期'富裕'的10年中，文化的改变对英国社会产生了什么样的影响？"以及"消费资本主义和工人阶级文化的资产阶级化问题"。[2] 显然，这些青年人尽管在寻找不同于前人的观点、立场与方法，但并没有脱离英国的现实。他们所关注的问题与霍加特和威廉斯等人有明显的相似之处。而在这个大的传统之下，霍尔还特别点出了与他密切相关的一个"独立派"，一个更为关注流放者和移民处境的带有"世界主义"色彩的群体，他们包括了后来的思想史学者加拿大人查尔斯·泰勒，特立尼达人多德·阿里尼，后来的苏丹总理萨迪克·马赫迪，日后成为叙利亚阿拉伯社会复兴党创始人之一的克洛维斯·马科颂德，以及霍尔本人，另外还有身为犹太人的塞缪尔

---

① 参见〔英〕拉斐尔·塞缪尔《英国共产主义的失落》，陈志刚、李晓江译，北京：社会科学文献出版社，2010年版。
② Stuart Hall, "Life and Times of the First New Left," *New Left Review* 61, 2010. pp. 180 – 181.

和皮尔森等人。[1] 他们的"少数族裔"身份对他们理解、批判英国的现实政治，尤其是与"帝国""殖民"等相关的问题起到了关键性的作用。而战后10年当中英国在对外政策上的许多帝国主义色彩也足以引发这些青年人持续的不满。弗兰西斯·马尔赫恩对这一"新时期模式"做出过概括：

> 两种相互对照的发展过程确立了新时期的模式。一方面，存在扩展的趋势：一种重要的福利体系的形成、工人阶级信心的增加、消费能力的提高、文化供给的扩大以及消费品市场的集中开发，包括商业文化企业的显著发展。然而，这些趋势是在一种相反的历史趋向中发展的，英国保持了资本主义强国的地位，战后从殖民地的撤退以及联邦中帝国的灭亡和象征性恢复，使其长期以来的相对衰落获得了一种特殊的政治——文化上的怜悯。[2]

马尔赫恩指出了这样一个事实："进步"的国有化和福利制度与"反动"的帝国主义是同步前行的，而且与表面看起来的这种分裂不同，它们实际上是内在相通且相互支撑的。凯恩斯主义在推动福利化和国有化的同时也在换取民意并充实着国家对社会的支配性地位，而在当时的特殊环境下，这其实就是在为英国统治力量的"向右转"铺平道路。马尔赫恩概括的这种"帝国遗梦"就是最好的例子。对帝国利益的坚持与留恋不是保守党的专利，1946年初工党副领袖莫里逊在美国旅行途中就公然宣称："我们是大英帝国的朋友……我们将继续维护它。"英国外交大臣贝文在2月21日的发言中说："我不打算牺牲大英帝国"，"我知道如果大英帝国崩溃，就意味着我们的满意的生活水平将不可避免地下降。"[3] 这些并非个别政治家的保守言论，事实上当时工党政府在帝国与殖民地问题上就是采取类似的保守主义立场，其基本原则是"在不放弃帝国的前提下，改善殖民地的教育、医疗等福利状况，经过经济发展、保住帝国的阵脚，同时从现实主义出发，对执意要求独立的殖民地并不加以阻拦，但对其独立进程要

---

① Stuart Hall, "Life and Times of the First New Left," *New Left Review* 61, 2010. p. 182.

② 〔英〕弗兰西斯·马尔赫恩：《一种福利文化？：50年代的霍加特与威廉斯》，黄华军译，《马克思主义美学研究》第3辑，第472页。

③ 商文斌：《战后英国共产党对社会主义发展道路的探索》，第39页。

予以干预，力图保持英国的影响和利益"。① 类似的政治现实迫使像霍尔这样的来自第三世界的学生更多地关注殖民问题和殖民地的各种问题，这些议题包括"西印度群岛联邦和加勒比海地区的新经济秩序前景，牙买加的左翼在冷战的压力下从曼利的人民民族党中被驱逐出去，英属圭亚那地区的贾根政府因宪法被搁置和英军的进驻而垮台"② 等。这样的经验在霍尔等人后来更为广泛地参与到英国的文化与政治讨论中时提供了更为丰富的对象和更为独特的视角。虽然身为学生的他们在以新左派身份登上历史舞台并创办自己的刊物之前，并没有太多表达自己观点并产生影响的机会，但这段历史所积蓄的能量却不容忽视，并最终在苏伊士运河事件之后得以释放。

二 "共产主义历史小组"与"人民阵线"

与《大学与左派评论》遥相呼应的另一份重要杂志《新理性者》，则代表了另一种完全不同的左翼政治与思想传统。霍尔将其概括为"共产主义的人道主义"，这无疑是一种基于非常后设的立场的概括。应当说，在身为一种潜在的传统的时代，它很难获得如此自我定义的空间。但不可否认的是，它确确实实是以共产党内部的一种反抗性的声音出现的。《新理性者》的几位主要编辑，如 E. P. 汤普森、约翰·萨维尔、罗德尼·希尔顿、克里斯托夫·希尔等，都有两个共同的身份，一个是英国共产党党员，一个是历史学家，而他们也都属于一个特殊的群体——共产主义历史学家小组。该小组成立于 1946 年，核心成员是 20 世纪 30 年代和 40 年代早期一批激进的共产党员学生，除了上述几位外，还包括艾瑞克·霍布斯鲍姆、维克多·基尔南、乔治·鲁德、多萝西·汤普森以及老一辈的非历史专业的学者如莫里斯·多布和多纳·托尔等。顾名思义，这个小组的工作是历史研究，但作为有特定的立场和鲜明的现实关注的历史学者，他们的研究有明确的针对性和论战性。在成立早期，他们的论争对手是持保守倾向的编年史学，而从 40 年代末开始，讨论马克思主义理论，批判地考察对英国历史学研究有关键作用的大量历史学问题，乃至越来越明确地批评

---

① 商文斌：《战后英国共产党对社会主义发展道路的探索》，第 40 页。
② Stuart Hall, "Life and Times of the First New Left," *New Left Review* 61, 2010. pp. 179 – 180.

斯大林式的教条主义则成为主要议题。① 对于共产主义历史学家小组，德沃金的评价是："回忆起来，历史学家小组的意义是，它就像英国文化马克思主义编史学和历史学理论发展的孵化器，代表了马克思主义思想史上的一个独特阶段。"② 之所以有如此高的评价，是因为历史学家小组为这些党内的异议分子提供的绝不仅仅是一份被要求完成的研究任务，而是一种深刻而激进的历史传统和思想传统，一种足以引发对现状的不满和对教条的愤怒的真实经验。

（一）人民阵线

作为一般而言立场最为坚定和激进的左翼政治力量，英国共产党真正在英国左翼阵营中发挥"核心"作用的历史其实并不太长，而这段辉煌的历史正是 30 年代以来随着反法西斯斗争而建立的人民阵线的历史。成立于1920 年的英国共产党最初在人数和影响力上都十分有限，虽然通过参与工会活动而实现了影响力的提升，但因为始终坚持"阶级对立"的立场而在政治运动中深受局限。30 年代中期以来，德国法西斯主义在欧洲范围内的日益得势，迫使英国共产党推翻了它那致命的"阶级反对阶级"的立场，建立了接纳所有类型的进步分子的反法西斯的人民阵线。③ 这一转折性的事件具有非凡的意义，它对于机械的"阶级论"的跨越，不仅使得英国国内的反法西斯运动获得了空前的团结一致，也使得跨国性的各种反法西斯力量的联合——如英国共产主义者对西班牙共和党人的支持——成为可能，同时也实实在在地壮大了英国共产党的队伍，扩大了其影响力，使之真正意义上充当了一派政治力量的核心。这种影响力和感召力是显而易见的，后来成为共产主义历史学家小组成员的许多知识分子，就是当时活跃于人民阵线当中的激进青年学生，"他们成为共产主义者，很大程度上是因为这个运动在反法西斯主义的人民阵线中所起的突出作用"。④

值得一提的是，英共能够建立人民阵线也得益于当时的历史形势，正

① 关于共产主义历史学家小组的历史研究，参见〔美〕丹尼斯·德沃金《文化马克思主义在战后英国》，第一章"失去的权利"。
② 〔美〕丹尼斯·德沃金：《文化马克思主义在战后英国》，第 13 页。
③ 关于人民阵线的历史，参见〔美〕丹尼斯·德沃金《文化马克思主义在战后英国》，第12～15 页。
④ 〔美〕丹尼斯·德沃金：《文化马克思主义在战后英国》，第 12 页。

如德沃金所言，"在大萧条和法西斯扩张时期，英国思想文化首次被左派观念所支配"。① 在这一阶段"共产主义"其实成了一种值得向往的抗争力量和替代性方案，其影响力已经远远超出了可以被确信为"共产主义者"的范畴，成了许多持不同左翼立场和激进思想的艺术家和知识分子的选择：

> 实施这一行为的包括诗人 W. H. 奥登、斯蒂芬·斯彭德和 C. 戴·刘易斯；小说家克里斯托弗·伊舍伍德；技术上人道主义的马克思主义科学家海曼·利维、兰斯洛特·霍格本、J. D. 贝尔纳、J. B. S. 霍尔丹以及李约瑟；政治作家如约翰·斯特雷奇和哈罗德·拉斯基的作品；乔治·奥威尔在《巴黎伦敦落魄记》和《通往威根码头之路》中对贫困的研究，以及在《向加泰罗尼亚致敬》中对西班牙的研究；格雷厄姆·格林的反法西斯小说；莫里斯·多布的经济学著作；以及 A. L. 莫顿的民粹主义历史学著作。左翼观念被维克多·戈兰茨的左派书社有力推广，到 1938 年，已经有接近 60000 成员，有月报《左派新闻》，并有 1500 个左翼讨论小组的民族网。这种思想文化最突出的特点之一是，它在英国被第一次激进学生运动所丰富，由于大萧条，法西斯主义的出现以及最重要的是由于共和政体的西班牙被卷入政治中。②

这份不完全名单向我们展示了英国反法西斯人民阵线宽广深厚的社会基础，但同时也暗示了这条宽广的政治光谱内部难以避免地会存在矛盾和不稳定，这两点对后来历史的走向都有至关重要的影响。无论如何，人民阵线所代表的那段艰难却饱含希望的历史在众多参与者和经历者的心头都烙下了难以磨灭的印记，这其中就包括许多第一代新左派的代表人物，如汤普森和威廉斯，也包括与他们过从甚密的霍布斯鲍姆等人。身为历史学家的霍布斯鲍姆在回忆 30 年代的时候坦诚地说出了自己和许多共产主义者当时的"乐观"情绪："我认为我们之所以能够保持乐观，乃出于三个理由。

---

① 〔美〕丹尼斯·德沃金：《文化马克思主义在战后英国》，第 14 页。
② 〔美〕丹尼斯·德沃金：《文化马克思主义在战后英国》，第 14 页。

首先，我们只有一组敌人——法西斯主义以及那些不愿意对抗它的人（如英国政府）。其次，当时已有真正的战场（西班牙），而我们正置身其间……第三，我们自以为已经晓得，一旦旧世界终结之后，新的世界将会是何模样。"① 显然这种乐观源自年轻人特有的冲动，源自对希望的向往和对明快简单的斗争形式的偏爱，注定会在不断的历史冲击下破灭，但它所代表的那种确实曾经存在过的强大而广泛的力量却是不容置疑的。这种独特的历史感受激励着后来的人一次次地尝试去重建这样一种可能性。汤普森在二战时期随军转战意大利和法国，战争结束后又奔赴南斯拉夫帮助当地修建铁路，这些经历和举动在他看来，都是真正的人民阵线的成果，意味着一种新的社会主义和民族主义的胜利以及党派运动和法西斯主义的失败。汤普森"对社会主义的信仰维持了多年，依靠的就是建造铁路事件和由于40年代人民阵线的激发而产生的其他成就"。② 威廉斯更是在这一问题上将汤普森引为同道："像爱德华·汤普森和我这样的人尽管存在分歧，但是大家当时都在设法重新建立那种联盟。联盟在那个时期也许不再可得，但是在我们看来，即使联盟难以实现，我们的观点也是合理的。"③ 在经历了40年代后期的分裂以后，重建左翼联盟之所以值得一试，也是由于历史的启示："人民阵线时期，分裂的观念遭到抵制：我们的态度是'左派（内部）无敌人'。"④

　　然而，正是这样一个被许多人所珍视的人民阵线，在二战结束之后却迅速崩溃瓦解。个中原因其实和当时英国左翼面临的危机是一致的，即：一方面，原先那个唯一的敌人——法西斯主义——已经倒台，左翼内部不同立场之间的矛盾冲突重新凸显；另一方面，随着冷战格局的形成，共产主义无论是在英国整体的社会政治舞台还是在左翼政治内部，都面临前所未有的艰难处境，这直接导致了英国左翼的分裂；最后，失去了方向感和共同目标的左翼人士在面对英国工党的各种政策和行动时莫衷一是，各执一词，进一步加剧了人民阵线的瓦解。

---

① 〔英〕艾瑞克·霍布斯鲍姆：《趣味横生的时光：我的20世纪人生》，周全译，北京：中信出版社，2010年版，第145页。
② 〔美〕丹尼斯·德沃金：《文化马克思主义在战后英国》，第24页。
③ 〔英〕雷蒙德·威廉斯：《政治与文学》，第58页。
④ 〔英〕雷蒙德·威廉斯：《政治与文学》，第14页。

从这层意义上来说，共产主义历史学家小组的诞生就颇具象征与暗示的意味了。正如它出现的那个年份——1946年——所彰显的那样，"历史学家小组和与之相联系的历史学家著作是政治环境的产物。这个小组的成立，既是由于人民阵线精神的胜利，也是由于冷战产生的苦难"。① 虽然二战之前的人民阵线更多地徘徊在主流政治的边缘，但它创造了畅所欲言的空间并引导了一系列的抗争。随着战争的逐步升级，人民阵线的地位也发生了改变，最终成为缔造一种暂时打破阶级隔阂的空前统一局面的重要力量。更重要的是，由这种力量所带来的信念"导致了1945年工党的胜利，选举的成功，这种成功产生了某种期待，即战后改革将产生一种更平等的社会"。② 这种信念无疑也传递给了在人民阵线运动中成为共产主义者的这些历史学家们。但是他们也必定同样要面临与之前的乐观期望反差巨大的残酷现实。战后工党政府的作为其实正如社会主义者 R. H. 克罗斯曼所言，非但不是一个社会主义者所期望的新时代的开始，相反是社会改革时代的结束。③ 与此同时，英国也随着世界一起步入了冷战格局当中，由于冷战的意识形态对立的影响，在传统意义上的左翼阵营范围内，"工党和工会发起了旨在抵抗共产主义影响的运动"。④ 对于汤普森等人而言，此时无论是人民阵线的信念还是人民阵线本身都已被历史的强力撕扯得面目全非了。

(二) 斯大林主义

但危机还远不止于此，撕扯着他们的"历史的强力"不仅来自外部，同样也来自内部，来自共产主义的阵营。汤普森在多年以后曾感叹："1943年和1944年，'历史'似乎非常愿意迎合英雄意志，立刻就凝结到了两套截然对立的机制当中，它们在其各自的有效辖地之内都只允许最小范围的自由活动。"⑤ 汤普森所说的钳制了大多数人的自由的这两套"机制"，既包括美英领导的资本主义阵营，也包括苏联领导的社会主义阵营。作为共产党员和历史学家，汤普森和其他几位小组成员一样，最直接感受

---

① 〔美〕丹尼斯·德沃金：《文化马克思主义在战后英国》，第20页。
② 〔美〕丹尼斯·德沃金：《文化马克思主义在战后英国》，第21页。
③ 〔美〕丹尼斯·德沃金：《文化马克思主义在战后英国》，第21页。
④ 〔美〕丹尼斯·德沃金：《文化马克思主义在战后英国》，第22页。
⑤ E. P. Thompson, *The Poverty of Theory & Other Essays* (London: Merlin, 1978), p. 265.

到的来自"自己人"的限制就是斯大林主义教条的束缚。这种无视独立自主和平等性的领导方式无论是在二战之前的第三国际时代还是在进入冷战之后的意识形态对立阶段始终存在。作为被领导者之一，英国共产党自然深受上述两方面的影响。今天我们都非常清楚20世纪50年代苏联在东德和匈牙利等地的行动最终导致许多英国共产党员和左翼人士对斯大林主义不满情绪的总爆发，但实际上这种影响与不满从很早就开始积蓄。早在辉煌的人民阵线时期，斯大林主义的负面影响便已经存在，具体表现为左翼内部的宗派主义。这种宗派主义与建立人民阵线之前英共秉持的过分强调"阶级对立"的态度密切相关，但由于联合反法西斯力量的实际需要而受到一定程度的抑制。不过，正如德沃金指出的，宗派主义在20世纪30年代就已经存在，并且对共产主义历史学家小组的思想产生过限制，尽管它的最终凸显要等到冷战时期理论话语和政治话语的分化。① 宗派主义对历史学家小组的明显影响或曰限制之一就是使他们袒护、回避斯大林主义的种种历史错误。客观地说，这种选择性的遗忘同样也是当时推动左翼力量和人民阵线进一步统一和壮大的动力之一，但到冷战时期，英国的共产主义者无可避免地陷入被"新仇旧恨"一起算的境地当中。而在两极阵营极端化的大环境和斯大林主义的束缚影响下，以历史为研究对象的历史学家小组却未能客观真实地面对历史，而是像许多其他共产主义者一样，极力维护苏联和斯大林。② 就后果而言，当时英国共产主义者这种明显带有宗派色彩的"站队"行为，既是对右翼围攻和左翼分裂的自我防御反应，又是对原有的联盟的进一步瓦解。

对历史学家小组的成员而言，也正是他们研究的对象——历史——和采用的研究方法，为他们摆脱斯大林主义教条的束缚提供了机会。在冷战初期对苏联和斯大林的这种辩护，毫无疑问属于威廉斯所厌恶的"局部政治"或曰"直接政治"③，不仅招致许多左翼人士的反感，实际上也令许多当事人自己都难以真正接受。无论是往昔历史和当下现实的强烈对比，还是在抽象教条下进行的辩护和借助真实经验与理性思考得出的结论之间巨

---

① 〔美〕丹尼斯·德沃金：《文化马克思主义在战后英国》，第12页。
② 关于历史学家小组不加批判地维护苏联和斯大林的这段尴尬历史，参见〔美〕丹尼斯·德沃金《文化马克思主义在战后英国》，第28～31页。
③ 关于威廉斯的"直接/局部政治"，将在下文中具体展开论述。

大的反差，都深刻刺激着汤普森等人的大脑。在当时的情形下，历史学家们为苏联在二战前期的行为开脱是一件艰难的事情，往往只能诉诸理论的抽象与"强辩"。因此，他们不得不更多地强调马克思主义历史理论中的"决定论"和"必然性"因素，即强调苏联社会主义在最终意义上的"正义性"，和它在曲折的历史进程中取代资本主义的"历史必然性"。为了确立这种逻辑，英共的历史学家们不得不在"历史理论"上下足功夫，而这种理论的"提升"无可避免地会和"正统马克思主义"的理论模式保持呼应，甚至是更进一步地推崇，于是也就有了如德沃金列举的 J. D. 贝尔纳对斯大林的社会科学贡献的赞扬、克里斯托弗·希尔对斯大林历史学著作的推崇和汤普森对斯大林的"共产主义发展的蓝图"的肯定。① 但这样的辩解即使单就理论层面而言也很难令申辩者自己心悦诚服。作为马克思主义历史学家，汤普森等人对于历史理论的自觉当然不是从这种辩护才开始的，而是从他们开始思考历史之初就具备的。历史学家小组的成员对历史理论的思考，源自人民阵线时代以来便一直影响他们的两个理论方向，其一是延续自恩格斯晚年著作和第二国际正统理论家所奠定的马克思主义关于"资本主义必将瓦解"和"无产阶级必将胜利"的历史必然性的信念，其二是面对法西斯主义蹂躏下的紧迫现实而必须采取坚定的政治行动的"意志主义"哲学，特别是当苏联面对法西斯而不作为时左派必须自己挺身而出这样一种信念。"必然性"与"意志主义"这对信念被德沃金提炼为一对更为根本的矛盾关系——"结构"与"人类动力"之间的对立："共产主义历史学家坚守两种历史学理论。一种解释是决定论的和功能主义的，将历史人物看成是合乎历史规律而行动的人，它建立在社会主义胜利的必然性基础之上。另一种解释强调了阶级斗争并认识到文化、观念和人类动力的重要性，它与人民阵线的意志主义精神紧密联系在一起。"② 我们可以看到，决定了汤普森等一代人的信仰归属的人民阵线，它所树立的历史理论并非"正统马克思主义"一家独大，相反"有着相对开放的历史唯物主义观念"。③ 受此影响的历史学家们的思想是非常复杂而矛盾的，

---

① 参见〔美〕丹尼斯·德沃金《文化马克思主义在战后英国》，第 29 ~ 31 页。
② 〔美〕丹尼斯·德沃金：《文化马克思主义在战后英国》，第 38 页。
③ 〔美〕丹尼斯·德沃金：《文化马克思主义在战后英国》，第 36 页。

"他们都毫无疑问是正统马克思主义的强烈辩护者，他们的思想有时被基础/上层建筑关系的还原论理解所限。但是他们重视历史过程的极度复杂性，并认识到在运用马克思主义范畴时产生的许多困难"。[①] 事实上正是这种理论上的相对开放，使得英共在 30 年代避免了对苏联完全的亦步亦趋，从而缔造了辉煌的人民阵线；或者应该反过来说，这种理论上的开放，正是英共在人民阵线时代成功的政治行动的思想表征。带着这段历史记忆的历史学家们，在不得不过度夸张地提升"斯大林主义"的决定论历史观念的地位时，必然要承受一种难以掩盖的内在分裂的苦恼。

（三）"考德威尔论争"

随着这种教条主义逐步升级为"要么是正统，要么什么都不是"的武断判定标准，它所造成的影响也就绝不仅仅是一部分人内心的分裂感受，而是实实在在的分裂。人民阵线时代的精神气质的丧失，其实标志的是人民阵线自身的不复存在，以及英国共产党对英国左翼的团结与领导能力的大大缩水，由此引发的正是左翼政治力量在战后十年间的整体萎靡不振。而这样一种"正统论"最具代表性的表演，莫过于发生在 50 年代初英共内部的那场"考德威尔论争"。

克里斯托弗·考德威尔算得上是整个 20 世纪上半叶英国马克思主义在文学与文化等领域最重要也最具代表性的人物。[②] 就连英美新批评的宗师雷纳·韦勒克也无法忽视考德威尔的重要性，明确地将其著作称为"英国马克思主义文学批评的第一部重要文献"。[③] 有研究者概括指出，"作为一名马克思主义理论的先觉者，考德威尔主要面临的问题是：①如何把他掌

① 〔美〕丹尼斯·德沃金：《文化马克思主义在战后英国》，第 36 页。

② 关于克里斯托弗·考德威尔的生平、著作和评介，可参见〔英〕弗兰西斯·马尔赫恩《当代马克思主义文学批评》，刘象愚、陈永国、马海良译，北京：北京大学出版社，2002 年版；Francis Mulhern, "The Marxist Aesthetics of Christopher Caudwell," *New Left Review*, 85, 1974, pp. 37 –58；陆建德：《考德威尔文学论文集·译序》，载《考德威尔文学论文集》（上），陆建德等译，南昌：百花洲文艺出版社，2010 年版；曹成竹：《考德威尔：英国马克思主义文论和美学传统的奠基人》，《马克思主义美学研究》第 12 卷第 1 期，北京：中共编译出版社，2009 年版，第 165 ~175 页。关于考德威尔论争，可参见 E. P. Thompson "Christopher Caudwell," in *Making History: Writings on History and Culture* (New York: The New Press, 1994), pp. 78 –140。

③ 〔美〕雷纳·韦勒克：《近代文学批评史》第 5 卷，杨自伍译，上海：上海译文出版社，2002 年版，第 241 页。

握的马克思主义理论武器，同英国本土文学艺术经验相结合，并有效地回应 20 世纪 30 年代英国的社会问题；②在运用马克思主义理论研究和探讨英国文学艺术的时候，如何看待 19 世纪末 20 世纪初盛行于西方的各种现代派文艺思潮；③如何使马克思主义文论和美学最大限度地发挥社会批评的作用，同英国工人运动和社会主义革命紧密结合起来"。① 可见，考德威尔当时所要处理的问题包括不同理论之间的关系以及理论与现实之间的关系。这种客观的需要使得"他用最新掌握的理论工具，重新处理从自然科学、哲学、人类学、心理分析与文学等领域获取的广博知识，试图对现实进行马克思主义的综合"。② 这种综合是极具想象力的、极富雄心的，同时也是问题丛生的。汤普森曾大体总结过考德威尔所综合的对象："我们必须注意到，（考德威尔著作的）参考文献包括的作品来自布哈林、卡西勒、克罗齐、涂尔干、格式塔心理学家、列维 - 布留尔、马林诺夫斯基、皮亚杰和索绪尔，以及弗洛伊德、荣格、阿尔弗雷德·阿德勒、巴甫洛夫、范·热内普、马克斯·普朗克、里波特、洛海姆、萨丕尔等。"③ 如此天马行空地跨越不同学科和不同立场基础的知识范畴进行整合，其过程难免囫囵吞枣，其结果难免漏洞百出，因而也招致后来左右两派的批评。韦勒克讥讽考德威尔的文学批评"实际上是马克思主义、人类学和心理分析的奇异混合"④；伊格尔顿则直言，"尽管考德威尔是主要的先驱——至少就其野心勃勃的计划而言是主要的——同样真实的是，我们可以从他那里学到的东西，虽然不是完全没有，但也少之又少"⑤；较为折中的评价则如马尔赫恩所说，考德威尔的思想"不应被看作一个可以顺手拿来的整体体系，而最好是看作一股充满洞见与有待批判反思的丰富资源"。⑥

---

① 曹成竹：《考德威尔：英国马克思主义文论和美学传统的奠基人》，《马克思主义美学研究》第 12 卷第 1 期，第 166 页。

② 〔英〕弗兰西斯·马尔赫恩：《当代马克思主义文学批评》，第 10 页。

③ E. P. Thompson, "Christopher Caudwell," in *Making History*: *Writings on History and Culture* (New York: The New Press, 1994), pp. 80 - 81.

④ 〔美〕雷纳·韦勒克：《批评的概念》，张金言译，杭州：中国美术学院出版社，1999 年版，第 329 页。

⑤ Terry Eagleton, "Criticism and Politics: The Work of Raymond Williams," *New Left Review* 95, 1976, p. 7.

⑥ Francis Mulhern, "The Marxist Aesthetics of Christopher Caudwell," *New Left Review* 85, 1974, p. 58.

带着这样一种复杂性进入 50 年代初的英共视野中的考德威尔，似乎应该引发的是以下这些讨论：文学研究与文化研究在马克思主义理论体系当中的位置、意义，以及由此带来的对基础、上层建筑、意识形态等一系列概念范畴的重新思考；马克思主义理论与当代新兴的各种理论、科学知识之间的关系，以及由此引申的马克思主义如何面对新的历史情形进行自我调整。然而，实际发生的这场"考德威尔论争"却与上述设想完全不同，甚至背道而驰。讨论很快就从对考德威尔的细节批评滑向了质疑其基本立场，所谓反思已无从谈起。围绕考德威尔所形成的"论争"，其最高潮的内容居然是考德威尔到底算不算一个"正统的马克思主义者"。汤普森在 70 年代对这场著名的"考德威尔论争"进行了细致的回忆与分析反思。在他看来，这场论战发生在 1950 年到 1951 年的《现代季刊》（*Modern Quarterly*）上的论争可以分为两个阶段。争论的最初阶段针对的是考德威尔驳杂而并不可靠的知识和跨越各种知识边界的思考方式，正如上文所说的那样，这种知识与思考方式必然给他带来学科门户的审查和知识内部的驳难。类似这样的怀疑与批评由来已久，也很容易理解。汤普森认为，在这一阶段"一些关于考德威尔的争论不仅仅在于假设他是否正确理解当时的科学，而且还在于他所使用的科学——比如关于脑皮层和无意识的论说——是否经受住了过去四十年的检验"。[1] 这样的讨论最后莫衷一是。但汤普森指出，一位叫 J. D. 伯纳尔的科学家在 1951 年秋《现代季刊》第 6 卷第 4 期上发表的批评是这场论争的一个转折点，或许可以这么说，在汤普森看来，真正饱含时代象征意味的"考德威尔论争"从这里才算开始。伯纳尔同样批评考德威尔对各种当代科学理论的"滥用"，并且辛辣地提出："很大程度上正是由于对时髦的科学语言的使用，考德威尔的作品才会对知识分子，尤其是文学知识分子有如此大的吸引力。"[2] 身为左翼科学家的伯纳尔对考德威尔的"僭越"的反感和对被认为属于虚幻的意识形态范畴的文化领域的蔑视，本身并不令人意外，也并不重要。重要的是下面汤普森提示的一段话："伯纳尔指出，考德威尔的构想不仅错得一目了然，

---

[1]　E. P. Thompson, "Christopher Caudwell," in *Making History: Writings on History and Culture*, p. 81.

[2]　E. P. Thompson, "Christopher Caudwell," in *Making History: Writings on History and Culture*, pp. 81 – 82.

并且还带有对'当代资产阶级科学哲学'的屈从。"① 将考德威尔借鉴的各种当代科学统统视作"资产阶级科学哲学"的产物，将这种借鉴行为理解为对后者的屈从，这意味着此时争论的焦点已然发生转变，而转变的方向则浸透着时代性的危机。汤普森写道："我们能对伯纳尔（以及这场争论中的其他批评家们）关于他们时代的科学和精神分析中什么是'资产阶级的'而什么不是的判断抱有绝对的信心吗？要知道同样是这些批评家，在同样的时间里，正在为日丹诺夫对苏联知识生活的愚蠢干预，斯大林对语言学问题和李森科遗传学的革命性特征的专横总结，或者辩解或者欢呼。事实上，这或许是为何'考德威尔论争'会打破一向铁板一块的英国共产党的舆论的原因之一。在那个知识分子冷战的最糟糕的年代，国际共运着手开展一场旨在纠正或揭露所有的'资产阶级'异端的严厉的运动，对考德威尔的攻击或许被党的舆论负责人看作日丹诺夫模式下的一次小小的净化活动。"②

汤普森向我们证明，这场"考德威尔论争"最后变成了依据斯大林主义的教条模式而进行的"门户审查"。问题已经由一开始的"考德威尔的方法是否科学"转变成了"根据正在被斯大林教条逐步僵化的所谓正统性来看，考德威尔是不是一个合格的且正统的马克思主义者"③，考德威尔身上那种重要的开放性和多元性，不仅其意义没有得到讨论，反而成了他遭受批判的原罪。如果我们对考德威尔加以同情性地理解的话，不难发现他的那种"大而无当"其实是时代的激进性的自然反映，因为对30年代的激进主义者而言，"马克思主义包含了对历史阶段的令人信服的分析，对未来预见的分析，以及对辩证唯物主义哲学的分析——这种哲学统一了自然和历史、思想和现实、理论与实践。由于这种新的理解方式，处于上升趋势的共产主义学生知识分子深信改造整体的知识学科的必要性，这种知识学科被资产阶级意识形态：文学批评、科学、哲学、历史和人类学所腐

---

① E. P. Thompson, "Christopher Caudwell," in *Making History*: *Writings on History and Culture*, p. 82.

② E. P. Thompson, "Christopher Caudwell," in *Making History*: *Writings on History and Culture*, p. 82.

③ E. P. Thompson, "Christopher Caudwell," in *Making History*: *Writings on History and Culture*, p. 84.

化"。① 应该说考德威尔的理论方式正是对这种整体性的追求和对局限性的拒斥。然而似乎也正是因为这一点，身为 30 年代英国马克思主义代表性的人物，留下了大量开创性的著述，并且最终在人民阵线运动中为反法西斯战争付出了生命的考德威尔，如今却成了"正统马克思主义"标准下的审查对象，并且被判定为不合格。这样的预设逻辑对论战双方的理智都是摧毁性的，"无论考德威尔的捍卫者如何努力，这场论争再也没能逃脱它一开始就被设定的这些主题"②，争论的最终结果只能是强化了"要么是正统，要么什么都不是"的门户教条。窥一斑而知全豹，这场针对考德威尔的"小小的净化活动"其实是整个四五十年代之交英共受制于斯大林主义而与曾经有过的开放、独立、多元和包容的人民阵线主张渐行渐远的时代缩影。它同时暴露了斯大林主义影响下英共的抽象化的理论对历史与现实中的人民阵线的双重伤害。受此刺激的历史学家们其实已经埋下了对斯大林主义的深刻的不满，这也是为什么汤普森日后会浓墨重彩地专门讨论考德威尔，并借用伊格尔顿的话来赞扬考德威尔是"异端"和"恐怖主义者"：或许他既是将这个"考德威尔"视作自己的写照，又是在宣布这段历史时期同时包含的危机与转机。

当然，任何类似的观点——包括汤普森等当事人后来提供的——都带有相当大的"后见之明"。事实上，"直到 1956 年，汤普森才开始公开地质疑斯大林主义"。③ 虽然有不同程度的怀疑，但在共产主义历史学家小组成立的最初几年，成员们大多还是如上文引述的那样，与英共主流思想步调一致地为斯大林主义辩护。然而，这种故意制造分裂与隔阂的做法，还是引起了历史学家小组在行动上的抵制。小组在 50 年代早期创办了社会历史杂志《过去与现在》，这是一份包含人民阵线精神的刊物，三位主要编辑希尔顿、希尔和霍布斯鲍姆在 30 年后回顾时说，这份杂志期望在知识分子中划定一条分界线："一边是少数立场坚定的历史学的（和政治学的）保守主义者，并不是指反共产主义的社会运动参与者；另一边是潜在的大多数人，这些人有共同的历史学研究路径，不论他们是不是马克思主义

---

① 〔美〕丹尼斯·德沃金：《文化马克思主义在战后英国》，第 14～15 页。

② E. P. Thompson, "Christopher Caudwell," in *Making History*: *Writings on History and Culture*, p. 84.

③ 〔美〕丹尼斯·德沃金：《文化马克思主义在战后英国》，第 30 页。

者。因此我们试图在战后继续或者复兴广泛团结的政治，这种政治是我们在战前反法西斯主义时期得到的。"① 这显然是一条与"正统马克思主义"的"敌我标准"大为不同的划分原则，在这一原则下，共产主义者所能联合的个人和群体又像人民阵线时期那样，成了"大多数"。

（四）历史与经验

如果说受限于"直接政治"的影响而向斯大林主义的理论模式倾斜已经使历史学家小组感到不安，那么在更为具体的历史研究当中发现的诸多问题则使他们对这种理论模式本身产生了怀疑。正如前面提到过的，"正统马克思主义"的理论模型在运用于实际历史经验的分析时不可避免地产生了许多问题。作为分析材料的历史经验是如此得具体、丰满、鲜活，又是如此得复杂、多义、充满矛盾、难以确定，这与被视为正统的经济主义的、还原论式的基础／上层建筑理论模式有不容回避的冲突。我们不能想当然地认为这是历史悠久的英国经验主义与法德理性主义之争的变体，汤普森等人真正的思想支撑是对马克思的历史唯物主义的独立理解，也就是上文提及的"相对开放的历史唯物主义观念"。我们已经证明了历史学家小组思想上的复杂性，正如德沃金所说，"甚至在斯大林制度的最教条化时期，英国共产主义历史学家也从来没有将上层建筑看成仅仅是对经济基础的反映，他们也没有极度轻视政治和意识形态的影响"。② 这种超越"直接政治"局限的眼光并不仅仅来自他们对马克思和恩格斯著作的独立思考，更是源自他们对历史的研究本身的思考。毫无疑问，历史学家小组在历史研究的理论方面做出了大量的贡献，而他们的理论思考则深深地扎根于实际的经验当中。

汤普森等人积极投身的英国成人教育就是很好的例子。"英国的工人和成人教育传统，尤其是工人教育协会，为知识分子和工人提供了独特的交流机会，并且这种环境为创立文化研究，为形成马克思主义历史学研究路径，起了很大作用。"③ 在成人教育的课堂上，左翼知识分子面对的不再是条条框框的抽象理论，不再是公式般的推导和观念的自我衍生，而是活

---

① 〔美〕丹尼斯·德沃金：《文化马克思主义在战后英国》，第26页。
② 〔美〕丹尼斯·德沃金：《文化马克思主义在战后英国》，第39页。
③ 〔美〕丹尼斯·德沃金：《文化马克思主义在战后英国》，第8页。

生生的历史，是未被化约整合的历史的主体，是足以撑破教条的复杂矛盾的历史经验。对于这个场域的重要性，许多参与者们有充分的自觉认识。汤普森就曾说过："我之所以参加成人教育工作，是因为对我而言这是一个能够了解工业化的英格兰，能够与学生教学相长的领域。而事实也的确如此……（成人教育和基层党组织工作）是两个我随时随地能够向人民学习的领域。"① 这样一个学习的过程，其实也正是《英国工人阶级的形成》酝酿成型的过程，汤普森在这个过程中发现的是一个在历史斗争中逐步形成的工人阶级，而不是随着机器和厂房的出现就立即出现的工人阶级，更不是仿佛早已被经济发展的阶段性所预定的先验存在。这一过程突显的是"阶级斗争"这一复杂的概念。在人民阵线和基础性的工人运动中成长起来的共产主义历史学家们，他们的思考不约而同地关注到了"阶级斗争"。"阶级斗争"概念并不新鲜，相反是一个马克思主义理论谱系中的传统核心，但在汤普森等人那里，它却是一个无法被斯大林主义的"正统马克思主义"化约整合的概念。上文曾提到过，历史学家小组拥有两个不同的理论方向，一个是源自"历史决定论"的"结构"，一个是源自人民阵线经验的"人类动力"。在分析作为历史推动力的阶级斗争问题时，"结构"与"人类动力"就分别指向了"客观的"与"主观的"阶级组成部分："'客观的'指的是阶级关系的结构性基础；'主观的'描述了阶级意识的成长，它是一个过程，借助这个过程，被剥削阶级或团体开始主观地或者经验地意识到客观形势并去抵抗这些形势，或者在非常成熟的环境下，推翻这些形势。"② 虽然在马克思主义理论的任何一个时期，生产关系或阶级斗争都不会被完全忽略，但侧重点的不同还是会改变二者的重要性排序。"当从生产力和生产关系之间的矛盾这一角度来看待问题时，阶级斗争被认为是第二位的。但是，当历史性地特殊地根据阶级斗争自己的结局和影响来检验时，阶级斗争的重要性就更加关键了。"③ 因此，在与斯大林主义的经济决定论发生冲突的情形下，"关注阶级斗争暗示了另一种理论，这种理论是对生产主义模式的严格决定论的代替"。④ 虽然在 1956 年之前这种替代

---

① 张亮：《阶级、文化与民族传统：爱德华·P. 汤普森的历史唯物主义思想研究》，第 45 页。
② 〔美〕丹尼斯·德沃金：《文化马克思主义在战后英国》，第 40～41 页。
③ 〔美〕丹尼斯·德沃金：《文化马克思主义在战后英国》，第 41 页。
④ 〔美〕丹尼斯·德沃金：《文化马克思主义在战后英国》，第 41 页。

性的理论只能以"暗示"的形式存在，但它依然起到了帮助历史学家小组在历史研究中贯彻"至今一切社会的历史都是阶级斗争的历史"① 这一论断的作用。一个颇具象征意味的事实是，小组中最先强调"阶级斗争分析方法"的成员是经济学家莫里斯·多布："虽然多布是作为一名经济学家来研究资本主义的经济过程的，但是他却坚决反对将唯物史观理解为技术或经济决定论，因为经济史研究使他坚信'社会不是由某些单一的因素的简单发展，而是由其主要因素的冲突与互动构成的，它进而又塑造了运动和变化的主体力量'，即阶级结构与阶级斗争。"② 这种意图突破经济决定论和阶段论的阶级斗争理论在小组中绝非个例。克里斯托弗·希尔将当时存在于马克思主义历史学中的经济决定论或技术决定论讥讽为"对产生必然变化的经济变革的无趣记录"③；维克多·基尔南则深刻质疑正统马克思主义历史学对封建主义和资本主义时代之间的严格区分。④

应当看到，称历史学家小组的"阶级斗争"观念是一个替代性的理论，并不意味着它是矫枉过正似的从一个极端跳到另一个极端，这种观念尝试提供的是一个更为合理、更为全面的历史理论，即"相对开放的历史唯物主义观念"。在这种观念指引下的研究对象，不会是局限于经济决定论之下的阶级斗争，而是包括了经济、政治、意识形态和文化等各个领域之中的阶级斗争，是在一种总体性的考察中进行的历史分析。因而，历史学家小组的工作无论在研究对象、研究方法还是历史理论方面其实都已蕴藏了对斯大林模式的突破。例如，罗德尼·希尔顿强调在社会和社会活动的总体性中考察经济基础与观念和体制之间的矛盾；希尔提出马克思并不否定观念对历史的影响，因为这些观念已被设定了根本的经济起源，他对1640 年英国革命的研究突破了过去马克思主义历史观念中截然划分新旧两个体制的方法，等等。这类工作的深刻意义在于，它使得"对阶级斗争的关注使强调意识、经验、观念和文化成为可能；它放大了历史形成过程中人类动力的作用；并且通过把历史结局看成由社会存在和社会意识共同塑

---

① 《马克思恩格斯选集》第一卷，中共中央马克思、恩格斯、列宁、斯大林著作编译局编译，北京：人民出版社，1995 年版，第 272 页。
② 张亮：《阶级、文化与民族传统：爱德华·P. 汤普森的历史唯物主义思想研究》，第 43 页。
③ 参见〔美〕丹尼斯·德沃金《文化马克思主义在战后英国》，第 38 页以及该页注释 2。
④ 参见〔美〕丹尼斯·德沃金《文化马克思主义在战后英国》，第 50～51 页。

造，它逃避了决定论束缚"。[①] 对于后来的新左派的兴起和文化论争的出现而言，这一点具有决定性的意义。它虽然尚未很好地解决传统马克思主义理论中基础与上层建筑之间的矛盾关系，但为"文化"的进入提供了条件，并且这里的"文化"是与"阶级斗争"紧密联系在一起的，这就为后来的文化观念的论争和"文化唯物主义"的提出提供了坚实的基础。就此而言，共产主义历史学家小组在自身的努力当中已经为自己铺设了一条向新的时期过渡的桥梁，这种过渡或许不像威廉斯的《文化与社会》那样集中而显豁，却也同样重要，且同样蕴含着相当的爆发力。

---

① 〔美〕丹尼斯·德沃金：《文化马克思主义在战后英国》，第41页。

第三章

霍加特与《识字的用途》

第一节　　"文化"成为问题

　　如前所述，二战结束后的十年非但没有给英国国内的左翼政治和社会主义努力带来光明，反而使后者在种种不利因素的逼迫与诱导下陷入重重危机。处于这一历史阶段的英国左翼，迫切需要的是在对斯大林模式的盲目崇拜和对工党政治的盲目幻想之间找到一条真实可行的道路。有鉴于危机的迫在眉睫，他们逐渐认识到，发现并确立一些共同的关注点是极为必要的。无论就眼前的条件来看，各方能否围绕这些关注点形成有效的共识；无论基于这些并不稳固的共识能否建立起一套完整的替代性的政治方案；甚至无论这种寻找"中间道路"的尝试本身是否可疑，总之，左翼都必须自己创造行动。这些关注点必然是极具突破性的，它们必定会挑战许多左派内部的条条框框；它们同时也必然是极具"超越性"的，唯此才能跳出各种直接政治诉求的局限；但它们也必须是极具现实性的，可以凝聚当前的各种经验并组织起有效的斗争形式。

　　在这种特殊的条件下，文化成了这些共同关注点中极为重要的一个。但文化的入选显然不是一个偶然，新左派对文化的关注也并非从《识字的用途》和《文化与社会》出版那一刻才开始。总体而言，在二战结束到东欧一系列事件爆发这十余年的时间里，文化其实一直被许多立场不同的英国左翼知识分子以各种不同的理由所关注，并陆续成就了一系列重量级的研究著作。正是有这样的思想基础和现实基础，属于左派的"文化论争"

才有可能出现。

在英国，关于文化的讨论显然要远远早于新左派的关注。如威廉斯所言，他写作《文化与社会》的最初直接动力源自艾略特出版于1948年的《关于文化定义的笔记》，而事实上据他本人观察，这种"围绕以前似乎还不特别重要的这个词，把某种社会思想集中起来"的做法在1945年到1946年的时候在利维斯和某些人类学家那里已经非常明显了。[①] 其实如果愿意的话，将文化作为话题的历史上推至马修·阿诺德那里也丝毫不算牵强。反过来也不难发现，文化几乎从来都是保守主义思想谱系中的重要一环，是思想精英们用来或反对或欢庆现代文明的重要武器。这样一部关于文化的观念史显然与左翼的政治立场相冲突，后者想要谈论文化而又不陷入保守主义的问题框架之中，则必须重新选定讨论的方向与重点。最早著书立说讨论文化问题的两位新左派成员霍加特与威廉斯，在写作期间其身份还是自由左翼知识分子，他们必须首先面对的两个问题是："谁的文化"以及"这种文化与整体世界的关系"。

第二节 《识字的用途》与工人阶级文化

一 断裂的文本

出生于工人家庭并且长期从事成人教育的霍加特，对抽象地讨论文化明显没有任何兴趣。在《识字的用途》中他为自己设立的对象非常简洁明了——工人阶级的文化。可以毫不夸张地说，霍加特这本书的阐释方式本身就与那些源远流长的传统文化观念史拉开了足够的距离，并因此也提供了很多新鲜的元素。与知识精英们谈论文化时动辄便联系到"传统""道德""民族"乃至种种自然法则与神圣律令的抽象化叙述完全不同，霍加特对英国工人阶级文化传统的阐释紧贴工人阶级生活的经验世界，他称之为"人民的'真实的'世界"。在这个世界中，"真实"不再是柏拉图以来长期统治西方观念世界的"抽象本质"，而是具体的、活生生的生活中的经历，是这种丰富而且绵延不绝的生活经历所展现的"自下而上"的历

---

① 〔英〕雷蒙德·威廉斯：《政治与文学》，第79页。

史；而他笔下的"文化"正是在这一"自下而上"的历史中逐渐形成的属于工人阶级自己的传统。很显然这种自下而上的文化与精英们打造的传统文化之间有天壤之别，双方必然存在很多风马牛不相及的地方。但霍加特并不急于在这种对立关系中展开论述，相反，他的叙述中最为精彩的也最具颠覆性的恰恰表现为在双方拥有交集的地方发掘工人阶级文化对对手的各种堂皇说教的颠覆性使用和创造性转化。霍加特兴致勃勃地向我们介绍了许多这类实例，如：

> 随便找几个工人问问他们如何理解宗教，他们很可能非常简单地，但并非毫无意义地给出下面这些答案中的一个：
> "做好事"，
> "起码的礼貌"，
> "救助瘸腿的小狗"，
> "待人和善"，
> "像你期望受到的对待那样去对待别人"，
> "我们应当帮助其他人"，
> "帮助你的邻居"，
> "从错误中学到正确的东西"，
> "过得体的生活"。
>
> 这就是家长们长久以来一直给孩子报名参加主日学校（Sunday school）的主要原因。次要原因我们也不陌生：父母们期望有一个属于他们的宁静的周日下午，有时候他们会用命令孩子在课后到下午茶的这段时间里出去跑步的方法来延长这份宁静时光；或者妈妈已经辛勤地做了一上午的饭并已筋疲力尽；又或者爸爸想在看过了周日报纸之后小打个盹。不过所有这些背后都有一个意识，即主日学校能提供一种熏陶，避免孩子"走上歪路"。①

如果这是一份调查报告的话，它一定会让鼓吹"道德教育"的马修·

---

① Richard Hoggart, *The Use of Literacy* (New Brunswick, New Jersey: Transaction Publisher, 1998), p. 84.

阿诺德等人目瞪口呆。在霍加特的笔下，诸如宗教这类原本浸透着上层权力精英的意识形态内涵的事物，在工人阶级群体中被出人意料地改造了。最初的基于经典与权威阐释的宗教道义遭到了瓦解，原先的神秘与神圣的特质被鲜明的世俗情感所取代：显然，工人阶级用朴素的"善"取代了精英传统当中烦琐晦涩的教义。至于这里关于"善"的定义权，显然也不是在权力精英的手中，而是在通过家庭、社区、工厂、地域等单位建立起广泛的共通的阶级意识的工人阶级手中。同样地，宗教原本的说教与归化功能也遭到了篡改与转化。表面上看，工人家庭为子女报名参加专事布道归化的主日学校的热情始终高涨，仿佛是宗教的"道德感化"的胜利；然而霍加特幽默地告诉我们，其实这不过是家长们顺水推舟的小伎俩罢了，是工人们对"神圣教化"的"日常使用"而已。虽然他们也承认这种教育的正面意义——熏陶，但双方在目的以及可以预知的结果方面的巨大差异是显而易见的。

另一个例证出现在同样一向被权力精英把持的文化的精髓之一"艺术"方面。霍加特告诉我们：

> 对人类生存境遇细微之处的至高无上的兴趣，是理解工人阶级的艺术的第一个指示标。工人阶级的艺术从一开始就是一种本质意义上的"展示"（而非"揭示"），一种对于已知事物的展现。它源自人类生活本身就充满魅力这一假设。它必须去应对可被认知的人类生活，而且必得从详细逼真开始，无论它之后会变得如何引人入胜；它必须依靠一些简单却稳固的道德规范来加以巩固。①

"工人阶级的艺术"不仅被正大光明地提了出来，而且被赋予了与过去任何意义上的"经典艺术"截然不同的意义与特征。工人阶级的艺术不去理会抽象的本质理念或"超级真实"，而是将生活世界中的存在直接视作真实，将意义直接赋予生活本身，将贴近生活的细节作为接近这种真实和这种意义的有效途径。而在摆脱了本质主义的美学观念的同时，工人阶级的艺术也能够避开形式主义的陷阱：它虽然抵抗那些"崇高的理念"，却不

---

① Richard Hoggart, *The Use of Literacy*, p. 86.

服膺于"为艺术而艺术"的法则，而是将朴素可靠的共同道德法则作为内在的支撑。

霍加特对英国工人阶级的这种朴素的阶级情感与道德观念不止一次地表达过信心。他指出，各种群体往往会通过排他性来获得自我认同的力量，最直白的方法就是划分"他们"和"我们"。在工人阶级的自我意识中，"'他们'的世界是老板们的世界，无论这些老板是作为个体还是作为公职人员"；而这个世界里并不是只有通常意义上的"老板"，"'他们'包括了警察、公务员或者工人阶级能够遇到的地方政府的其他雇员——教师、学校的考勤人员、公司法人以及地方议员"。① 看起来这会是一个排他性极其强烈的自我意识，但霍加特同时告诉我们，工人阶级的阶级意识和阶级情感不会被这种社会成分的划分完全束缚："一个牧师是否被视作'他们'的一分子，取决于他的表现。"② 以全科医生为例，"如果他通过专注于治病救人而赢得了大家的信任，那么，虽然他和他的妻子在社会存在的意义上属于'他们'，但作为一位全科医生，他不属于'他们'"。③ 也就是说，现实生活中的工人阶级对"我们"与"他们"的区分并不严格依照某些教条，而是更多地采取经验式的判断。这一点在后来反对斯大林主义的僵化阶级论的新左派读来，自然具有非同一般的意义。

霍加特对工人阶级文化的叙述不仅包括了宗教、艺术、道德情感这些属于文化的传统的大概念、大范畴，同时还包括了诸多如他本人强调与赞赏的"生活的细节"，如"习语""报纸""广播""酒馆""邻里"等工人家庭和工人社区中常见的生活形态。将这些一向被视为"不够高雅"的生活形态纳入文化的考察范围当中，这本身就已经是一种了不起的突破；而霍加特独具开创性的主张更体现在，他将它们阐释为一种不逊于其他文化形式的有价值的存在，并且是和上述那些已被"工人阶级化"了的大的概念范畴一起成了支撑英国工人阶级连接过往、当下和未来，以及不断争取政治前途的内在动力。

然而，这种对于英国工人阶级文化充满信心的叙述只是《识字的用

---

① Richard Hoggart, *The Use of Literacy*, p. 48.
② Richard Hoggart, *The Use of Literacy*, p. 48.
③ Richard Hoggart, *The Use of Literacy*, p. 48.

途》一书的前半部分内容，书的后半部分进入完全不同的语境当中。就霍加特本人的写作动机而言，《识字的用途》的"最初计划是分析大众出版的各种新形式，而它在第一部分所提出的激进革新——试图在一种对其读者及受众文化的深度'阅读'中将之语境化——只是后来才加入的"。① 换句话说，霍加特对英国工人阶级文化的历史传统所采取的带有理想主义色彩的描述，很大程度上是出于与第二部分，即当下的工人阶级文化境况进行今昔对比的目的。与霍加特共事多年的斯图亚特·霍尔对《识字的用途》的根本用意做了如下概括："该书试图对以下问题提供一个综合性答案：大众报纸杂志与它们重点针对的工人阶级读者的各种态度之间是什么关系？更为紧迫的是，新兴而又更受商业驱动的大众交往形式正如何改变着旧的工人阶级态度及其价值观；简而言之，这种新的'识字能力'是在被用于什么'用途'？"② 作为半个世纪之后的回顾，霍尔的概括有意保持一种较为中立、客观的语调，其目的是将霍加特在此开启的问题意识与后来几十年的英国文化研究工作建立起紧密的联系。然而真实的情况是，身处当时的历史情境下的霍加特其实很难完全保持冷静、中立的态度。关于新兴的大众传播方式对工人阶级文化的影响，当时的霍加特整体上持负面的评价。③ 最能体现这种倾向性态度的是霍加特为 *The Uses of Literacy*（《识字的用途》）最初拟定的书名 *The Abuses of Literacy*（《识字的滥用》）。

霍加特做出这种评判并非完全来自关于传播媒介、受众影响等方面的研究，这些后来成为英国文化研究核心议题的主题在当时还没有来得及得到充分的讨论；更为重要和直接的影响来自上文所述的二战之后十余年间的英国社会现实，来自执政当局令人失望的决策和左翼群体面临的内外交迫的窘困。而对于霍加特来说，更直接的危机感和挫败感来自英国工人阶级处境的改变，以及这种改变在他所珍视的工人阶级文化上的反映。这些

① 〔英〕斯图亚特·霍尔：《理查德·霍加特、〈识字的用途〉及文化转向》，张亮编《英国新左派思想家》，第38页。
② 〔英〕斯图亚特·霍尔：《理查德·霍加特、〈识字的用途〉及文化转向》，张亮编《英国新左派思想家》，第38页。
③ 确切地说，虽然在后来长期的文化研究和文化论争当中，霍加特也对新兴媒介以及当代文化有了更为复杂的认识，但他的总体评价依然偏向于负面。参见 Richard Hoggart *Mass Media in A Mass Society*：*Myth and Reality*（London，New York：Continuum，2005）第一章"Mass Society：An Outline"。

"改变"的基础很大程度上其实就是"福利国家"制度的推行。正如前面讲到的，福利化并不能给处在社会结构下层的人们带来长久的利益，但能通过提供一定幅度的物质、文化与政策资助来实现短期内的社会平衡。不妨再次引用弗兰西斯·马尔赫恩的概括："两种相互对照的发展过程确立了新时期的模式。一方面，存在扩展的趋势：一种重要的福利体系的形成、工人阶级信心的增加、消费能力的提高、文化供给的扩大以及消费品市场的集中开发，包括商业文化企业的显著发展。然而，这些趋势是在一种相反的历史趋向中发展的，英国保持了资本主义强国的地位，战后从殖民地的撤退以及联邦中帝国的灭亡和象征性恢复，使其长期以来的相对衰落获得了一种特殊的政治——文化上的怜悯。"① 马尔赫恩揭示了这种福利体系的两种危险作用：一方面消解激进政治的力量，另一方面美化保守乃至反动的政治策略。与霍加特的关切联系密切的是前者，即工人阶级生活水平表面上的阶段性提高，这种提高其实就是在经济和文化教育等方面的消费能力的提高，由此引发的则是消费社会和大众消费文化的到来。消费社会的"丰盛"对工人阶级的政治动员和阶级意识造成的影响是显而易见的。法国思想家鲍德里亚在《消费社会》中将消费社会自命的正当性提炼为"增长的神话"，而其逻辑可以简明扼要地概括为一句话："增长即丰盛，丰盛即民主。"② 它对个体的影响则是制造出这样一种观念："哪怕是生活在社会底层的人，从生产的加速增长中所获得的益处，也远远胜于任何一种形式的再分配。"③ 因而，与消费社会的兴盛和福利待遇的提高同步的是工人群体的阶级意识的退化和对现实政治的迟钝，其表现正如《识字的用途》的开篇第一句话："人们常说，现在的英国没有工人阶级，一种'不流血的革命'已经发生了，它大大减少了社会差异，以至于我们大多数人都已经栖居于一种近乎平坦的平原中，一个中产阶级下层到中产阶级的平原。"④ 这是一个"糖衣裹着的世界"⑤，在这个世界中工人阶级的自

---

① 〔英〕弗兰西斯·马尔赫恩：《一种福利文化？：50 年代的霍加特与威廉斯》，黄华军译，《马克思主义美学研究》第 3 辑，第 472 页。

② 〔法〕让·鲍德里亚：《消费社会》，刘成富、全志钢译，南京：南京大学出版社，2006 年版，第 25 页。

③ 〔法〕让·鲍德里亚：《消费社会》，第 26 页。

④ Richard Hoggart, *The Use of Literacy*, p. 1.

⑤ 〔美〕丹尼斯·德沃金：《文化马克思主义在战后英国》，第 134 页。

我意识正在消融。

上述历史现实反映在霍加特的思考中，就成了英国工人阶级文化生活的"堕落"。这种堕落表现为两方面的变化，一方面是传统的工人阶级文化逐步丧失；另一方面是新兴的大众传播媒介和消费文化的入侵所导致的阅读、思考乃至整体生活方式的"庸俗化""个人化"与"碎片化"。霍加特明确地将传统的与新兴的这两类事物分别称为"旧的秩序"和"新的转向"。这种区分基于他的一个判断，或曰假定，即早期阶段在出版物和其读者之间存在一种十分紧密的、相互促进的联系，而在工人阶级与大众文化的新形式之间，这种关系不再存在了。正是在这种人为构建的，明显有待商榷的新旧对比中，霍加特表达了他对"市场化的大众文化形式对工人阶级传统精神气质的影响"① 的担忧。霍加特的这种处理方式带来了很多问题，霍尔就专门指出，虽然霍加特在书的后半部分中明确提出过他的方法是"描述普通工人阶级生活的性质，以便对出版物更为仔细的分析可以置于现实语境之中"，但《识字的用途》第二部分并没能一直保持这样的努力。② 某些潜在且先行的观念深刻影响着此时的霍加特，使得他在讨论该书最初的设定目标，即"文化的滥用"时，未能完全践行紧贴经验的方法和语境化理解新兴大众传媒的方向。由此"导致《识字的用途》前后两部分显然不同的两种表述之间出现了无法解决的张力"③，它"号称是工人阶级生活两个时期的比较分析，但第一部分是半自传式的民族志学，第二部分则大部分是大众文化文本的批判性阅读，这两部分没有对比"。④

二 "新"与"旧"的对立：利维斯主义的影响与转化

这种内在断裂的产生有多方面的原因，其中有一条则带有鲜明的时代烙印。在描述所谓"新的转向"时，霍加特使用过一个颇有代表性的俗语："美痞"（American Slouch）。霍加特用这个词来指称大量涌入的美国

---

① 〔英〕弗兰西斯·马尔赫恩：《一种福利文化?：50 年代的霍加特与威廉斯》，黄华军译，《马克思主义美学研究》第 3 辑，第 475 页。

② 〔英〕斯图亚特·霍尔：《理查德·霍加特、〈识字的用途〉及文化转向》，张亮编《英国新左派思想家》，第 39 页。

③ 〔英〕斯图亚特·霍尔：《理查德·霍加特、〈识字的用途〉及文化转向》，张亮编《英国新左派思想家》，第 39 页。

④ 〔美〕丹尼斯·德沃金：《文化马克思主义在战后英国》，第 118 页。

消费文化当中他所认为的危险的"本质"，后来逐渐扩展为指称整个当代消费社会中的危险本质。美国学者安德鲁·戈德温将霍加特的这一态度称为"反美主义"，并且认为，"用'美国'来指称的那些好莱坞电影、摇滚音乐、电视情节剧和广告修辞中的东西，这一做法既是'真实的'又是'意识形态的'"。① 戈德温的看法不无道理，霍加特在这里用"美国"和"美国的"来代指或者统称导致工人阶级堕落的新兴大众消费文化，的确带有时代性的"意识形态"。美国的消费文化生产方式不同于英国，也不能被直接视为新兴模式的"代表"，美国的文化商品在当时对英国和欧洲大陆的渗透也远远没有达到后来的那种程度，因此用"美国特质"来概括"新的转向"并不妥当，这一点对于注重经验研究的霍加特而言是不能回避的；然而另一个同样令身为左翼的霍加特不能回避的因素就是上文谈及的战后英国的复杂形势，即马歇尔计划和它附带的经济、政治、军事效应——凯恩斯主义、西方阵营、福利—消费社会，以及它们的示范效果——所带来的挥之不去的阴霾。因此我们可以理解，霍加特的这种略显草率的概括其实是一种超越了具体论述对象的，对社会和历史的整体情境的自觉或不自觉的反应。英国左翼所讨论的那种随着社会福利化的提高迅速得到普及，渗透到普通民众生活的每个角落的大众消费文化，显然与马歇尔计划以及一同甚至更早进入英国的美国消费文化有密不可分的联系，在当时的特殊语境中，这种联系更是会被特别地强调。

如果说时代的因素促使霍加特借用了一种本土与外来的二元对立模式的话，那么我们必须看到，这种本土与外来的二元模式其实是另一种更为根本，也被贯彻得更为彻底的二元模式的变体，后者正是传统与当下，或曰旧与新的二元对立，是这一模式最为根本地导致了《识字的用途》的内在断裂。几乎任何研究者都会很快指出，传统/当下的二元模式是文化精英主义——以当时具体而言是利维斯主义——的标志。对传统的赞誉和对当下的抨击，这是利维斯及其《细察》团体的一贯风格，而现在看来霍加特也是如此。事实上霍加特是无法逃避这种怀疑或指责的，他本人也从不掩饰《识字的用途》和他自己受到的来自利维斯夫妇以及"细察"风格的

---

① Andrew Goodwin, "Introduction," in Richard Hoggart, *The Use of Literacy*, p. 24.

影响。① 在《识字的用途》中这种影响并不难发现，如他说道：

> 我并不认为在上一代的英国有过一种"属于人民"的城市文化，而现在它只是一种大众的城市文化。相反，由于很多原因，大众宣传家所提出的诉求比早期的更为急切、更为有效，所采用的形式也更为全面、更为集中；我们也正在朝着一种大众文化的建立前行；但曾经至少部分意义上是"属于人民"的大众文化的那些残余也正在被破坏；并且，新的大众文化在某些重要的方面不如它正在取代的那种不事雕琢的文化来得健康。②

正如霍尔所提示的，"健康"这个表示"诊断"的术语很好地揭示了来自利维斯和《细察》的深刻的影响。这些影响来自 F. R. 利维斯本人的文化立场，Q. D. 利维斯的《小说与阅读的公众》中关于"衰落"的述说，《细察》的教育方案，丹尼斯·汤普森等人对低劣的广告语言的批判，也来自他所引用的一批英美保守派批评家和作家的著作：所有这些都赋予了文化衰落——"病"的隐喻对象——以权威性。③

　　霍加特与利维斯主义的这种亲近关系有非常复杂的原因。对于英国文学专业出身的他而言，利维斯的风格与方法的影响在当时不仅具有"笼罩性"，而且表现出相对的"合理性"。威廉斯就曾经说过，在战后创办《政治与文学》杂志时，"我在利维斯的文学研究中发现了实用批评。它令人陶醉，带来一种我无法描述的强烈感受。尤其是当时我对自己的文学批评水平很不满意"。④ 威廉斯描述的这种实用批评带来的强烈感受在霍加特身上有相似的体现。直到 2004 年为 I. A. 理查兹的《实用批评》新版作序时，霍加特依然明确表示自己深受利维斯夫妇、"细察"团体、丹尼斯·汤普森和理查兹等人的影响，并指出"在一个逐渐商业化，却没有为应当

---

① 霍加特在自传中就曾感谢过 Q. D. 利维斯的《小说与阅读的公众》，另外他的夫人奎妮·霍加特本人就是《细察》的一员，参见 Andrew Goodwin "Introduction," Richard Hoggart, *The Use of Literacy*, p. 16。

② Richard Hoggart, *The Use of Literacy*, pp. 9 - 10.

③ 参见〔英〕斯图亚特·霍尔《理查德·霍加特、〈识字的用途〉及文化转向》，张亮编《英国新左派思想家》，第 40 ~ 41 页。

④ 〔英〕雷蒙德·威廉斯：《政治与文学》，第 50 页。

说正在形成中的而非已然建立的民主所必需的那种'判断'做充分动员的社会里，理查兹将改革的工具传递给我们"。① 霍加特借此表达出一种超越方法意义的对实用批评的赞赏，这一态度在威廉斯那里同样也得到过验证，后者认为利维斯等人在当时展现出的是一种文化激进主义的姿态②，也正是这一点使得他们在无意恪守教条门规的左翼群体当中引发了巨大的共鸣。马尔赫恩关于利维斯学派当时的社会主张与贡献及影响的记录，更能够印证这一事实："随着教育中阶级特权的减弱，《细察》坚持职业要向有才之士开放的主张开始获得了一些认可。同时，听到利维斯学派的声音的人也越来越多了。从两次大战期间的这些模式来看，教育界和传媒界中严肃文化的新风格，无论命名与否，在本质上都是普遍化的。"③

这或许是一个被后来的批评者常常忽略或视而不见的"历史感受"：在那个特殊的时代，所谓的文化保守主义者很可能会提供一种文化激进主义的方案，并且由此凝结一定的共识。这一时期跨越了霍加特和威廉斯等人的学术训练与早期著述这两个阶段，但又与下一个历史时期发生了深刻的冲突与断裂，因而也在《识字的用途》与《文化与社会》当中留下了相应的痕迹。

但我们也必须同时注意到无论是霍加特还是威廉斯，即使在其早期也都没有被利维斯学派完全占领。戈德温就指出："虽然《识字的用途》被描述为利维斯主义的（就其对大众社会的悲观态度和对'有机的'文化构成之真实性的假设而言），但它在两个关键方面区别于后者。首先，霍加特发现了一种真实的感受和生活，它来自一个被利维斯所反对的工业化进程塑造出来的阶级。其次，霍加特反对简单假设新的文化工业对受众的影响。"④ 戈德温提供的是一个重要而又矛盾的观点。重要之处在于它揭示了霍加特与利维斯主义在立场、对象乃至方法细节上的深刻不同，而这种不同对于《识字的用途》的意义是决定性的；矛盾在于这种不同很难被清晰

① Richard Hoggart, "Introduction to the Transaction Edition," in I. A. Richards, *Practical Criticism: A Study of Literary Judgment* (New Brunswick, New Jersey: Transaction Publishers, 2004), pp. 13 – 14.

② 关于利维斯的"激进性"，将在下文有关威廉斯的章节中加以讨论。

③ 〔英〕弗兰西斯·马尔赫恩：《一种福利文化？：50年代的霍加特与威廉斯》，黄华军译，《马克思主义美学研究》第3辑，第472页。

④ Andrew Goodwin, "Introduction," p. 17.

地证明，特别是当戈德温自己列举的霍加特的"悲观主义"与"乐观理想"充分展现出利维斯式的思维逻辑之后。

或许更为准确的说法应该是，我们很难区分《识字的用途》中哪些是利维斯的影响，哪些是霍加特"经验式写作"的自觉。霍加特这种独特的写作方式引起了众多研究者的注意，其中丹尼斯·德沃金如此概括：

> 霍加特的论述主要是基于他自己的经历。它显然是自传式的，并依靠孩童时的回忆，甚至在用第三人称时也是如此。他重新创造了工人阶级生活的味觉、声音、嗅觉和情感。他的论述同时是社会学和批判主义，这由一种特殊才智来支持，这种才智是他作为一个批评家的训练赐予他的。在一篇文章中，霍加特通过一个 11 岁小男孩的眼睛，重建了工人阶级领域……《识字的用途》有力的影响源于自传、文学心理图像和批判情感的结合。读者从知情人的角度获得了工人阶级生活的具体图景，这个知情人的广泛经历使他具有某种超然态度。①

德沃金一方面肯定了《识字的用途》的独特性来自霍加特对经验材料的重视以及创造性的使用，另一方面也指出支持这种原创性的是一种"特殊的才智"，也就是霍加特从利维斯学派等处习得的文化批判。一个随之而来的问题是：究竟是霍加特对经验的特别倚重使得他采用了更为适合组织、表述与分析这种经验的利维斯式的文化批判方式，还是利维斯式的文化观念与分析技巧使霍加特获得了一双捕捉经验的眼睛？在后来的一些批评当中，霍加特的批评者显然更加倾向于后者，并且强调后者对霍加特的局限。例如马尔赫恩就认为霍加特始终未能真正摆脱利维斯所设立的文化批评的"元话语"，认为他的写作"呼吁了一种与众不同的道德权威"，而这种道德权威是从一系列有精英主义文化观念的立场各异的知识分子那里借用的。② 戈德温也认为在某些时候精英式的道德立场会对霍加特造成影响："霍加特讨厌大众文化中的美国本质。这种厌恶使他的评论变得像一个给

---

① 〔美〕丹尼斯·德沃金：《文化马克思主义在战后英国》，第 117～118 页。
② 〔英〕弗兰西斯·马尔赫恩：《一种福利文化?：50 年代的霍加特与威廉斯》，黄华军译，《马克思主义美学研究》第 3 辑，第 477 页。

'有品位的'报纸写文章的文坛领袖,而不是那个深入接触工人阶级文化的人。"① 与这种道德权威主义同样可疑的还有对传统的理想化,最典型的莫过于上文列举的将传统工人阶级生活与旧的乡村社会视作"有机的"和"健康的",这一做法很容易被认为与利维斯主义近乎一致。

问题是,无论是称霍加特为"工党的马修·阿诺德"② 还是"左派利维斯主义者",都会与《识字的用途》展现的面貌相冲突。回到上文戈德温说过的那句话:"霍加特发现了一种真实的感受和生活,它来自一个被利维斯所反对的工业化进程塑造出来的阶级。"它提示了两点:一方面,霍加特对传统工人阶级文化的想象性重建,其基石是"真实的感受和生活",是诸如群体间的纽带、社会义务、家庭、邻居以及"我们"与"他们"之分别这类工人阶级生活中的与众不同的东西,它们不属于利维斯主义的文化批评的传统对象,也不是后者能够直接阐释的;相应的另一方面是,在这种特殊的重建过程中,利维斯主义的文化观念和批判方式必定会受到质疑和改写。正如德沃金所说,霍加特"承认工人阶级文化的局限性:俗气,对变化和革新的顽固抵抗,对新教的怀疑。但他坚持认为,仅仅是因为阶级偏见,使批评家误把工人阶级生活方式当成大众文化"。③ 这种对于精英式的大众文化批判的怀疑态度,霍加特在《识字的用途》的第一页就已经表达出来:

> 我倾向于认为,论述流行文化的著作经常会丧失它们的某种力量,因为它们没有充分弄明白何谓"人民",也因为它们未能将对"人民的"生活的一些特殊方面的考察与人们更广泛的生活,以及人们对待娱乐的态度充分地联系到一起。④

可见霍加特其实从一开始就有警惕精英主义大众文化批判的自觉。然而矛盾几乎是不可避免的,因为如同文本内部存在断裂一样,在他的分析对象

① Andrew Goodwin, "Introduction," in Richard Hoggart, *The Use of Literacy*, p. 24.
② 〔英〕弗兰西斯·马尔赫恩:《一种福利文化?:50 年代的霍加特与威廉斯》,黄华军译,《马克思主义美学研究》第 3 辑,第 478 页。
③ 〔美〕丹尼斯·德沃金:《文化马克思主义在战后英国》,第 116 页。
④ Richard Hoggart, *The Use of Literacy*, p. 1.

和分析方法之间也存在难以弥合的断裂：一边是"有机的""传统的"工人阶级文化；另一边是鼓吹"有机"和"传统"，却对工人阶级文化嗤之以鼻的大众文化批判。我们已经可以理解霍加特选择后者作为分析方法的初衷或者说苦衷，而由此带来的断裂，值得我们去做的已不是简单的是非对错的判断，而是对其产生的意义加以历史化的理解。在此可以先引入霍尔的一番概括：

> 有一种"文化"概念在这里起着作用，它很不同于激励了文化批判传统的那种文化概念。对于"文化"，霍加特意指工人阶级如何言说和思考，他们在谈话和行动中分享着有关生活的何种语言和一般性假设，怎样的社会态度提供了他们日常实践的信息，他们使用了什么道德范畴，从而对他们的自身行为及他人行为做出评判——当然，这包括了他们如何把这一切用到他们阅读什么、看什么和唱什么上去，即使只是格言式的。这种关于文化作为"使之有意义"的实践的看法确实与"文化"作为评判的理想法庭的看法大相径庭，后者的标准是"业已得到思考和诉说的最好东西"，也正是这个标准鼓舞了自阿诺德直至艾略特及利维斯的传统。[1]

霍尔特别强调了霍加特的文化观念的开创性。虽然与马尔赫恩所说的利维斯主义的文化批判"元话语"依然纠缠难解，但霍加特将文化分析充分地语境化和细致化，从而使得无论是工人阶级文化的传统定义还是大众文化批评的传统方法都被深刻地改变。依靠"真实的感受和生活"——即所谓"经验"——霍加特得以避免传统的大众文化批评的许多自以为是的结论，从而确信"工人阶级受众并非中产阶级与大众媒介可以加以规划的空洞容器——一张白纸——无论他们想要什么。他们并不仅仅是'虚假意识'或'文化茶毒'的产物"[2]；更重要的是，在这种开创性的研究过程中，霍加特一方面发展了《细察》的批判方法，将这种文学批评的方法应

---

[1] 〔英〕斯图亚特·霍尔：《理查德·霍加特、〈识字的用途〉及文化转向》，张亮编《英国新左派思想家》，第43页。

[2] 〔英〕斯图亚特·霍尔：《理查德·霍加特、〈识字的用途〉及文化转向》，张亮编《英国新左派思想家》，第42页。

用于活生生的经验，将生活经验作为文本加以阅读和分析，另一方面也同时突破了精英式的和学院式的研究所设立的学科之间的界限，将历史学、社会学、文学批评和政治批评有效地融合到了一起。① 虽然由于时代的压迫感和现实问题的复杂性，"经验化""语境化"和反对"简化论"等诉求并未能始终贯串《识字的用途》，但这种开创性的工作对后来的英国文化研究以及英国新左派运动都产生了深远的影响，因此霍尔赋予霍加特的这种"断裂"重要的历史意义，认为"对文化研究来说，这是一个形成时刻"② ——某种意义上来说，对于新左派的文化观念而言，同样如此。

第三节　来自左翼的争议与新问题的开启

除了这些积极的意义，霍加特所暴露的问题同样影响深远。这其中不仅包括后来受到尖锐指责的与利维斯主义的缠绕关系，以及对"经验的真实性"的不加怀疑的确信，同样也包括了《识字的用途》出版后在业已初步形成的新左派内部引发的许多批评性意见。威廉斯作为最早的批评者之一就曾经指出，霍加特过分强调工人阶级文化与整体文化之间的隔阂，过分强调工人阶级文化传统的自足性而忽视了与其他的以及整体的文化传统之间的联系。这种失误在书中的典型例子就是霍加特认为的"多数人"的"工人阶级文化"与"少数人"的"劳工运动"之间的对立。③ 威廉斯认为霍加特将积极参与到公共政治事务当中的人视作顺从了"他们的"（主流的）文化与利益诉求的"少数人"是不恰当的，因为在这个追求政治民主的运动中，"没有民众被（主流）吸引，而只有这个主流的加入。或许在这里，两种主要的文化观念——一方面是艺术、科学和知识，另一方面是整体的生活方式——在成熟的共同努力下，被有益地集中在一起了"。④ 借由这一批评，威廉斯充分表达了自己在《文化与社会》中通过"共同体"这一概念所确立的作为"整体的生活方式"的文化观念与霍加特之间

① 参见 Andrew Goodwin "Introduction," in Richard Hoggart, *The Use of Literacy*, pp. 13–34。

② 〔英〕斯图亚特·霍尔：《理查德·霍加特、〈识字的用途〉及文化转向》，张亮编《英国新左派思想家》，第43页。

③ 参见〔美〕丹尼斯·德沃金《文化马克思主义在战后英国》，第134~135页。

④ 〔美〕丹尼斯·德沃金：《文化马克思主义在战后英国》，第135页。

的差异。

　　另一位批评者汤普森同样也是在与自己观点的呼应中对霍加特进行批判式阅读。他对霍加特的批评可以概括为两个相互关联的方面。一方面，霍加特虽然特别重视经验材料，却对"工人阶级历史和阶级斗争的更为全面的历史背景"[1] 缺乏充分和准确的了解，这导致他过分强调二战之后工人阶级状况的转变，进而构成了他笔下新与旧的强烈对比。汤普森指出："从 19 世纪中叶开始，工人阶级已被社会地位的上升所引诱，以至工人阶级在工业革命时期就已是最初的消费者了，并且教会和国家力量争取同大众文化的主导者一样持久地控制人民意志。"[2] 因此，没有理由认为当下工人阶级正在遭遇完全不同于以往的灭顶之灾，更没有理由认为过去曾经有过田园牧歌般的美好时光。对手在换，诱惑与危险的源头在变，但诱惑、危险、压迫一直都存在，但也正因此，反抗与斗争同样一直存在。正是在这样的诱惑、压迫与反抗、斗争的关系当中，工人阶级才得以形成。汤普森依据自己历史化、动态化地理解工人阶级的方法对霍加特提出的批评，很好地点出了霍加特不知不觉陷入的一种倾向：虽然借助大量的经验材料和细部观察，但霍加特还是在工人阶级的世界与"他们"的世界的对比中赋予了前者某些先验本质的形态，用汤普森的原话来说，就是"因为忽视阶级权力的背景和逃避'阶级斗争'这一貌似粗鲁的历史学概念而主张文化现象的完全独立性"。[3] 这也引发了汤普森批评的第二个方面，也是上文中威廉斯提到过的，即对"劳工运动"等斗争活动的错误评判。汤普森高度评价这些斗争的历史意义，认为"在工人阶级运动的整个历史中，尤其是工会和劳工运动的激进活动分子，他们抵抗操纵和控制的形式，并转而为争取民主和社会改革而斗争"。[4] 由于工人阶级的本质并非一成不变的先验存在，因而就必须重视通过激发工人阶级的"创造性潜能"来创造改变现实的力量。所以汤普森反对霍加特在"我们"与"他们"的区分中表现出的某种"反智主义"的倾向，认为应当正确看待劳工运动中知识分子的积极作用，因为"压迫当然是始终伴随着组织化的工人，但知识分子可以

---

① 〔美〕丹尼斯·德沃金：《文化马克思主义在战后英国》，第 138 页。

② 〔美〕丹尼斯·德沃金：《文化马克思主义在战后英国》，第 138 页。

③ E. P. Thompson, "Commitment in Politics," *Universities and Left Review*, vol. 6, 1959, p. 51.

④ 〔美〕丹尼斯·德沃金：《文化马克思主义在战后英国》，第 138 页。

带给他们希望，使他们意识到自己的实力和潜在的生活方式"。① 因此，并不能因为有人采纳了"非工人阶级"的文化观念或政治路径，就将其归为"他们"或工人中的"少数"，相反，带有绝对化和本质化倾向的"工人阶级的文化"与"非工人阶级的文化"这样的区分本身是存在问题的。由此可以想见，汤普森在《英国工人阶级的形成》前言中所说的"我们不能有两个泾渭分明的阶级，其存在各自独立，然后再把它们拉进彼此的关系中去"②，某种程度上也是对霍加特这一缺陷的批评。

威廉斯与汤普森的批评，除了指出霍加特的工人阶级文化的过分排他之外，实际上还涉及另一个问题，即霍加特对所谓"工人阶级文化"的过于整齐划一的理解。上文所引的德沃金的话中曾经说道霍加特"这个知情人的广泛经历使他具有某种超然态度"，这句话的具体解释是："虽然霍加特的论述建立在孩童时记忆的基础上，但它也意指了整体的工人阶级。"③我们可以发现这是一种不恰当的"超然态度"，是对自己的经验过于自信导致将其扩展为整个阶级群体的经验。从霍加特的行文中就可以发现这一点：虽然是具体的经验描述，但在绝大多数时候他都更愿意使用"工人阶级"而非"工人们"或"工人群体"之类的称呼。德沃金尖锐地指出，霍加特"从来不考虑区域、种族和宗教上的差异造成的影响或英国社会变化的不均衡影响。他的经验方法比建立在观察基础上的社会学研究要更有力，但是他没有把他的主题放在大的社会背景下进行研究，这是一个局限"。④ 事实上，这种局限不仅导致了霍加特将"旧"的工人阶级文化描述成铁板一块，而且也是造成他对新的大众媒介和新兴大众文化对工人阶级文化之影响缺乏复杂性眼光的原因之一。正如少年时期深受美国大众文化影响的左翼建筑批评家雷勒·班纳姆所言："如果某人相信霍加特的思想，那么回想我成长所面对的文化背景，实际上是非常不可思议的事。"⑤

除此之外，弗兰西斯·马尔赫恩还对霍加特缺少批判地沿用精英主义

---

① E. P. Thompson, "Commitment in Politics," *Universities and Left Review*, vol. 6, 1959, p. 55.
② 〔英〕E. P. 汤普森：《英国工人阶级的形成》，钱乘旦等译，南京：译林出版社，2001 年版，第 1 页。
③ 〔美〕丹尼斯·德沃金：《文化马克思主义在战后英国》，第 118 页。
④ 〔美〕丹尼斯·德沃金：《文化马克思主义在战后英国》，第 118 页。
⑤ 〔美〕丹尼斯·德沃金：《文化马克思主义在战后英国》，第 119 页。

立场的大众文化观念提出了另一种批评。马尔赫恩指出霍加特对精英文化与大众文化的传统区分没有做出有效的反省，使得他不可避免地延续了该传统当中一贯的"文化与文明"的二元划分模式，并且像那些蔑视工人阶级的人那样将文化教育作为抵消新兴社会不良影响的最佳手段。由此导致的后果不仅使霍加特的工人阶级文化面临难以调和的内在矛盾，还使他关于工人阶级教育等方面的思考实际上无法脱离由文化精英们所打造的"教育福利"的传统框架，因此霍加特也被马尔赫恩戏称为"工党的马修·阿诺德"。① 客观地说，马尔赫恩的批评有些过于尖刻，但在下文关于威廉斯和《文化与社会》的讨论当中，我们会发现马尔赫恩的观点能够得到印证。

　　无论如何，霍加特的《识字的用途》提供了一份极为生动的关于工人阶级的整体经验记录，并且赋予英国工人阶级生活光明正大的文化身份，这对于当时正在紧张思考中的人们来说，无疑是一次自信心上的鼓励和方法与视野上的开拓。在霍加特独自写作的时代，历史的契机尚未到来，一系列重大的问题，如历史经验与当前现实的关系，工人阶级文化与整体文化的关系，新兴大众传播方式的复杂性，等等，尚未得到充分而多样化的讨论。霍加特不仅敏锐地发现了这些问题，并且提供了重要的见解。面对美国消费文化的渗入和高福利所带来的工人阶级自我意识的丧失，霍加特不自觉地，或者说是别无选择地拿起了利维斯主义批判工业文明和大众文化的武器，并且也使用诸如"庸俗""粗鄙化""堕落"等精英主义者惯用的判词。这种基于紧迫感而展开的迅速反应，既问题丛生，又充满了创造力。他将利维斯式的经验细读和道德批判应用于工人阶级文化和大众传媒的研究，既是方法上的奠基与开拓，又为后世进一步思考精英文化与大众文化、传统思想与激进主张之间的复杂关系架设了桥梁。不难发现，这些问题随着对《识字的用途》的批判性阅读，在后来的新左派文化论争中得到了展开。

---

① 参见〔英〕弗兰西斯·马尔赫恩《一种福利文化?：50 年代的霍加特与威廉斯》，黄华军译，《马克思主义美学研究》第 3 辑，第 476～478 页。

第四章

威廉斯与《文化与社会》

第一节　威廉斯的"不满"

　　早期新左派的另一位关键人物雷蒙德·威廉斯有与霍加特相似的工人家庭背景和英国文学专业背景。这两个背景对威廉斯的自我形成有决定性的影响。根据威廉斯的回忆，工人阶级群体的出身环境和有自觉斗争意识的父亲的影响，使他顺理成章地成长为一个天生的左派和社会主义者[①]；英国文学的专业背景则决定了他后来研究的对象、研究的方法和发现问题的角度。然而我们不难发现，在某些"常识性"的视角看来，要同时对这两种背景表示忠诚是非常困难的。工人阶级的主体性和社会主义的伦理诉求，在当时的语境当中与被认定为"主流"的文化观念和价值观念之间表现得更多的是冲突、抵牾而非融通、互鉴。这种深刻的内在矛盾在霍加特的《识字的用途》中显现为文本在不同方向和不同层面上的"断裂"，而威廉斯尝试克服这一矛盾的方法则是放弃"表面的忠诚"而将对问题的探讨进行历史性的深化。因此我们看到的《文化与社会》与霍加特旗帜鲜明地赞扬和讨论"工人阶级文化"不同，除最后一部分外几乎全篇都是在与如假包换的"精英思想家"们对话，所探讨的主题也都是足以在思想史、观念史上占据一席之地的关键词。威廉斯的这一选择引发的左右两派的"误读"不在少数，一方面，一些持对立立场的知识分子有保留地相信作

[①]　参见〔英〕雷蒙德·威廉斯《政治与文学》，第一章。

者是一个有脑子的人；另一方面，如汤普森则暗示威廉斯如同《无名的裘德》中的主人公那样虽有心坚持出身立场，但还是难免被"资产阶级文化"捕获。① 这两种观点共同带给我们的似乎是这样一种关于阶级身份的假设命题，即接受了高等教育的非精英人群，到底是应该为本来的阶级服务还是向精英阶层靠拢。显然从这一命题出发必定会偏离《文化与社会》真正的问题意识，但这种"误读"却很好地提示我们应当先行关注威廉斯不平而鸣的动机，关注究竟是哪些现实因素引发了威廉斯的不满，这些不满又是如何引导威廉斯的思考的。

一　保守精英主义的文化观念

　　威廉斯不满的现实对象首先包括英国文化思想界中根深蒂固的"精英主义"。作为三四十年代从偏远的威尔士工人社区来到名满天下的剑桥大学的青年学生，威廉斯不可避免地感受到围绕在周遭的各种不适应与不协调。即使在专业研究领域，威廉斯对自身立场和经验的坚持也使得他与许多同学和老师在观点上发生不少矛盾。② 在威廉斯对这段历史有限的阐释中不难发现，他所面对的其实正是始自19世纪后期的英国社会中精英知识分子与"大众"的深刻对立。上文已经讨论过这种对立在霍加特那里表现出的复杂性。霍加特在论述"大众"时不自觉地沿用了精英们的立场和判断，将"大众"视作一种新的、外来的破坏性力量的代名词，但是却没有意识到这种基本判断与他的工人阶级文化的内在矛盾。与霍加特不同，威廉斯虽然同样关注工人阶级，但在《文化与社会》中却没有特别突出强调工人阶级的特殊性，而是将落脚点放在对"大众"以及"大众文化"的重新定义上，这一区别使得威廉斯更有可能发现精英知识分子所制造的上述分裂与对立。在英国学者约翰·凯里的研究中，精英与大众的对立是通过精英对"大众"的塑造产生的："'大众'是一个虚构的概念。作为一种语言学的策略，其功能在于取消大多数人作为人的地位，或至少剥夺大多数人的显著人性特征，以使其使用者自以为是地高人一等。"③ 威廉斯所谈

① 参见 E. P. Thompson "The Long Revolution II," *New Left Review* 10, 1961, p. 35。
② 参见〔英〕雷蒙德·威廉斯《政治与文学》，第31~34页。
③ 〔英〕约翰·凯里：《知识分子与大众：文学知识界的傲慢与偏见，1880-1939》，吴庆宏译，南京：译林出版社，2008年版，第1页。

论的"文化"问题中的许多重要人物，如阿诺德、艾略特、利维斯等，正是这场"创造大众"运动的主力，因此他对"大众"这一概念显然丝毫不陌生。

根据凯里的分析，英国精英主义者创造并抨击、污蔑"大众"的行动，首先指向的是教育和传播媒介的普及："在英国，最为关键的是 19 世纪最后几十年所倡导的全民基础教育立法。19 世纪的老百姓和 20 世纪的大众之间的差别主要在读写能力上，由于首次出现一个有读写能力的巨大人群，印刷物的制造和传播的各个方面都成为变革的对象。"① 这种变革让精英知识分子感到措手不及，这不仅仅是因为 1871 年的教育法把那些以前从不买书的人和那些即使有书也不会读的人变成了读者；更为严重的是，这些识字的人群既不喜欢读乔治·艾略特的书，也不喜欢读萧伯纳的书，而爱读史蒂文森的《金银岛》和《化身博士》之类的历险小说，在这一行情下闻风而动的书商们则让过去高高在上的精英作家们结结实实地吃了不少闭门羹。就连后来成为费边社会主义代表人物的萧伯纳也不由得对此感叹说："我作为一个迟到的知识分子，彻底失败了。"② 令精英们沮丧的还不限于文学艺术领域，在更为重要的供他们发表观点发挥影响力的公共传播领域——在当时而言首推报纸——情况也愈发不妙。以创办于 1896 年，在 20 世纪初发行量居首位的《每日邮报》为例，由于以销量作为主要的评估标准，这份报纸的原则逐渐变为"给大众他们想要的东西"，这与知识分子所宣扬的"教育"，即"给大众知识分子想要的东西"相去甚远。大众报纸由此构成了一种威胁，它造就了一种新的文化，完全忽视知识分子，并使他们成为多余的人。③

显然，在精英知识分子看来，是大众传播媒介与大众教育共同塑造了 19 世纪后期以来他们的头号敌人——阅读的公众。因而他们对让大众获得识字能力的普及教育和让大众获得满足的报纸杂志充满敌意。虽然"普及教育"曾经是精英们致力的一项事业，其推广者中甚至不乏如马修·阿诺

---

① 〔英〕约翰·凯里：《知识分子与大众：文学知识界的傲慢与偏见，1880－1939》，第 6 页。

② 参见〔英〕约翰·凯里《知识分子与大众：文学知识界的傲慢与偏见，1880－1939》，第 6～7 页。

③ 参见〔英〕约翰·凯里《知识分子与大众：文学知识界的傲慢与偏见，1880－1939》，第 7 页。

德这等大人物，但现在情况明显翻转。一大批精英开始公开抨击大众教育：D. H. 劳伦斯认为大众应该永远不学读写，因为不会读写将使大众从那些"腐败组织"和书报中被解救出来，回复到纯肉体的生活中；T. S. 艾略特建议英美接受高等教育的人数应该削减三分之二，并且应该用修道院的教学秩序来"保护"剩下来的学生；英裔爱尔兰小说家乔治·穆尔警告说"威胁我们的普及教育不仅早已扼杀 19 世纪最后二十五年内的天才，还将在未来使天才无限制地流产"；而"进化论"支持者托马斯·赫胥黎之孙阿道斯·赫胥黎更嘲笑说："普及教育已经创造了一个广大的阶层，我可以称之为新蠢货。"① 同理，迎合大众口味的报纸杂志也应当被唾弃：T. S. 艾略特在 1938 年时就提出，报纸带给读者的效果是"确证他们是自满、偏狭和没有头脑的大众"；F. R. 利维斯则认为"电影、报纸和其他各种形式的宣传及商业化趣味的小说，统统在提供一种极低层次的满足"，它们激起的是"最不值钱的情感反应"。② 出于对严峻现实的担忧和对自身责任的认识，知识精英们决定着手创立对抗性的出版物：艾略特创办了文化杂志《标准》；利维斯创办了在 20 世纪 30 年代印刷量从未超过 750 册的《细察》；杰弗里·格里森创办了旗帜鲜明地反对大众文化，旨在为作家们提供一个免受大众思想束缚的独立交流的论坛——《新诗》杂志。③ 说到底，知识精英们之所以认为有足够理由警惕"大众"，是因为如托马斯·哈代所言，"虽然大众政府可能对人很公正，但很可能被无产者吞噬，而当这些人成为我们的主人时，将产生更多这样的耻辱，并可能最终毁灭文学和艺术"。④ 解救之道唯有限制教育的普及，将教导与评判的权力重新收回到少数精英的手中。因此，艾略特的《标准》以及利维斯在 1930 年发表的第一部专著《大众文明与少数人文化》，均是在确立少数精英与多数大众之间的对立的基础上，试图建立一种前者对后者的"权威标准"的

---

① 〔英〕约翰·凯里：《知识分子与大众：文学知识界的傲慢与偏见，1880 – 1939》，第 17 ~ 19 页。

② 参见〔英〕约翰·凯里《知识分子与大众：文学知识界的傲慢与偏见，1880 – 1939》，第 8 页。

③ 参见〔英〕约翰·凯里《知识分子与大众：文学知识界的傲慢与偏见，1880 – 1939》，第 8 页、第 19 页。

④ 〔英〕约翰·凯里：《知识分子与大众：文学知识界的傲慢与偏见，1880 – 1939》，第 8 页、第 27 页。

努力。

威廉斯对这段历史的感受或许和凯里火药味十足的总结并不完全契合，但由精英发动的对立划分和树立"权威标准"的行动确确实实引起了威廉斯的高度关注。威廉斯从事并热爱的成人教育恰好是英国普及教育的重要组成部分，同时也正是令精英们感到恐惧和敌视的对象。因此威廉斯会关注 T. S. 艾略特的《关于文化定义的笔记》绝非偶然，这本书"对知识分子生活和教育向来的不平等进行了伯克式的辩护"，体现了保守派知识分子对扩展的福利文化的明显抵制情绪。① 所以也正是在成人教育课堂上，威廉斯获得了这样的发现：知识精英们高举的文化大旗，其实正是他们所要宣扬的可以用来自我证明和教导大众的"权威标准"的载体。也正是在成人教育课堂上讨论马修·阿诺德、T. S. 艾略特和利维斯等人的过程中，威廉斯开始考虑文化观念的问题。不过将文化提升为一个重要的议题并不是威廉斯首创，早在 1945 年左右，剑桥的利维斯和其他一些人类学家已经开始尝试围绕"文化"这个以前似乎还不特别重要的词，把某种社会思想集中起来。而当艾略特 1948 年出版《关于文化定义的笔记》时，文化以及文化的重要性已经成了当时英国思想界绕不过去的一个问题。② 不过与这些大人物们的观点，即"将文化看成被思考和被写作的最好的东西"③ 不同，威廉斯在对文化的思考中发现的不是某种确定的价值，而是历史。如果说艾略特从 20 世纪早期发表《传统与个人才能》以来，就一直将各种被神秘化的"永恒不变的品质"作为评价历史的标准的话，威廉斯则是在川流不息的历史当中发现了这些所谓"永恒之物"不断转化和生成的过程。用他自己的话来说："我认识到（文化）这个观念实际上是从工业革命时期延续下来的。当时我很清楚，由于这个词出现在工业革命过程中，因而在对那种经验及其伴生的所有社会思想的解释中，工业革命是一个非常关键的时期。"④ 威廉斯后来更是将这一认识提升为一种普遍性的观点："只有回到词语在历史中的各种意义变化，你才能精确地理解词语

---

① 参见〔英〕弗兰西斯·马尔赫恩《一种福利文化?：50 年代的霍加特与威廉斯》，黄华军译，《马克思主义美学研究》第 3 辑，第 473 页。
② 参见〔英〕雷蒙德·威廉斯《政治与文学》，第 79 页。
③ 〔美〕丹尼斯·德沃金：《文化马克思主义在战后英国》，第 111 页。
④ 〔英〕雷蒙德·威廉斯：《政治与文学》，第 79 页。

本身。"① 然而威廉斯发现，他的这一认识在上述作家的相关作品中远远得不到支持。原因或许并不复杂，精英们谈论文化，其初衷往往如约翰·凯里点明的那样，是为了将自己与大众区别开来，并确立自身的权威。唯有将工业革命以来各种社会层面的变革引发的文化思想层面的转变理解为一条堕落与偏移的谱系，唯有将价值的标准裁定为不受急剧变动的经验世界侵蚀的"永恒本质"，这种属于精英的权威才能被树立。因此对于促生大众文化的工业革命以降的历史，保守主义者倾向于持整体批判的态度，甚至干脆视而不见。如此立场导致文化精英们的论述当中存在一种反讽式的断裂：以艾略特和利维斯为例，他们从来都不是什么"纯文学"的信徒，他们一贯主张"教化"，主张"传统"的重要性；但这些"教化"和"传统"，却刻意与"历史"保持距离，和"社会"深刻地割裂开来，最终导致他们的"教化"和"传统"沦为精致而抽象的教条。有趣的是，威廉斯从他们身上发现的，或者说认为他们试图挽救的，正是他们最终背离的这样一种可被命名为"文化与社会"的传统。这种传统中的"精英主义立场和保守主义潮流在当代社会中的一个具体表现就是对大众、大众传播与大众文化的偏见……理论前提在于：'文化'是'创造性'的，而'创造性'是属于少数天才人物的，是与日常生活相对立的"。②

可以毫不夸张地说，正是保守派文化论者的这些表现反过来塑造了威廉斯的《文化与社会》。威廉斯谈文化并非另起炉灶，而恰恰是从对这些特定作家的研究入手，正如他自己所说："事实上，这本书源于19世纪保守派思想家及其对立思想家们的各种思想，这些思想的来源也包括20世纪的一些保守派，在突然进入一种崭新的社会秩序的时刻，他们对它提出许多恰当的问题，但是却给出了显然错误的回答。这些思想的来源还包括那些与我有某些共同倾向但却在20世纪走向明显反动立场的人，比如利维斯。所有这些人都把文化概念用作展开其思想的一个主要术语。"③ 面对这些讨论的对象，威廉斯要做的是两件事。首先，是"反击那些明确的反动

① 〔英〕雷蒙德·威廉斯：《政治与文学》，第92页。
② 刘进：《文学与"文化革命"：雷蒙德·威廉斯的文学批评研究》，成都：巴蜀书社，2007年版，第73~74页。
③ 〔英〕雷蒙德·威廉斯：《政治与文学》，第92页。

立场当时对长长一系列关于文化的思想的挪用"。① 用书中的五个关键词来说，即反对文化精英论者对"工业"和"民主"不恰当的引经据典的批判，以及在"阶级""艺术"方面自我树立的高高在上的姿态，总而言之，即反对精英话语主导的"文化"观念。其次，改变这种观念导致的文化与社会的深度分裂，威廉斯自己总结为："这本书大体上做到的是使阅读文学和研究社会思想史的人改变了正在写作和讨论的内容。它容许把一个非常复杂的社会思想传统与文学传统重新联系在一起，后者的发展进程实际上已经受到《细察》及其整个群体结构的阻碍。"② 也即，将一些保守派思想家曾经坚持但后来自觉或不自觉地偏离了的文化与社会的深刻联系重新恢复，并在这一重新恢复，但同时也是"不断地进行重新定义和重新表述"③ 的过程中对其加以批判性地理解。

如果我们在此引入一些后来的批评性意见，或许就能更为清晰地认识《文化与社会》的"对抗性"建构的特点。在后来新左派内部对《文化与社会》的批评当中，无论是汤普森还是佩里·安德森等人，都指出过威廉斯在写作中存在将对象和问题"抽象化"的缺陷。汤普森明确批评道："很多时候，在《文化与社会》中，我发觉自己听到的是一连串没有血肉的声音——伯克、卡莱尔、穆勒、阿诺德——他们的意义与他们整体的社会背景相背离……所有的声音都是经由一个不偏不倚的精神中介而传递的。"④ 第二代新左派在对威廉斯的访谈中把汤普森的这一诘难进行了更为细致的陈述，认为《文化与社会》真正的缺陷在于缺乏对法国大革命以及法国大革命所引起的英国统治阶级、政府、军队、知识分子和大众各自不同的反应的参照，导致实际上"把政治这个中间词给排除在外了"，因而无法获得对那个时期的诸如"民主"和"阶级"等关键词的深刻理解。⑤ 威廉斯对此回答得非常坦诚。他承认自己未能始终如一地贯彻"回到词语在历史中的各种意义变化"的革新思想，相反，为了"重新发现（文化）

① 〔英〕雷蒙德·威廉斯：《政治与文学》，第 80 页。
② 〔英〕雷蒙德·威廉斯：《政治与文学》，第 94 页。
③ 〔英〕雷蒙德·威廉斯：《政治与文学》，第 79 页。
④ E. P. Thompson, "The Long Revolution," *New Left Review* 9, 1961, pp. 24 – 25.
⑤ 参见〔英〕雷蒙德·威廉斯《政治与文学》，第 90 ~ 91 页。

这一概念并重建围绕它的话语"，威廉斯"允许了某种程度的历史抽象"①，让自己的许多文字更像是就思想而谈论思想。威廉斯自己总结说："这一失误源于这本书最初的策略，即恢复一种特定的传统。结果在表面上反映为一致性的话语，它妨碍了我把前后相继的思想家与他们的历史重新结合起来。"② 由此可见，在写作《文化与社会》时，威廉斯试图重新恢复某种传统的愿望——事实上也是从保守派的手中争夺某种有价值的传统的愿望——是何等深切。

《新左派评论》的编辑们给出的另一个批评同样具有启发性。他们质疑威廉斯将关于文化的观念局限为英国的重要传统的提法，认为"事实上《文化与社会》的全部主张在某种意义上也是欧洲社会学自创建之时起的主要主题"，而威廉斯恰恰几乎完全忽略或者说放弃了对这部分内容的讨论，这种缺陷与之前提到的缺陷本质上是一致的，都是整体历史语境的缺席。③ 威廉斯同样承认这种缺陷的存在，并将其解释为一种策略："这本书弥漫着一种非常特殊的民族意识。它以某种非常特殊的方式表现为'民族的'，因为我刻意保持着它的英国性。"④ 之所以如此，是因为"我非常了解我在写作中反对的那些右派：艾略特、利维斯和围绕他们形成的整个文化保守主义。这些人已经预先把持了这个国家的文化与文学"。⑤ 换句话说，威廉斯在构思《文化与社会》的讨论对象和讨论内容时，更多的不是从纯粹学理和思想传播演变的具体线索出发，而是基于与当下文化观念的关联度的考量。他的这种"英国性"的民族阐释，实际上是为了对抗把持整个国家文化与文学观念的文化保守主义者而采取的针锋相对的策略。

二　左翼的失败

除了对精英主义的不满，四五十年代的威廉斯对现实的失望还来自英国左翼社会主义事业的挫折。这种挫折源自三个方面，一是保守主义的侵蚀，二是工党政治的失败，三是左派议题的脱离实际和左翼内部的分崩离

---

① 〔英〕雷蒙德·威廉斯：《政治与文学》，第92页。
② 〔英〕雷蒙德·威廉斯：《政治与文学》，第91页。
③ 参见〔英〕雷蒙德·威廉斯《政治与文学》，第96~98页。
④ 〔英〕雷蒙德·威廉斯：《政治与文学》，第96页。
⑤ 〔英〕雷蒙德·威廉斯：《政治与文学》，第96页。

析。在威廉斯看来，这三个方面是密切关联的。在上文讨论"工党政治"的部分我们已经引述过威廉斯的各种批评，例如他认为当工党政府确定无疑地接受了美国的援助并将困难转嫁给工人阶级的时候，"它早就变成一个在客观上非常反动的政府了"。实际上威廉斯从未把工党在 1945 年的胜利看作其政治地位的显著提升，他认为与其说是工党获胜，不如说是保守党自己垮台，而且与这种表面上的"胜利"相反的事实是"知识界远离1930 年代的'左派'思潮，走到了相反的方向"。① 这种状况在文化上有明显的表现，那就是在冷战氛围的促使下，工党政治与保守主义的文化思想走得更近了。威廉斯在主持《政治与文学》时的主要批判对象，《地平线》（Horizon）杂志的重要作者康诺利（Connolly）就是一个很好的例子。威廉斯认为，康诺利在 40 年代所宣扬的特殊情调虽然是 30 年代布鲁姆斯伯里（又译作"布鲁姆兹伯里"）风气的延续，即某种极端的个人主义和主观主义，但在当时特殊的历史环境下，却诡异地和工党政府的许多方向非常合拍。他们对一种精英式的文化教养的推崇使得他们坚信，"与国家坚持自己的话语相比，更重要的是我们能过一种有教养的生活"。然而在一个极端贫穷和混乱的时代里，做一个有教养的人是非常困难的，因此尽一切可能首先摆脱这种艰难的处境是第一位的，只有摆脱了这种经济和物质上的困境，才能够恢复有教养的生活，同时消除由战争带来的"左倾"的整体氛围对个体的限制和影响。康诺利的这一逻辑显然和工党接受美国贷款援助的逻辑如出一辙，而且他本人更是直接向美国发出社论呼吁对方资助英国的文化事业。康诺利并非特例，威廉斯在他身上发现的是一种从30 年代就明显存在于许多英国作家——甚至包括奥登等左翼作家——身上的"关注自我的文学文化"。② 这种对个体精神价值的带有保守主义和精英主义色彩的宣扬，与 40 年代以来工党政府和后继政府推行的"福利国家"政策，形成了明显的内在关联与相互印证，并且事实上也得到了工党政府的支持。威廉斯为此曾痛斥工党在"用资本主义话语重建文化领域"和"资助大众教育机构和大众文化机构"之间迅速选择了前者，并指出"面对 1940 年代现成的大众教育和大众文化渠道，没有在文化上资助工人阶级

① 参见〔英〕雷蒙德·威廉斯《政治与文学》，第 43 页。
② 参见〔英〕雷蒙德·威廉斯《政治与文学》，第 55～57 页。

运动是工党地位在 1950 年代迅速瓦解的一个关键因素"。①

　　如果说战后主导英国的政治立场与文化观念令威廉斯深感不满，那么原本一直充当有力质疑者的英国左翼的表现同样令他失望。战争带来的冲击是不可回避的一个因素，正如威廉斯感叹的那样，"战后太多的人都在重建他们自己的生活，陷于各种各样的处境之中"②，这其中当然包括曾经并肩战斗的左翼人士。但造成这种表面的零散的根本原因还是左翼内部的教条化和分裂，威廉斯自身的经历当中充满了对这些教条化与分裂的感触。威廉斯的少年时代，同时也是英国左翼声势浩大的"人民阵线"方兴未艾的时代，他受到父亲和周围环境的影响，真切地感受到"那时是人民阵线时期，分裂的观念遭到抵制：我们的态度是'左派无敌人'"。③ 当威廉斯进入剑桥三一学院学习时，"社会主义俱乐部当时仍然是所有校园'左派'的大联合"，"当时的情形与'左派'在战后分裂成不同俱乐部的情况不一样，在第二次世界大战之后，你加入哪个俱乐部就成了一个非常尖锐的问题"。④ 威廉斯从这个角度比较了 30 年代的左派学生运动和 60 年代的学生造反运动，指出虽然 60 年代学生运动的内部讨论的质量非常高，但"60 年代后期极端分裂的情况则一直使我惊讶"，相反，"20 世纪 30 年代的运动虽然存在着党员数量的问题，但是由于组织良好，联系广泛，很少以自我为中心，所以能够在外表上呈现得更为综合多样"⑤，这一结论可看作他对 30 年代英国左翼相对开放、包容的态度的肯定，同时也是对二战之后左翼教条化与分裂态势的忧虑。无独有偶，在投身成人教育事业后，威廉斯同样遭遇到了这一时代性的问题。威廉斯在此前主持《政治与文学》刊物的经历中认识到，必须抵制利维斯和《细察》杂志传递给人们的一种幻想，即所谓的"不偏不倚的思想能力"⑥，明确地说，就是一种宣称客观、中立甚至是恒久的，不带意识形态偏见的精英主义意识形态。威廉斯因此明确自己不会在成人教育的课堂上假装中立或者压制自己确信的东

①　参见〔英〕雷蒙德·威廉斯《政治与文学》，第 57 页。
②　〔英〕雷蒙德·威廉斯：《政治与文学》，第 61 页。
③　〔英〕雷蒙德·威廉斯：《政治与文学》，第 14 页。
④　〔英〕雷蒙德·威廉斯：《政治与文学》，第 22～23 页。
⑤　〔英〕雷蒙德·威廉斯：《政治与文学》，第 32～33 页。
⑥　〔英〕雷蒙德·威廉斯：《政治与文学》，第 66 页。

西。然而他的这一出自现实思考的原则却在成人教育的战场上左右碰壁。从上文关于英国成人教育的讨论来看，无论是"主张自觉联系社会主义的工人进行教育"的全国劳动院校理事会，还是主张"吸收大学中探索各种立场的主张，而不是从特定立场出发进行教学"的工人教育协会，都与威廉斯的理想有明显的矛盾。① 工人教育协会的"屏蔽立场"的做法最终导致成人教育被大学教育大规模地殖民收编，成了精英教育的后花园，从而也导致威廉斯决意离去。然而与这种犹抱琵琶半遮面的"不偏不倚"针锋相对的全国劳动院校理事会的做法同样让威廉斯无法认同。威廉斯一方面承认全国劳动院校理事会的支持者们"认识到工人教育最终会被大学收编，以学院标准和良好学识的名义进行的教育不会是社会主义教育"，但另一方面，前者那种"明确与阶级立场相关的教育无疑在某些重要方面造成了风险，使其在特定时期屈从于特定的党的路线，真正失去它的某些教育性质"。② 这种教条化、狭隘化的风险并非空穴来风，威廉斯曾回忆道："我记得一位大学代表科尔在远程教育代表团的会议上说'我对成人教育没有多少兴趣，我的兴趣在于工人教育。'那就是我们之间的矛盾。"③ 这位科尔所代表的全国劳动院校理事会的理念之所以会在命名和对象上做如是切分，正是因为过分机械地强调阶级、立场等因素而忽略了成人教育在左翼事业中培养广泛基础的作用。威廉斯的苦恼是，自己在对学院精英派的批判中积累的问题与经验，在左翼阵营内部却面临被抽象化甚至不被理解的境地。

在工党左派和其他一些自由左翼之外，当时最为重要的英国左翼政治力量当数英国共产党。威廉斯与英共在这一时期的复杂关系也在很大程度上影响甚至决定了他对整个英国左翼阵营的态度，以及他在讨论文化问题时的思考方式。少年时期的威廉斯对英国工人运动和社会主义运动的直观印象大多受其父亲和他们所身处的威尔士工人社区的朴素环境的影响，在那个"意识形态的决裂和对共产主义意识的禁止还没有开始"的"左派无敌人"的时期，"对于许多社会主义者来说，共产主义是工人运动的一个

① 参见〔英〕雷蒙德·威廉斯《政治与文学》，第62~63页。
② 〔英〕雷蒙德·威廉斯：《政治与文学》，第63页。
③ 〔英〕雷蒙德·威廉斯：《政治与文学》，第62页。

分支，只要媒体和政府攻击它，它就必定是正确的。人们既认同共产主义
又与其保持距离"。① 然而在来到剑桥之后，威廉斯与英国共产党有了直接
的接触。加入被称为自己在剑桥的第二个家园的社会主义俱乐部之后不
久，威廉斯也加入了英国共产党，但随即开始体验到各种各样的矛盾。他
首先体会到的是英共对纪律和组织性的特别强调："我现在加入了一个有
纪律的组织。对我来说纪律是新奇的，我花了很长时间理解纪律执行的方
式。如果我在学生会的发言里说了某些话，书记处会要求我解释为什么这
样做；或者他们告诉我，我被委任了某个职务。纪律限制了某些人，然而
对于另一些人来说，纪律发挥了作用。对我而言它是两者的混合。"② 虽然
在回忆时威廉斯用了较为委婉的文字，但综合他在访谈中的其他表述可以
发现，威廉斯对于英共刻板的组织性和纪律要求抱有不满。他颇有意味地
指出："尽管书记处发挥着指导作用并给人以非常重要的印象，但我从未
搞清楚书记处是如何形成的，我甚至不记得当时在那里有过任何选举。"③
而在自己被安排的赶写宣传材料的作家小组当中，威廉斯发现自己和其他
人不得不"经常在那里就一些不太了解的主题进行写作，貌似专家的样子
使用专业话语。写出的宣传册由上级部门非公开印发"。④ 另一个更为荒唐
的事例则是二战爆发初期，英共刻意与苏联立场保持一致因而主张反对英
国参战。这一行为不仅暴露了它的权威主义和用抽象理论代替现实分
析——例如，以这场战争是资本主义之间的战争为由拒绝参战——的作
风，也使得威廉斯经历了一场"几乎难以置信"的体验："那是一个虚假
的战争阶段，人们依然冷嘲热讽地确信像英国和法国这样的国家永远不会
真正与法西斯作战。当时我们没有一个人能够感觉到威胁。"⑤ 威廉斯暗示
的英共这种刻板与权威主义作风——既包括对党内成员的压抑，也包括对
苏共权威的遵循——并非孤证，另一位更为年轻的新左派人士，《大学与
左派评论》早期编辑之一拉斐尔·塞缪尔对此有过更为明确的批评。作为
在共产党员家庭长大的"资深"人士，塞缪尔曾专文批评英共在组织上的

---

① 参见〔英〕雷蒙德·威廉斯《政治与文学》，第 14~15 页。
② 〔英〕雷蒙德·威廉斯：《政治与文学》，第 23~24 页。
③ 〔英〕雷蒙德·威廉斯：《政治与文学》，第 24 页。
④ 〔英〕雷蒙德·威廉斯：《政治与文学》，第 24 页。
⑤ 参见〔英〕雷蒙德·威廉斯《政治与文学》，第 24~25 页。

臃肿复杂和纪律上的机械严密。① 他指出，从早期开始，英国共产党"就对它在程序上按部就班的特点引以为豪"，因为这样能够确保其"形式的正确性"。② 塞缪尔讽刺这种机械刻板的要求导致"这些同志们的精力完全耗在所有这些数不清的组织中了，要是说这里还在进行实际的斗争，那可真想不到"。③ 另一方面，这种高度的组织纪律性显然是为权威主义服务的，塞缪尔就曾回忆道："在党内出现分歧的时候，不管是关于策略还是更大的问题（例如，像'考德威尔论战'或者卢卡奇辩论这种在我童年的家里显得很大的事情），都将通过诉诸权威来'终结'讨论。"④

英共的权威主义和教条主义对党内异议分子产生了重要的影响，并且是后来造成新左派运动的导火索之一。而对当时的威廉斯而言，它与自身发生强烈矛盾之处不仅在于如上述对现实危机的见解，还包括了在自身学术专业领域的冲突，而这两者又是相互联系的。一个不容忽视的事实是，在30年代马克思主义的文学观就已经受到《细察》等各方面力量的攻击，但根据威廉斯的观察，当时的共产党人并未做出有效的回应，而是通过把论争转移到不同的领域来将有关文学批评和文学史的问题束之高阁。⑤ 威廉斯对此反思道："消极地拒绝从事文学学科的主要理论和实践问题是一个决定性的失败……当我们不得不从事文学批评或者进行文学史研究的时候，我们发现自己手中空空如也。然而，英国文学研究已经成熟了，它通过拓展的专业领域和一个接一个领域的细致成果建立了一个完整的学科。马克思主义者用以与其对抗的只有屈指可数的几部水准不一的著作，对文学研究的贡献被毫不费力地当作简化论而予以抹杀了。"⑥ 作为一个英国文学专业的左翼青年和学生共产党员，威廉斯发现自己既缺乏有效的理论资源的支持，又缺少合理的探讨问题的空间和自由度。他所在的作家小组"对社会主义现实主义相当不满，对现代主义更感兴趣"，然而这样一种非正统的文化姿态与当时的对于文学的"党的态度"形成了尖锐的对立。威

---

① 参见〔英〕拉斐尔·塞缪尔《英国共产主义的失落》第六章"组织纪律"。
② 〔英〕拉斐尔·塞缪尔：《英国共产主义的失落》，第118页。
③ 〔英〕拉斐尔·塞缪尔：《英国共产主义的失落》，第117页。
④ 〔英〕拉斐尔·塞缪尔：《英国共产主义的失落》，第88页。
⑤ 参见〔英〕雷蒙德·威廉斯《政治与文学》，第26页。
⑥ 〔英〕雷蒙德·威廉斯：《政治与文学》，第27页。

廉斯将这种"党的态度"视作应当加以批判的狭隘和自以为是的文学态度，他的解释是："我们否认了自己是反对社会主义现实主义的，我们主张社会主义现实主义需要更多复杂的、不断变化的技巧，而不是那些由权威建议的技巧。"① 威廉斯等人的离经叛道的观念显然无法得到那个略显神秘的书记处的认同，结果是，他们的争议不出意外地被贴上了"唯美主义者"的标签而被"终结"。

威廉斯与英共的上述矛盾，加上1945年英共站在工党的立场上反对工人罢工的态度，直接导致威廉斯战后放弃了自己的党员身份。他对自己当时的定位是："我们知道自己倾向于工党中的'左派'，并且由于英国共产党在认识上的错误，我们认为自己与它没有任何关系。"② 支撑这种被威廉斯自己戏称为"没来由的自信"的是他与曼考维兹和考林斯共同创办的评论性刊物《政治与文学》。威廉斯等人设立的目标是"能够大致把激进的'左派'政治和利维斯主义的文学批评结合起来"，在立场上则是在相对的意义上"守卫与《细察》的联系"，"做工党中的'左派'，但是与共产党又保持一定的距离"。③ 之所以强调与英共保持一定的距离，威廉斯明确地做出过解释："那时我致力的实际上是一种崭新的文化政治。我觉得共产党的文学知识分子并不太理解我所做的事情。我们觉得，与共产党相比，我们对待当时的论战更为开放、更具批判性。"④ 尽管无论是后来的批评者还是威廉斯本人，在回顾这段历史时都对理想化地结合精英主义的文学批评与社会主义文化立场的做法表示怀疑⑤，但"致力于一种崭新的文化政治"无疑具有非常重要的意义，它标志着威廉斯非常清楚地意识到自己关于文化和文学的研究将超出当时的文化精英主义和正统马克思主义各自限定的框架范围，是对一种新的左翼立场的文化观念的提炼。这种思考很明显成为他带入《文化与社会》当中的原动力。

---

① 参见〔英〕雷蒙德·威廉斯《政治与文学》，第27～28页。
② 〔英〕雷蒙德·威廉斯：《政治与文学》，第49页。
③ 参见〔英〕雷蒙德·威廉斯《政治与文学》，第48页。
④ 〔英〕雷蒙德·威廉斯：《政治与文学》，第48页。
⑤ 例如："虽然它的停刊一直受到惋惜，但我们很难想象它的未来会如何。"参见〔英〕弗兰西斯·马尔赫恩《一种福利文化？：50年代的霍加特与威廉斯》，黄华军译，《马克思主义美学研究》第3辑，第482页；"那种想法有点愚蠢，利维斯的文化立场清楚地表明了并不是那样。"见〔英〕雷蒙德·威廉斯《政治与文学》，第49页。

或许正是因为对《政治与文学》负载的使命的重视，这份刊物的早夭带给威廉斯的打击才会如此之大，甚至被他描述为"一次个人危机"。《政治与文学》停刊的原因是多方面的，其中最为直接的原因是三位主编"最终决裂，走向了不同的道路"。① 表面上看，威廉斯对他们之间的分歧抱以宽容的态度，认为"应该有足够的人具有足够多的共同之处来创办这样一份刊物，但是战后太多的人都在重建他们自己的生活，陷于各种各样的处境之中，谁能料到呢？"② 但我们依然能够看到威廉斯在更深层次上将这份失败视作当时左翼运动失败的一个缩影。从威廉斯的话中不难听出他的诘问：为什么只是我们几个，而没有其他更多的人参与进来？威廉斯承认《政治与文学》的内容比例严重倾向于文学而不是政治的方向，实际上他们严重缺乏其他领域的作者③，但他也随即抱怨道："如果共产党内的知识分子那时候朝着我们计划的方向努力（就像有人说的那样，他们很多人在1956年都这样做了），他们本可以在政治、经济和历史方面形成更多的团结。"正如他列举的英共内部的"考德威尔论争"那样，即使是像汤普森这样的异议分子，在当时"仍然认为争论必须在共产主义运动内部进行"。显然威廉斯认为是"必要的形式"的那种"团结"，在《政治与文学》短暂存在的1946年至1947年间没能成为现实。④ 威廉斯对《政治与文学》暴露出的问题的批评，似乎也完全适合对这种缺乏团结的英国左翼现状的批评："其结果恐怕根本没有任何连贯一致的'左派'计划。"⑤

三 "直接政治"与退后一步的思考

威廉斯体验到的这种左翼内部的灾难性的分崩离析，与汤普森沉痛反思的"人民阵线"的瓦解，有内在的根本一致性。在对英共和其他社会主义政治活动的失败进行一番思考之后，威廉斯找到了一个关键性的问题——直接政治或曰局部政治的影响。他如此表述这一概念："存在这样一种政治，它的局部性战术模式绝对妨碍了人们理解社会中正在发生的事

---

① 〔英〕雷蒙德·威廉斯：《政治与文学》，第60页。
② 〔英〕雷蒙德·威廉斯：《政治与文学》，第61页。
③ 参见〔英〕雷蒙德·威廉斯《政治与文学》，第59~60页。
④ 参见〔英〕雷蒙德·威廉斯《政治与文学》，第61页。
⑤ 〔英〕雷蒙德·威廉斯：《政治与文学》，第60页。

情，它有别于另一种政治（必须建立在对社会中各个主要阵线力量的理解并在它们之间的斗争中进行立场选择的基础之上）。"这种直接的、局部的政治"通常不是作为通过历史和理论形成的自觉斗争或者自觉策略而发挥作用的，而是作为一种与论战或者利益争夺相关的常规再生产过程，它与深层的社会基础运动无关"。① 威廉斯这里抨击的并不仅仅是一些政治形式，如饱受诟病的以演讲、游说和拉票为主要手段的"选票箱政治"，而是充斥当时英国左翼阵营的着眼局部利益，放弃全盘思考的目光短浅的政治策略。正是这种政治策略导致了左翼阵营在战后的复杂局势中难以形成统一，难以招架保守主义和斯大林主义的各种攻势，从而陷入各为其主和各自为战的境地。工党执政后的趋向"反动"，英共在二战初期和冷战时期令人失望的举措，以及《政治与文学》的失败，都可以被视为直接政治影响下的后果。对这种直接政治的拒斥和《政治与文学》停刊带来的打击，使得威廉斯感到身心俱疲，并因为"觉得只能通过一种不与他人合作的写作方式使自己从中解脱出来"而进入到一个几乎完全"与世隔绝"的长达十年的写作状态。② 这十年正是《文化与社会》的写作阶段，在此期间威廉斯"几乎完全不再有参与政治活动和合作的可能性了"。③ 对于这样一种精神状态和写作状态带给《文化与社会》的影响，威廉斯有过深刻的分析：

> 在我看来，《文化与社会》是这样一本书，它退出一切直接的合作形式，打上了令人讨厌的消极烙印——且让我使用词义这么强烈的话——兼有一种得不到任何合作的强烈失望，这种失望最终对这本书的写作产生了直接的影响。这本书的时代创新在于某种更新了的信念，它与上述那种失望联系在一起。通过这种没有进行任何智力合作的方式，我才可能转换成这样一种语气，其效果是一个知识分子退出直接政治并充满希望地考虑深层次力量的自我辩护。我能这样说是因为我当时在事实上意识到了这一点，现在读这本书的时候我又注意到

---

① 〔英〕雷蒙德·威廉斯：《政治与文学》，第 85 页。
② 参见〔英〕雷蒙德·威廉斯《政治与文学》，第 61 页。
③ 〔英〕雷蒙德·威廉斯：《政治与文学》，第 85 页。

了。另一方面，我也可以说，通过退出直接政治，我能够再次引入某些主题和议题，在我看来它们是现实中最能产生效果的关键要素，然而就我所了解的当时的常规政治而言，它们是缺席的。换句话强调一下，作为可观的代价，每一次这种退出换来的是对某种深层次力量的关注。其结果是，我可以用我至今仍在思考的东西为某种不同的政治做出贡献。①

威廉斯从左翼政治的角度对《文化与社会》的意义的思考，是在进入与退出、谋求合作与拒绝合作的复杂过程中前行的。在他看来，只有退出所谓的直接政治，实际上就是跳出局部性的政治主张的限定，才有可能将某些被遮蔽，被有意无意忽略的重要议题纳入讨论的范围，从而更有可能触及某些更为根本的问题；而在回避直接政治束缚的过程中付出"可观的代价"，即拒绝合作，实际上则是为了换取建立一种更具希望的合作的基础。威廉斯曾说到，50 年代后期的新左派"尽管存在分歧，但是大家当时都在设法重新建立那种联盟"②，现在看来，在此之前写作的《文化与社会》，恰恰是他个人为新的联盟努力寻找基础的结果。他同时清楚地认识到，这种基础只能建立在"对某种深层次力量的关注"之上，而他们所要参与的，也必然是"某种不同的政治"。

第二节　"全面批判"与历史化、经验化的研究

威廉斯展开的是对保守派和左翼两方面思想的批判性思考。如同前面已经讨论过的那样，对于一贯秉承左翼立场的威廉斯而言，批判保守主义几乎是一件理所当然的事情，并且很早就存在于威廉斯的头脑当中；然而对英国左翼加以批判，则需要一些新的立足点，借此跳出传统和当下的某些局限。事实上，当时的威廉斯恰恰就是在这两个方面的相辅相成的探索中发现了"文化"这一关键词。"文化"的这面大旗在当时是由文化保守主义者们率先树起的，而威廉斯的态度也很明确："我写这本书的首要目

---

① 〔英〕雷蒙德·威廉斯：《政治与文学》，第 89~90 页。
② 〔英〕雷蒙德·威廉斯：《政治与文学》，第 58 页。

的是什么？那是对抗性的——反击那些明确的反动立场当时对长长一系列关于文化的思想的挪用。"① 马尔赫恩正确地将威廉斯的这一态度视作威廉斯本人对《政治与文学》以来的危机原因的理解②，但他的解释过于局限在威廉斯与精英保守派的矛盾上，而忽略了威廉斯与左翼，尤其是与当时的正统马克思主义之间的矛盾。威廉斯的专业背景固然使得他更为敏感地关注到文化以及保守派对文化的"挪用"，但同时也使得他清楚地认识到正统马克思主义在这方面的严重不足。文化精英主义和文化保守主义在当时已经形成了一整套自圆其说的文化观念，并在40年代后期逐渐占据主导位置，然而在这一领域本就先天不足的英国的马克思主义者却仍然只对这种挑战表现出回避甚至不屑，在威廉斯看来，这不仅是一种失策，更是一种失败。更糟糕的是，甚至当《文化与社会》面世许久之后，仍然有许多左派人士挥舞"改良主义"的标签继续回避这本书试图引入的真正问题。③威廉斯毫无保留地将这种回避看作四五十年代英国左翼政治衰落的重要原因之一。

正如保守主义的文化论述在很大程度上"塑造"了《文化与社会》一样，英国马克思主义对待文化问题的态度也在很大程度上"决定"了《文化与社会》的许多特质。在这方面威廉斯首先要强调的就是被许多左翼忽视的文化精英主义者的某些历史合理性。他曾回忆道："当我来到剑桥的时候，有两样东西给我留下深刻印象的印象，一个是马克思主义，另一个是利维斯的教育。在不断地反对它们之后，我依然对它们保持敬意。"④ 之所以对利维斯保持敬意，是因为"利维斯的巨大吸引力在于他的文化激进主义"⑤，这也正是上文讨论霍加特时提到过的那种被后来的批评者常常忽略或视而不见的"历史感受"。威廉斯说："现在这样描述他似乎有问题，但当时不是这样。首先影响我的是利维斯广泛的抨击范围，他抨击的对象有学院派、布鲁姆斯伯里团体（又译作"布鲁姆兹伯里派"）、都市文学文

---

① 〔英〕雷蒙德·威廉斯：《政治与文学》，第80页。

② 参见〔英〕弗兰西斯·马尔赫恩《一种福利文化？：50年代的霍加特与威廉斯》，黄华军译，《马克思主义美学研究》第3辑，第482页。

③ 参见〔英〕雷蒙德·威廉斯《政治与文学》，第90页。

④ Raymond Williams, "Culture is ordinary," in *Resources of Hopes* (London & New York: Verso, 1989), p. 7.

⑤ 〔英〕雷蒙德·威廉斯：《政治与文学》，第49页。

化、商业出版和广告。你一定会同样体谅他那种带有批判性激愤的纯粹语气，它与我们的状态是同一类的。"① 威廉斯认识到利维斯和"细察"团体虽然是站在保守的文化精英主义的立场之上，但对当时越来越庸俗化和商业化的文化现象提出了有价值的批评。利维斯的文化观念固然是一种以传统为核心概念的本质论，但这并没有完全妨碍他质疑和批评其他过于强调个体以及迎合消费社会的文化观念。威廉斯在此对利维斯的重视，其实也正是要向正统马克思主义证明，所谓的"保守派"并非铁板一块，他们的思想更不能以简单的阶级论来一笔抹杀。另一方面，就威廉斯所关注的文化与文学批评领域而言，当时的保守派所取得的成就也是左翼在整体上难以望其项背的。从 30 年代《细察》发难以来，"马克思主义者用以与其对抗的只有屈指可数的几部水准不一的著作"②，然而利维斯等人却在文学研究当中创立了影响深远的实用批评。威廉斯如此描述实用批评在当时带给他的影响："它令人陶醉，带来一种我无法描述的强烈感受。尤其是当时我对自己的文学批评水平很不满意。我说到陶醉，那是一种即刻的开心、兴奋和忘乎所以……我现在仍然认为它是令人兴奋的。"③ 我们可以肯定，写作《文化与社会》时的威廉斯不会一如既往地对利维斯和实用批评如此"陶醉"，但这种持续的"兴奋"其实恰如其分地反衬出马克思主义乃至整个左翼在文学批评领域的严重不足。霍加特曾经深有感触地说："我们看到传统的文学研究被我们社会中隐藏的议题所规定同时也被其所限制。"④ 而正是在试图突破这种限制的时候，利维斯和理查兹等人的实用批评恰恰表现得像一件"改革的工具"。无论利维斯等人的立场如何，他们毫无疑问是敏锐地抓住了一些资本主义时代的文化症候，并且提供了某种有力量的批评分析的武器。然而无论是这些问题还是针对这些问题的批评，在当时的英国马克思主义那里都因为"文化的次要性"和"阶级立场"问题而被晾在一边。如果说威廉斯在"传统"中没有找到能够有效支撑其社会主义的文化观念的话，他在英国左翼的思想武器库中同样没有找到；如果说

---

① 〔英〕雷蒙德·威廉斯：《政治与文学》，第 49 页。
② 〔英〕雷蒙德·威廉斯：《政治与文学》，第 27 页。
③ 〔英〕雷蒙德·威廉斯：《政治与文学》，第 49 页。
④ Richard Hoggart, "Introduction to the Transaction Edition," in I. A. Richards, *Practical Criticism: A Study of Literary Judgment*, p. 13.

至少在前者那里他能够发现用于分析的工具的话，后者那里则连工具都少之又少。这也是威廉斯会为当年的《政治与文学》设立"把实用批评与社会主义文化立场的东西结合起来"之目标的原因。虽然这样的理想化结合不可避免地归于失败，但在《文化与社会》中取而代之的则是反思过后得出的方向，即在左翼的立场上重申文化的重要性，重塑文化的观念，同时寻找合理有效的批评分析方法。很显然，这三方面既是对保守派的历史化整合，也是对左翼匮乏之处的补充，当然也包含着威廉斯所希望的一种新的左翼政治的潜能。

因此我们就不难理解《文化与社会》为何会呈现出《新左派评论》的编辑们所质疑的那种对历史上的保守派的"宽宏"和对激进派的"尖刻"。① 用上述霍加特的话来理解威廉斯，我们就会发现那些所谓"隐藏的议题"，或者称之为对历史和经验的抽象化限定，其实并非保守派的专利，它同样属于四五十年代英国马克思主义尊奉的斯大林主义教条。力求突破这种局限的威廉斯，自然更加强调从被视为不可救药的保守派思想家那里发现影响深远且具有价值的东西，因为只有这样，方能既反击当代保守主义对文化观念的挪用，又打破正统马克思主义各种僵化的决定论的统治地位。这样一种全面批判式的内在要求与威廉斯自述的"拒绝合作"的孤军奋战的精神状态是相符的，同时它所带来的写作与思考的难度也可想而知。《新左派评论》的编辑们指出，一方面，《文化与社会》那种"极其引人注目的镇静与权威语气"常常使读者忘了这是一个年轻人的著作，但另一方面，它在确立讨论对象名单的问题上似乎又有无法回避的疏漏。② 威廉斯的回答告诉我们，这更多是因为他缺乏可资借鉴的其他资源。威廉斯试图将文化的观念追溯到工业革命，然而尽管大谈文化者不计其数，但当时"使用过文化概念的作家不会回溯到克莱夫·贝尔或是马修·阿诺德之后"，他必须自己去发现卡莱尔的《时代的烙印》，以及《教会与国家的建立》等并不在常规的文化论述范围中的文章。"拒绝合作"与"重新发现"，意味着威廉斯"不可能像通常尝试进行这类研究那样，求助于任意

---

① 参见〔英〕雷蒙德·威廉斯《政治与文学》，第86~87页。
② 〔英〕雷蒙德·威廉斯：《政治与文学》，第80~81页。

一位学术权威"，他只能在"没有任何范围"的前提下自行摸索。①

　　正是在对各种限定性预设的拒斥和难以把握的历史资料中的摸索，使得《文化与社会》获得了鲜明的特征——经验式的和历史性的批评。威廉斯这里的经验式批评既是对利维斯批评模式的沿革，也是对各种机械的理论预设的反拨，而它也成了日后新左派内部争论的一个焦点；历史性的分析实际上成了威廉斯在努力把握讨论对象时发现的一种论述文化这一特殊事物的新方法。马尔赫恩认为，"《文化与社会》是作者长期的具体分析、思考的结果，实际上代表了一种话语形成与演变的历史过程"，"如果说《文化与社会》的创作动机是政治性的，其批评方法则主要是历史性的。威廉斯认为，文化观念作为不受一般规则限制的社会评估用语，在工业革命阶段就出现了，在对文化的社会意义做出重新阐释时，必须把它作为'一位主角'来理解"。② 将"文化"当作一位主角，并不是简单地将其置于中心的位置，一切以它为依据和归宿；相反，是要将文化的观念历史化，在动态的复杂历史关系中对其加以考察，用威廉斯自己的话来说，这本书的革新之处正在于此："只有回到词语在历史中的各种意义变化，你才能精确地理解词语本身。"③

　　这也是威廉斯为何会在《文化与社会》导论中首先提炼"工业""民主""阶级""艺术"和"文化"五个关键词的原因。这些词语在英语语言中的意义与使用上的变化无疑代表了种种思想观念层面的变化，但更为重要的是，"这些词汇其实有个普遍的变迁样式，这个样式可以视为一种特殊的地图，通过它可以看到更为广阔的生活思想的变迁——与语言的变迁明显有关的变迁"。④ 而"文化"一词之所以格外引人注目，也是因为同样的原因："'文化'一词含义的发展，记录了人类对社会、经济以及政治生活中这些历史变迁所引起的一系列重要而持续的反应；我们不妨把这段发展的本身看成一幅特殊的地图；借助这幅地图，我们可以探索以上种种

---

① 参见〔英〕雷蒙德·威廉斯《政治与文学》，第81页。
② 〔英〕弗兰西斯·马尔赫恩：《一种福利文化？：50年代的霍加特与威廉斯》，黄华军译，《马克思主义美学研究》第3辑，第483页。
③ 〔英〕雷蒙德·威廉斯：《政治与文学》，第92页。
④ 〔英〕雷蒙德·威廉斯：《文化与社会》，吴松江、张文定译，北京：北京大学出版社，1991年版，第15页。

历史变迁的性质。"① 对文化的历史化理解使得威廉斯从一开始便提出了与保守派和经济决定论者完全不同的文化观念。文化并非某种神秘的，代表一贯的崇高与最高价值的先验存在，也不是什么已经被证明为最优秀的民族产物；它同样也不是经济基础的刻板反映，不是某种被决定了的次要的上层建筑，抑或仅仅是虚幻的意识形态产物。文化体现的是不断变化中的种种关系，正如威廉斯自己所说，他"特别要描述的就是这种普遍的变化样式里所包含的种种关系"，而"比任何其他词汇都包含了更多这些关系的，就是'文化'这个在观念上和关系上都极为错综复杂的词"。② 威廉斯深知将"文化"作为主角会面临怎样的危险，因此从一开始就提醒读者注意他与精英主义者的文化论述的区别："我所采用的方法不是考察一系列抽象的问题，而是考察一系列由各个个人所提出的论述……我发现考察这种由个人亲自论证过的论述，比考察系统的抽象问题更有意义。"③ 但另一方面，在强调关于文化的现代论述与工业革命以来的社会关系变迁密切相关的同时，威廉斯也不得不花费笔墨提示另一种抽象化理解的危险性："文化就不只是针对新的生产方法、新的'工业'的反应。它所涉及的超出这两者之外，涉及了各种新的人际关系和社会关系：而且，所涉及的也是承认文化区别于实际社会，并且强调文化是实际社会以外的可行途径。"④ 文化之所以重要，正是因为它远比经济决定论所想象的要复杂："如果文化观念只是对工业主义的反应，事情就比较简单了，但是十分明显，它也是对新的政治和社会发展、对'民主'的反应。就这层关系而言，它又是对社会'阶级'的各种新问题的一种复杂而激进的反应。更有甚者，虽然这些反应在所考察的一个特定外部范围里界定种种关系，'文化'各种意义的形成却也明显回溯到一个个人的、而且显然属于私人的经验范围——一个对艺术的意义和实践具有显著影响的范围。"⑤ 可见，威廉斯"有意识地去揭示'文化'作为一种抽象与绝对的浮现过程"⑥，其实

---

① 〔英〕雷蒙德·威廉斯：《文化与社会》，第19页。
② 〔英〕雷蒙德·威廉斯：《文化与社会》，第20页。
③ 〔英〕雷蒙德·威廉斯：《文化与社会》，第21页。
④ 〔英〕雷蒙德·威廉斯：《文化与社会》，第20页。
⑤ 〔英〕雷蒙德·威廉斯：《文化与社会》，第20~21页。
⑥ 〔英〕雷蒙德·威廉斯：《文化与社会》，第20页。

包含了对保守主义者和简单决定论者两方面的抽象化论述的抵抗。

威廉斯在强调从社会关系变迁的角度历史性地考察文化观念的同时，也反复提及了"普遍"这个词语，如"这些变化的领域也包含了一个普遍发生变化的领域"①；"'文化'一词本来的意义以及这些意义之间的关系的演变，具有普遍的重要意义"。② 从中不难看出，威廉斯试图为他的历史化研究寻找某种较为可靠的连续性甚至一致性。这种连续性与一致性必定是与文化紧密相关的，而由于当时的英国马克思主义传统当中缺乏对这一领域的大量论述，威廉斯只可能到很多并不属于左翼传统甚至是持对立立场的思想传统当中去寻找。这注定是一次充满矛盾、困难重重的探险，意味着要在那些看似已经被当代社会尤其是左翼思想证明是"错误"的思想当中找出某些合理的、仍然有生命力的东西，并继而在这些思想的残片当中梳理出某种延续至今的影响脉络，借此反对当代的文化保守主义的各种论述。我们不妨再来看看上文引用过的威廉斯的一段话："事实上，这本书源于19世纪保守派思想家及其对立思想家们的各种思想，这些思想的来源也包括20世纪的一些保守派，在突然进入一种崭新的社会秩序的时刻，他们对它提出许多恰当的问题，但是却给出了显然错误的回答。这些思想的来源还包括那些与我有某些共同倾向但却在20世纪走向明显反动立场的人，比如利维斯。所有这些人都把文化概念用作展开其思想的一个主要术语。"③ 很明显，将文化作为切入点，从"错误"的源头寻找"恰当"的思考，这既是对保守派的釜底抽薪，也是对当代左翼轻视文化论争的抗议。

第三节 "文化与社会"传统

一 源头：专注于时代的保守派

威廉斯找到的这种连续性与一致性，一定程度上体现在了《文化与社会》的书名当中，正如他自己所说，这本书"把一个非常复杂的社会思想

---

① 〔英〕雷蒙德·威廉斯：《文化与社会》，第20页。
② 〔英〕雷蒙德·威廉斯：《文化与社会》，第21页。
③ 〔英〕雷蒙德·威廉斯：《政治与文学》，第92页。

传统与文学传统重新联系在一起"。① 威廉斯实际上提炼出了一种可以称之为"文化与社会"的传统，更准确地说是文化观念的变迁与社会的变迁紧密关联的传统。因此，这里所谓的连续性与一致性，也就不是某种本质论意义上的连续一致，而是那种紧密关联自身的连续与一致。这种文化与社会的紧密关系在艾略特、利维斯以及"细察"团体的精英保守主义文化观念当中呈现反讽式的断裂。他们的文学批评和文化论点倾向于确立某种一成不变的高贵品质，一种由少数精英传承和裁定的民族精神的独特组成部分，一种与不断变化乃至趋于"退化"和"堕落"的历史与社会保持足够距离的过去的"美好时光"。艾略特等人将其与英国历史当中的精英主义和保守主义的思想家联系到一起，并为之命名"传统"以彰显其连续一致的历史。然而威廉斯要证明的恰恰是他们所追寻的这种本质主义的连续一致性切断了文化与社会紧密关联这一真正的连续一致性，因而他们推崇的这种"传统"实际上是一种"反传统"，是真实传统的断裂。另一方面，有研究者指出，威廉斯的"文化与社会"传统在驳斥精英主义自以为是的文化观念的同时，也一并反对了试图将精英式的高雅文化普遍扩展的主张。这一主张的结果，就是马尔赫恩指出的英国战后随着福利社会而被推行的"福利文化"，其目的是将精英们认同的文化产品与文化观念作为文化与教育的福利传达给普通大众，以改变大众文化的低俗、粗鄙的状态。马尔赫恩将这种"福利文化"与精英推崇的"高雅文化"并称为当时英国"主流意识形态的两种形式"。这无疑同样是一种怪异且充满反讽与断裂的结合，因为很多精英领袖们已经明确表态不希望更多的人来分享民族文化的精华。马尔赫恩认为，威廉斯的研究恰恰有助于穿透这种正在"大众化"的精英意识形态，因为他指出历史上的那些文化观念就本质而言仍是"一种抽象与绝对"，它们的扩展并不会带来实质性的民主化，只不过是在新形势下以福利姿态来换取自身的特权而已。② 事实上，相较于霍加特，威廉斯的方法使得他更有可能跳出精英与大众的非此即彼的二元论争，而《文化与社会》也确实在改写精英主义设立的"大众"与"大众文化"等

① 〔英〕雷蒙德·威廉斯：《政治与文学》，第 94 页。
② 参见〔英〕弗兰西斯·马尔赫恩《一种福利文化?：50 年代的霍加特与威廉斯》，黄华军译，《马克思主义美学研究》第 3 辑，第 486 页。

概念方面做出了贡献。马尔赫恩的研究同时告诉我们，那种工党和保守党政府采取的以精英文化抵消美国式的大众文化的方案，居然也被当时的英国共产党及其下属刊物如《舞台》等所采纳："共产党的文化在创始阶段主要是民族主义的，试图通过发扬一种'进步的'英国传统以抵抗纽约和好莱坞的'堕落'和'粗野'，从而与冷战中出现的北大西洋文化相抗衡。"① 正是在这层意义上，威廉斯提示的文化与社会的传统，被马尔赫恩称为"'一致'的替代性原则"，并被认为超越了当时的左右双方对"文化与社会的想象性范围而确立了自己的立场"。②

然而，论述这样一种文化与社会的传统并不像表面看起来那么简单，或者说，在一个特定的立场上为这样一种连续一致性寻找历史的依据并非易事。难度不仅在于这是一项没有前人的帮助和范围的天然界定的工作，更在于真正的落脚点是批判当代的文化保守主义而非简单评论前人的是非对错。这势必要求作者尽可能地避免直接带入既有的观念认识，更不用说任何先入为主的宗派主义的眼光；反过来说，这也更加强化了威廉斯对讨论对象历史化理解的自觉。一个有趣的例子可以说明上述观点。威廉斯在《文化与社会》中说："如今要推翻伯克对法国大革命的看法，在政治与历史上只是轻而易举的事（原文的表述是'只需一根小指'）。"③ 但他随即补充道，类似草率的批评"使我们有可能错过一个更普遍的要点，与这个要点有关的不是他所作的谴责，而是他所眷恋执着的事情，不是他的立场身份，而是他的思考方式"。④ 在后来的访谈中威廉斯提道："说驳倒伯克很简单当然是不对的——我当时非常了解伯克政治观念的当代版本。"⑤ 威廉斯表达了这样的观点：重要的不是驳倒那些早期的保守派，而是驳倒那些早期保守思想的当代版本；重点不在于那些思想家们的结论和立场，而在于他们提出的问题以及提问的方式。还是以"第一位现代保守主义者"爱德蒙·伯克为例，威廉斯提出："在英国，在争取政治民主的斗争和工

① 〔英〕弗兰西斯·马尔赫恩：《一种福利文化?：50年代的霍加特与威廉斯》，黄华军译，《马克思主义美学研究》第3辑，第485页。
② 〔英〕弗兰西斯·马尔赫恩：《一种福利文化?：50年代的霍加特与威廉斯》，黄华军译，《马克思主义美学研究》第3辑，第486页。
③ 〔英〕雷蒙德·威廉斯：《文化与社会》，第24页。
④ 〔英〕雷蒙德·威廉斯：《文化与社会》，第25页。
⑤ 〔英〕雷蒙德·威廉斯：《政治与文学》，第84页。

业革命的发展所引起的动荡中，许多人墨守旧英国的陈规，严厉谴责这些新发展。在这些人中，伯克与科贝特至今仍具有重要的影响。尽管这两人有重大的差异，却掩盖不了这样一个重要事实。他们根据对旧英国的经验抨击新英国，他们的著作开始了批评新民主和新工业主义的强大传统——在 20 世纪中叶仍然活跃而且重要的传统。"① 威廉斯似乎在提示读者，他将要对伯克等人展开的评论是以当代的保守主义变体为参照系的，同时也是在警告自以为是的当代英国左翼，像伯克这样的保守主义思想元老非但不是已经被翻过去的一页历史，相反他们对当下而言依然十分重要。

威廉斯之所以对伯克强烈反对法国大革命的事迹轻描淡写，并非因为他轻视伯克对民主和社会改革的抨击，而是为了更加突出伯克的思想对其时代的专注。威廉斯认同马修·阿诺德对伯克的评价："让政治去接受思想的检验、让思想浸透在政治中，在英国几乎只有他一人。"② 如果我们跳出被抽象化了的思想史谱系，更为历史化地看待伯克，便会发现伯克提供的是"一种独有的经验直接性"，由这种经验直接性形成的观念，其意义不能用是否正确和是否被历史证明为真理来衡量，因为"伯克的论述是对经验的清晰表述，因此，即使是摈弃其一般结论，论述本身仍然有意义……有价值的是一种经验，一门特殊的学问；他的论述之所以重要，就在于传达出这一点"。③ 这种有价值的经验，这种"让思想浸透在政治中"的思维方式，威廉斯认为正是"文化与社会"这一传统的体现。伯克的思想被认定为用旧英国的陈规来反对新英国的变化，这一点并没有多少问题，但威廉斯所要暗示的是，伯克的思想言论总是与他身处的时代紧密关联，是对时代问题的正面回应，并且是基于"一门有价值的学问"——即经验——而非某些抽象的教条或者是与某种想象中的"美好时代"的对比。例如，伯克抨击工业革命带来的社会变革以及对民主政治的诉求，但他的依据并非什么现成的"永恒价值"，而是活生生的经验。威廉斯将伯克支持波旁王朝而反对国民议会的论述概括为"是在描述一种过程，这一过程从根本上认识到人类事物必然复杂而困难，所以本质上是一种社会

① 〔英〕雷蒙德·威廉斯：《文化与社会》，第 24 页。
② 〔英〕雷蒙德·威廉斯：《文化与社会》，第 25 页。
③ 参见〔英〕雷蒙德·威廉斯《文化与社会》，第 25 页。

性、合作式的控制与改革过程。没有任何特殊的政策可以不需要这些认识；也没有任何对政策的描述能通过'引人上当的捷径'而声称具有这些认识"①。从这一思路来理解伯克，威廉斯发现，伯克对激进派发出的批评——"他们对自己这么喜欢搅乱的世界，和自信地论断的世界事务，既一无所知也毫无经验，对政治他们一窍不通，他们有的只是激起的热情"②——虽然"现在已经成为用于猛烈抨击对手的老调，但最后一句所包含的批评的威力却历久不衰，甚至还可以用于伯克本人"③。也就是说，伯克对民主变革的敌视实际上内在包含一些合理和持久有效的批判性因素。伯克由于自己对所处时代的充分的经验性体认，认识到了当时纷纷攘攘的各种民主化议题当中存在的某些问题，并提出了一些有价值的意见。比如伯克为对抗民主化的呼声而强调社会和国家的绝对第一性，对此威廉斯虽然一方面批评伯克混淆了社会和国家与社会形势和国家形式这两组概念，但另一方面也同时肯定了伯克对于片面推崇政治制度的决定性意义的反思。威廉斯指出，在伯克的时代，民主通常被理解为"一种能使个人决定如何自治的制度"④，推崇者往往会将这样一种制度的建立视作民族和个体获得进步的决定性动力，然而伯克的批评却提示人们，"人的整个进步，不仅是取决于抽象意义的历史共同体，而且取决于人所诞生的特定共同体的性质。没有任何人能游离于这个共同体，而共同体也不是他一个人所能改变的"⑤。威廉斯对伯克的类似观点的总结是，就其所处的时代而言，"他的学说所根据的经验是稳定，这稳定中有不完美之处，但本质上并没有受到威胁"；然而，"随着变革的潮流日益高涨，对稳定的肯定变成了拼命式的防卫"⑥。换言之，伯克的保守主义恰恰是对相应时代的有力的参与、介入和积极应对，而20世纪的保守主义在观念的自我论述中则明显呈现与所处社会的分离，对巨大变革的回避和对某些抽象事物的依赖。甚而，威廉斯还借用伯克的例子，回击了斯大林主义对所谓"制度优越性"

① 〔英〕雷蒙德·威廉斯：《文化与社会》，第28页。
② 〔英〕雷蒙德·威廉斯：《文化与社会》，第28~29页。
③ 〔英〕雷蒙德·威廉斯：《文化与社会》，第29页。
④ 〔英〕雷蒙德·威廉斯：《文化与社会》，第30页。
⑤ 〔英〕雷蒙德·威廉斯：《文化与社会》，第31页。
⑥ 〔英〕雷蒙德·威廉斯：《文化与社会》，第32页。

的不恰当的使用。

上文已经提及，伯克是《文化与社会》选取的讨论对象中最早体现出"文化与社会"传统的思想家。而伯克对于威廉斯的重要性除了表现在他那专注于时代的思考方式，恐怕还在于他提出了威廉斯在这本书中将会引为重点的一个关键词，即"共同体"。在威廉斯的引述当中，伯克是在论述民族的观念时提及共同体概念的："在原始性质的国家中，无所谓民族。一群人并不一定就有集体能力。一个民族就是一个共同体的观念。共同体完全是人为的，就像所有其他法律上的假定一样，是由共同的协议而建立的。协议的性质是由某一社会已形成的形式集合而成的。"① 实际上伯克并未赋予共同体更多超越其基本概念的意味，他只是较为一般地使用了这个词，并很快从社会性的契约关系过渡到对绝对化的国家形式的称颂，过渡到那个"使国家同一切完美境界的来源和原型连（联）结起来"的"上帝的意志"。② 但在威廉斯看来，伯克其实已经部分触及了自己借助共同体这个概念所要表达的那种文化的定义，即"整体的生活方式"，以及将要提出的"共同文化"这一观念。伯克笔下的"国家"，一方面被描述为"上帝的一般旨意成为人类前进的共识"后得来的完美形式③，另一方面又具有人类整体的生活方式的鲜明特征："国家不是一种只有局部范围的观念，也不是个人暂时的聚合，而是一种具有延续性，在时间、数量及空间上扩展的观念……形成这个政体的是比选择其他多好千万倍的东西，是要经过很长时间才能显露出来的东西，即人民的独特环境、场合、气质、性格，以及他们的道德、文明和社会习性。"④ 威廉斯认为，伯克在这里"建立了所谓'有机社会'的观念，这观念强调的是人类活动的相互关系和延续性，而不是将人类活动离析为各种由自由的规律所支配的兴趣领域"。⑤ 伯克将这种有机社会下的人类活动的相互关系和延续性上升为"国家"的观念，并以此作为驳斥19世纪各种动荡变化和支持这些变革的各种学说的依据。我们固然可以很轻易地将这种思想归为保守主义，却不应该忽视它

① 〔英〕雷蒙德·威廉斯：《文化与社会》，第30~31页。
② 〔英〕雷蒙德·威廉斯：《文化与社会》，第32页。
③ 〔英〕雷蒙德·威廉斯：《文化与社会》，第32页。
④ 〔英〕雷蒙德·威廉斯：《文化与社会》，第33页。
⑤ 〔英〕雷蒙德·威廉斯：《文化与社会》，第33页。

所展现的对整体的社会关系的重视。这种对有机共同体的认识使得伯克的观点具有不容小觑且意义深远的批判性力量。威廉斯指出，伯克的保守主义不仅有力地批判了资本主义以及随资本主义而起的许多思想流派，同时也对他自己思想的后代版本构成了挑战："他进行反驳从而在英国人的心灵中奠定了一种观点，并以此不断抨击工业主义和自由主义的扩张。他建立了国家是人类的完美所必须的媒介的观念；在这种观念下，19 世纪咄咄逼人的个人主义势必要遭到谴责。"① 威廉斯在阐释伯克的过程中随处都在留意标注伯克与其后辈信徒之间的内在矛盾。他在引述伯克关于"国家的储蓄信用度远大于有限的个人"的论述时说"70 年后，这成为马修·阿诺德提出的文化概念的基础"②，实际上是在指出阿诺德将功利主义的哲学思想融入对伯克式的基于有机社会的文化观念的改造当中；在阐述完伯克的绝对国家观念之后，威廉斯又不无揶揄地补充道："伯克以后不久，他描述的这个综合体被称为'国家精神'，到 19 世纪末，叫作'国家文化'。"③ 表面上看，这是一个伯克式的"传统"受到重视并逐步形成的过程，但当这种有机文化越来越被看作工业革命之前的令人向往的自然和谐的状态，被作为一种永恒的价值来对比、抨击百余年之后的当代现实时，我们就会发现，其实这是一个从有机共同体文化观念逐步变成抽象的理念与教条式的文化观念的过程，是一个从"人类活动的相互关系和延续性"退变到"离析为各种由自由的规律所支配的兴趣领域"的过程，是"文化与社会"传统因内在分裂而沦丧的真正保守化过程。

正如研究者刘进指出的那样，威廉斯在这里梳理出的那种逐步抽象化的文化观念正属于英国自 18 世纪以来对工业主义持续进行批判的"功利主义"和"文化主义"两大传统中的后者。④ 但基于上述分析，笔者认为威廉斯并未把伯克简单归入文化主义的行列，在他看来，伯克的深刻恰恰在于他自身的复杂性和矛盾性，在于伯克深刻的洞察往往可以指向他本人。伯克的失误与保守并不能抵消他对时代的专注和他的思想与现实政治的深深浸透。因此，要探究伯克的思想如何渐变成为文化主义的各种观

---

① 〔英〕雷蒙德·威廉斯：《文化与社会》，第 33 页。

② 〔英〕雷蒙德·威廉斯：《文化与社会》，第 30 页。

③ 〔英〕雷蒙德·威廉斯：《文化与社会》，第 33 页。

④ 参见刘进《文学与"文化革命"：雷蒙德·威廉斯的文学批评研究》，第 40 页。

念，就必须先凸显伯克思想中的矛盾之处，进而揭示这些矛盾的逐步分化和各自的演变。为了达到这一目的，威廉斯在第一章中采用了非常特殊的写作方式。他将一般被视为相互对立的，在大致同一个时期内各自被视为保守和激进的人物两个一组放在一起讨论，如伯克与科贝特、骚塞与欧文。将科贝特与伯克放在一起的理由说起来很简单——"他们根据对旧英国的经验抨击新英国，他们的著作开始了批评新民主和新工业主义的强大传统"[1]——但实际上他们是从几乎完全不同的角度各自展开的。科贝特对法国大革命和民主政治的厌恶并不输于伯克，他将法国大革命中的民众称为前所未见的"一群恐怖残暴的乌合之众"，又在与美国的对比中称赞英国是自己的"民主之蛀虫和联邦主义之锈腐蚀尚未腐蚀之出生地"。[2] 但与伯克站在宗教伦理和贵族政治立场上的态度截然相反的是，"科贝特相对是一种激进的劳动者立场"。[3] 他对假想中的反对者高呼："对！你可以退避三舍；在你长久消闲游荡后，你尽可高喊我是雅各宾，是平等主义者。我希望看到的英国穷人是我出生时候的英国穷人；只有缺乏手段，才会使我断绝了这种希望，也不再努力完成这个愿望。"[4] 科贝特对现实中劳动者的贫苦处境进行了沉痛的叙述，而这种贫苦恰恰又与他笔下英国表面的富庶形成强烈的对比。他清晰地体会到英国社会剧烈的阶级分化："你要的是消灭所有的小商人。你要的是把社会简化为两个阶层：主人与奴隶……使用主人和奴隶这两个词，人人就各得其所，大家也都自由了。现在，事实上就是主人与奴隶这回事。"[5] 科贝特将这种情形的出现归咎于工业革命带来的新的制度趋势："英国长期以来在一个商业制度底下呻吟，这是有史以来所有可能的制度中最具压迫性的一个制度；它产生一种悄悄令人窒息，也是最令人痛恨的一种压迫。"[6] 正是这种制度造就了"主人和奴隶"的两极化阶级制度，科贝特称之为"不自然"的新的工业制度，它使得"生产劳动中的旧有社会关系不见了，取而代之的是被简化为'手'

① 〔英〕雷蒙德·威廉斯：《文化与社会》，第 24 页。
② 〔英〕雷蒙德·威廉斯：《文化与社会》，第 35 页。
③ 刘进：《文学与"文化革命"：雷蒙德·威廉斯的文学批评研究》，第 42 页。
④ 〔英〕雷蒙德·威廉斯：《文化与社会》，第 36 页。
⑤ 〔英〕雷蒙德·威廉斯：《文化与社会》，第 37～38 页。
⑥ 〔英〕雷蒙德·威廉斯：《文化与社会》，第 37 页。

的人在侍候"，使得"国家资源被不自然地聚集于少数人手中"。① 威廉斯旋即指出："不自然是永恒的强调，这个词也是批判新工业文明的一脉相承的传统主调。"② 看到这里我们不难发现威廉斯暗示的那种有趣之处：将工业化以来的文明视作"不自然的""病态的"，而将工业化之前的文明视作自然的、健康的和饱含永恒价值的，这无疑是贯穿从浪漫主义到20世纪中叶的精英主义的一个"传统主调"；但这个主调在论述自我的传统时，似乎只剩下了贵族立场的伯克，而不见了劳动者立场的科贝特。威廉斯明确说道："把伯克与科贝特的名字摆在一起，是很重要的，这不仅是为了对比，更因为我们要了解新工业社会的这个批判传统，就必须认识到这一传统是由差异很大、有时甚至是自相矛盾的成分混合而成的。"③ 显然这一传统的当代继承人忽视了这种差异与矛盾，仅仅保留了一种单向度的理解；而当代反对这种传统的人，则同样忽视了历史的复杂性，采取了另一种单向度的批判立场，在全面否定文化观念的同时却忘记了"马克思在早期的论著中攻击资本主义，所使用的语言大致承袭于柯尔律治、伯克以及科贝特"。④ 问题的关键并不在于阿诺德和艾略特是否将科贝特纳入他们的膜拜范围，而在于他们的这种忽视在多大程度上意味着威廉斯所说的对文化传统观念的挪用。在威廉斯看来，之所以在具体观点如此对立的伯克与科贝特之间也能有许多一致的地方，是因为他们具有相同的品质，那就是对时代的专注和对经验的深刻重视。不仅是他们的思想，就连他们思想中弥足珍贵的复杂矛盾，都得益于这种品质。伯克从中获得的是"心灵深度"，这使得他既有贵族式的高高在上与墨守成规，又具有现实意义的洞察力；一如科贝特的"非凡的准确直觉"，使得他同时具有了"有机社会"论者（"乡下人"科贝特）与劳工运动者（"劳工捍卫者"科贝特）这两个身份。⑤ 威廉斯向我们证明，如果说当今保守派和精英主义者的文化观念的确是源自批评新民主和新工业主义的思想传统，那么前者无疑仅仅是部分地继承了，因而甚至可以说是很大程度上扭曲了后者。由此也再次验证

① 〔英〕雷蒙德·威廉斯：《文化与社会》，第38页。
② 〔英〕雷蒙德·威廉斯：《文化与社会》，第38页。
③ 〔英〕雷蒙德·威廉斯：《文化与社会》，第44页。
④ 〔英〕雷蒙德·威廉斯：《文化与社会》，第45页。
⑤ 参见〔英〕雷蒙德·威廉斯《文化与社会》，第35、42页。

了之前那个判断：文化的观念恰恰是在"文化"作为一个概念越来越被凸显的过程中逐渐扭曲，而"文化与社会"的传统也正是在越来越频繁地以文化来对抗社会的过程中逐渐断裂。二者的结果，就是"文化主义"的兴起。

二 抽象文化观念的兴起与早期思想家的"平衡"

为了进一步分析作为源头的"文化与社会"传统与"文化主义"的历史性区别，威廉斯又讨论了骚塞和欧文这对人物。如同伯克与科贝特那样，"从显而易见的原则来说，骚塞与欧文大相径庭"。[①] 但与前面那对人物不同的是，在威廉斯的勾连下，这两位都名叫罗伯特的思想家不仅在批评的对象上有相同之处，他们还有一个共同的积极关键词——道德。在骚塞的思想中，道德，尤其是基于基督教信仰的道德，是文明——根据威廉斯所做的语义学分析，文明正是文化在这一阶段的同义词——的核心。特别是当文明呈现某种病症的时候，道德更会成为治病的良药，成为一种重要的保障。作为英国最早的浪漫主义者之一，骚塞因为改变了早期的立场，转向否定法国大革命并附和贵族的统治而受到后来的浪漫主义者如拜伦和雪莱的抨击。但威廉斯提醒我们，"骚塞那一代中的许多人，包括抨击他的许多人，都可能说出骚塞在 1816 年所说的话"，即"最大的弊病是穷人的处境……这种处境不断使我们面临一场奴隶战争的恐怖，如果得不到改善，迟早将会以一场奴隶战争告终"。[②] 骚塞的思想源于他对新兴的工业文明所带来的严重的社会问题的反思。他将他所批评的对象命名为"制造制度"（manufacturing system），并且给出了与伯克并不完全相同的观点。由于关注"穷人的处境"，骚塞在他的《对话论》中承认了"财富"——这是新的制造制度最显著的贡献——的积极价值，认为它是"促使国家繁荣的最稳当手段之一"；然而，出于同样的理由，骚塞也认识到，"因为商品化的倾向，尤其是这个制造制度的倾向是集合财富，而不是扩散财富……大资本家变成犹如鱼塘里的狗鱼，把比较弱小的鱼吞食掉；一部分人们的贫穷与另一部分人们财富的增长似乎成正比，这是如今最确定无疑的了"。[③]

---

① 〔英〕雷蒙德·威廉斯：《文化与社会》，第 46 页。
② 参见〔英〕雷蒙德·威廉斯《文化与社会》，第 47 ~ 48 页。
③ 参见〔英〕雷蒙德·威廉斯《文化与社会》，第 48 页。

以一个早期浪漫派的眼光同时着眼于这两方面时，骚塞发现，工业革命带动起来的巨大生产机器原本可能实现的是通过创造更多的财富以改善穷人的处境，消弭各种原有的不公平和不正义："商业的自然运转是完全有益的，而且使国与国、人与人结合起来"；但在现实当中，"制造制度的效果与这种倾向恰好背道而驰"，不仅进一步强化了各种不公平与不正义，甚至还使得这种制度下的人们逐渐被贬抑为"肉体机器"和"知识机器"。[①]骚塞由此得出的是一种复杂的判断："制造制度的直接效果是既产生身体和道德的邪恶，又创造财富，两者互为正比。"[②]

在这种情形下，以道德来挽救时代的堕落就变得十分必要。但威廉斯通过细致的分析指出，骚塞笔下的道德并非空洞的概念。尽管骚塞也表达过"封建时代虽然丑恶，但对人性仁厚慷慨感情的伤害，却还没有这些商业至上时代的厉害"[③] 这种将当代社会与中世纪进行对比的观点，但他没有对此大加强调。他对道德的提倡是建立在对正统的政治经济学将道德排除在外的批判的基础上的。骚塞批评了政治经济学认为"一切困境的原因……不在社会的构造中，而在人性的构造中"的观点，提出"如果任何人因缺乏关怀和文化而堕落，他们所属的社会就有一个疏忽的罪责"，因此"直到政府以改善人们的道德为其首要的重大职责为止，国家是不会健康和完善的"。[④] 至此，骚塞已经相继涉及了保守主义和精英主义常用的几个关键概念：国家、道德以及人性，而他对"文学的人性化效果"的推重后来更是成了 19 世纪的一个传统。然而威廉斯再次向我们证明，在这些后来近乎教条化的传统的源头处，问题总是更为复杂。骚塞的复杂体现在他处理上述三个关键词的关系方面。"文学的人性化效果"是为了唤回被算计理性排挤掉的人类的"感情"——"计算来了，感情走了"——而与文学一道被列入骚塞的改革建议的国民教育制度、普及宗教、开拓殖民地等，都指向了一种新的国家职能："针对政治经济学家所提倡的放任社会，建立积极而负责的政府的观念，政府的首要职责是促进社会的普通健

---

① 参见〔英〕雷蒙德·威廉斯《文化与社会》，第 48～49 页。
② 〔英〕雷蒙德·威廉斯：《文化与社会》，第 49 页。
③ 〔英〕雷蒙德·威廉斯：《文化与社会》，第 50 页。
④ 参见〔英〕雷蒙德·威廉斯《文化与社会》，第 50 页。

康。"① 骚塞倡议的显然是"大家所熟悉的家长政治纲领",他也因此不愿
认同有可能将政府交给乌合之众的民主政治;但威廉斯所要强调的是,因
为将国家和政府作为他所推重的基督教道德的载体,骚塞口中的"道德"
实际上已经指向了政治经济学家以"理性"和"欲望"的名义所排斥的
"社会的构造"。骚塞构想的国家是一个利维坦式的强大的人民保障机制,
在合理的前提和充足的条件下,它能够最大化地体现道德的意志,推行尽
可能好的福利。以财富为例,与个人自由攫取财富有可能造成更为严重的
贫富差距不同,"一个国家拥有的财富再多,也都可以使用于公益,因为
在全国性的工作上慷慨大方的开支,是促进国家繁荣的最稳当手段之
一"。② 以民众的福利为目标,骚塞的国家概念就不再是一个脱离社会结构
的抽象的人格或神格,相反是与社会结构紧密结合在一起的,正如他自己
所说:"劳动阶级如果建立自己的欧文式社会,而且又谨慎自处、品行优
良,他们也许就能扩大自己的舒适生活,并且保障自身的福利。"③

威廉斯并没有讨论骚塞具体的道德说教,而是向我们指出骚塞的道德
观念继承了"第一阶段人文主义"所奠定的许多关于"文化"意义的观
念,并且更为明确地将其放置到"共同体"的框架下加以思考。④ 这其中
最为有趣的一个"反转"就在于虽然提到人性,但结论却是一切困难的原
因不在于人性而在于社会结构。威廉斯进一步指出,也正是在这一点上,
欧文和骚塞取得了一致。欧文彻底放弃了骚塞重视的宗教信仰的力量——
用骚塞的话来说,欧文"缺少虔诚的器官"⑤ ——但是却仍然被后者视为
当世仅有的三个推动道德世界的人之一。⑥ 他在主张权威主义的家长政治
方面与骚塞并无不同,只不过相对骚塞他更为明确地"认定财富的增加是
促进文化的手段"。⑦ 但从社会结构的角度出发,欧文并不认为财富增长和
文化进步是天然同步的。在阐述完两个基本命题后——一是"生产条件的
改变引起生产者的根本改变",二是"工业革命……产生了实际上的一种

---

① 〔英〕雷蒙德·威廉斯:《文化与社会》,第51页。
② 〔英〕雷蒙德·威廉斯:《文化与社会》,第48页。
③ 〔英〕雷蒙德·威廉斯:《文化与社会》,第51页。
④ 参见〔英〕雷蒙德·威廉斯《文化与社会》,第49~50页。
⑤ 〔英〕雷蒙德·威廉斯:《文化与社会》,第46页。
⑥ 参见〔英〕雷蒙德·威廉斯《文化与社会》,第46页。
⑦ 参见〔英〕雷蒙德·威廉斯《文化与社会》,第52页。

新人"① ——欧文表达了对这种改变所带来的"危险处境"的担忧："雇主和雇工之间的一切关系被撕成碎片，成为只考虑要如何从对方获取直接利益的关系。雇主把雇工看成只是牟利的工具，而雇工则养成一种粗野的凶残性格。"② 威廉斯不失时机地提示我们，欧文展示的是"新的道德世界与无政府状态之间的抉择"。③ 将这里的"道德"替换成"文化"，我们就可以清晰地看到后来者马修·阿诺德的身影。但与这对关系的当代版本不同的是，欧文用以抵消无政府状态的道德观念是与不断变化的社会结构内在关联的。虽然欧文认为能够掌握方法并实现公正立法和改善阶级状况等目标的只能是"对人类事务具有影响力的人"④，但他更为重要的道德观点则是："对于'人的性格不是由他自己形成，而是由外力为他形成'这一点认识并非只是'一个观念'，恰恰相反，它将被发现犹如芥籽一样是具有极大发展前途的小东西，是能用各种新的、真正的观念充实人们的心灵，而其产生的最后结果足以压倒一切与它对立的观念。"⑤ 因此，用以疗救工业体系影响下的社会和人民的道德，则必然不能来自某个孤悬于高处的伟大心灵，而是产生于作为"外力"的社会结构之中，产生于对社会结构的改造当中。

对于欧文道德观念的后世影响，威廉斯总结道："那'一个观念'，连同其根本希望，的确证明足以充实英国的心灵。一方面，欧文认为新的道德世界要由积极主动的政府和国民教育制度来创造，这个观念与本世纪里逐渐加强并获得广泛响应的积极文化观念是相当融洽的。另一方面，继之而起英国工业各代劳工也把家长政治的原则搁在一边，而又负起实现欧文的'根本原则及其实际结果'的任务。"⑥ 威廉斯没有道出的话外之音是：一方面，当代精英主义保守派将欧文与骚塞式的权威主义家长制用于精英道德观念的塑造，却忽略了现实社会结构在这一脉络中的重要性；另一方面，当代的激进左翼在否定欧文的家长政治时，却连带着忽视了其思

① 〔英〕雷蒙德·威廉斯：《文化与社会》，第53页。
② 〔英〕雷蒙德·威廉斯：《文化与社会》，第53页。
③ 〔英〕雷蒙德·威廉斯：《文化与社会》，第54页。
④ 〔英〕雷蒙德·威廉斯：《文化与社会》，第54页。
⑤ 〔英〕雷蒙德·威廉斯：《文化与社会》，第57页。
⑥ 〔英〕雷蒙德·威廉斯：《文化与社会》，第57页。

想在社会主义工人运动历史当中的创造性转化。倡导基督教道德秩序的骚塞和英国社会主义代表人物欧文之间会有如此多的相同和直接呼应之处，的确会让抽象化看待历史的人大为不解，而威廉斯对二人思想细节处的历史化处理，其目的和前面讨论伯克与科贝特一样，是为了"提醒我们注意这个困难时代的错综复杂"。①

客观地说，这些充满矛盾和复杂性的思想家被后世简化分割为泾渭分明的谱系，并非毫无历史根据。在那个错综复杂的时代里，"欧文的主要方向导致社会主义与合作社，骚塞则与伯克和柯尔律治走向新的保守主义"。② 威廉斯认为自由主义思想家约翰·斯图亚特·穆勒所做的工作正是对这一逐渐分化的历史趋势的回应。正如有研究者概括指出的，"在威廉斯看来，穆勒的本意是想将代表功利主义的边沁和代表理想主义的柯尔律治熔为一炉，却形成了三个既相联系又个性分明的心灵。边沁寻求的是旧的制度与信念的消灭，而柯尔律治寻求的是使它们成为现实的途径。也就是说，边沁的功利主义致力于使新兴的工业社会如何更好地消灭旧的制度和信念，而柯尔律治的理想主义则致力于如何将旧的制度和信念所蕴含的'理想'在新兴的工业社会中成为现实……他们分别代表着将'新学说'推向极端的高峰和肯定'旧学说'的意义和目的的高峰"。③ 威廉斯认为，穆勒的调和工作的立足点是对应当被正名为"工业主义"的"文明"的批评，但也正是在这个关键词上，穆勒落入了抽象观念的陷阱，他"根本没有注意到由不同生活方式而来的不同经验层次所产生的价值对立。在这点上，他谈不上接近任何一种身体力行过的真实"。④ 但这并不妨碍穆勒批评表现出更为明显的单一观念信仰倾向的边沁和柯尔律治，后两者的身上已经清晰地体现了功利主义和文化主义在认识当代问题时的水火不容和各自的缺陷。

穆勒虽然在根本原则上接近边沁而远离柯尔律治，但他却批评边沁"对人类的感觉了解极少，对于形成那些感觉的影响了解更少；心灵对其本身以及外部事物对心灵所有的微妙作用，他都一无所知"，甚至认为在

---

① 〔英〕雷蒙德·威廉斯：《文化与社会》，第47页。
② 〔英〕雷蒙德·威廉斯：《文化与社会》，第47页。
③ 刘进：《文学与"文化革命"：雷蒙德·威廉斯的文学批评研究》，第44～45页。
④ 〔英〕雷蒙德·威廉斯：《文化与社会》，第84页。

这些方面"大概没有一个人的观念比他更狭隘了"。① 相反，柯尔律治所提炼出的关于"文化"的观念则受到穆勒的重视，被认为是对功利主义传统的有益补充。威廉斯告诉我们，在功利主义与文化主义（或曰理想主义）之间进行平衡是相当艰难的，比如上述穆勒对边沁个人的评论就往往被反对功利主义的人用作"对整个功利主义体系的普遍批评，而且如今已成为对'有组织的'社会思想所进行的那种人们熟悉的批评的一部分——这种批评的基本原则是，组织化的人对实际人的本性的了解是不完全的"②，实际上这也正是当代文化保守主义对工业革命以来的所有变革进行整体性否定时的基调。但威廉斯认为"穆勒强调边沁的个人失误，并不就是排斥功利主义思想的独特方法。应该说，穆勒是在处理一个新形势出现的各种问题，这个新的形势在某些根本的方面不同于边沁原来面对的那种状况"③。"谈不上接近任何一种身体力行过的真实"的穆勒，在思考时却对现实表现出足够的敏感。他一方面肯定"初期的功利主义帮助创造了与工业革命最初几个阶段相互呼应的政治与社会机构制度"④，另一方面也看到随工业革命第一阶段而来的"国家命运受到自由放任的商业主义支配"的危险后果。⑤ 正是在这一点上，穆勒认同柯尔律治对"脱离一切行为原则或脱离扩大的行为体系，从来不听从我们人性良知的真实无误的冲动，而只考虑一时权宜的做法"⑥ 的抨击。在面对柯尔律治鼓吹的"国家教会""教养""健康标准"和"文化"等游离于功利主义体系的关键词时，穆勒高度评价道："德国—柯尔律治学派独特之处，在于他们的眼光超越直接的争议而看到所有这类争议都牵涉到的一些基本原则……他们产生的不是一种党派主张，而是一种社会哲学……也就是历史哲学；这不是对某种伦理或宗教学说的辩护，而是一切思想家中对人类文化的哲学的最大贡献。"⑦ 穆勒从柯尔律治看似"不及物"的理想主义文化观念中发现了一种超越现象的局限而触及基本原则的品质，这种认识的根本动力在于，"穆勒认为，对

① 参见〔英〕雷蒙德·威廉斯《文化与社会》，第87～88页。
② 〔英〕雷蒙德·威廉斯：《文化与社会》，第88页。
③ 〔英〕雷蒙德·威廉斯：《文化与社会》，第89页。
④ 〔英〕雷蒙德·威廉斯：《文化与社会》，第89页。
⑤ 〔英〕雷蒙德·威廉斯：《文化与社会》，第90页。
⑥ 〔英〕雷蒙德·威廉斯：《文化与社会》，第92页。
⑦ 〔英〕雷蒙德·威廉斯：《文化与社会》，第93页。

文化的强调是扩大功利主义传统的方法"。① 这里涉及的其实是个人主义理论当中的不同传统。研究者黄伟合分析指出，个人主义大致上可以区分出两种不同的形态。一种可称之为"占有性的个人主义"，其基本观点是：个人只关心自己的物质利益，并且善于经营获取这种利益；个人是其自身及其能力的所有者，社会与此无关；政治社会在本质上无非是一系列的市场关系，其唯一功能就是充当"守夜人"。另一种可称之为"超越性的个人主义"，基本观点为：尽管自我利益是个人行为的动力，这种自我利益却并不一定是物质利益，虽然人生幸福并不排斥感官快乐，但真正的幸福却在于精神发展；虽然个人独立和自我决定有重要的道德价值，但个人与其他个人有密切的关联，个人对社会的进步有道德上的义务；政治社会可以运用例如教育等手段去提升个人的道德。② 显然穆勒所研究的边沁属于前者，而他自己则属于试图超越边沁思想的后者。因此黄伟合将穆勒的人性观概括为相互联系的两个方面："第一，穆勒把人性视为基于个人选择的自主性的发展。第二，在穆勒那里，人性具有社会性，因为人们都有'社会感情'和'与其他同类相联系的愿望'。"③ 由于看到了"感情"，尤其是"社会感情"的存在，穆勒才会格外重视柯尔律治推崇的诗和艺术的意义。因为"设想人类需要一个附带的'部门'，一个特别保留区，以供照料并组织感情"，而这个特殊的"部门"又被认为存在于诗和艺术当中，因此求助于它们所代表的"感情的文化"，其实就是对个体心灵的"扩大"，对将个体孤立化的传统功利主义的"扩大"。④ 正是源于这种扩大个体心灵的需求，穆勒对个人与社会、国家和政府的关系提出了不同于洛克和边沁的传统自由主义的观点："在穆勒看来，人之为人是不能等同于一台计算机的。人不仅是一个物质的实体，而且有其精神的追求和独特的发展潜力。一个个人还有对于他人和社会的道德责任，而他正是通过发展自身的潜力来实现这种道德责任的……政府的一个不可或缺的优越之处在于它的操作对人民来说是有利于他们或至少不阻碍他们采取必要的行动来把

---

① 〔英〕雷蒙德·威廉斯：《文化与社会》，第 94 页。
② 参见黄伟合《英国近代自由主义研究——从洛克、边沁到密尔》，北京：北京大学出版社，2005 年版，第 60 页。
③ 黄伟合：《英国近代自由主义研究——从洛克、边沁到密尔》，第 59 页。
④ 参见〔英〕雷蒙德·威廉斯《文化与社会》，第 101～102 页。

自己提升到一个更高的层次。"① 这也就很好地解释了为何穆勒在华兹华斯
的诗中发现的"内在喜悦"的源泉却是"所有人共享的""随着人类物质
或社会条件的改善而变得更加丰富"的"感情的文化"②：穆勒借助了柯尔
律治式的文化观念，打通了传统功利主义几乎完全隔断的内在与外在，个
体与社会之间的关联。

　　尽管在这样的解释语境下，穆勒的思想似乎已经触摸到了"共同文
化"，但威廉斯不得不立即指出穆勒的两个错误。一方面，穆勒试图将边
沁和柯尔律治描述为一对"盟友"的做法，其实是将事情简单化了："意
见是通过某种利益和势力而活动的，他却将那些利益和势力变成抽象的意
见和思考意图。"③ 边沁和柯尔律治的思想实际上远不如穆勒所以为的那样
可以轻易调和，他们各自代表的是不同的历史动力，他们之间的矛盾则是
不同历史动力相互争夺对抗的体现，因此二者之间的鸿沟并不能通过简化
抽象的概念对接而弥合。然而，对于穆勒来说"这种简单化是他的习惯做
法"④，这也同样导致了他另一方面的错误，即沉溺于对"抽象知识"的分
析思辨而无法真正理解柯尔律治的文化观念当中"对经验的那种执着"。⑤
穆勒虽然能够理解柯尔律治要在"文明"（工业主义）之外另辟"文化"
（教养）作为价值观念的初衷，也一定程度上认同后者提出的"面对具有
解体作用的工业主义过程，现在教养比以往更需要得到社会的保障"，即
需要将基督教教养作为"国家财产"来加以维护的观点⑥，但缺乏经验认
识的穆勒在吸纳柯尔律治关于诗和艺术的观念时却很轻易地被浪漫主义的
声音捕获了。威廉斯指出，在许多浪漫主义诗论里，"诗被专门化为'感
情文化'的功能，这种专门化可视为产生了功利主义思想所特有的狭隘性
的那个心灵运动的一部分。感情与思想、诗与理性的探讨似乎是对立面，
要人在其中做'选择'，或者相互搏斗争胜"。⑦ 穆勒会被这种思想吸引不
足为怪，然而威廉斯认为柯尔律治的思想本身包含了对浪漫主义这种局限

---

① 黄伟合：《英国近代自由主义研究——从洛克、边沁到密尔》，第 61 页。
② 参见〔英〕雷蒙德·威廉斯《文化与社会》，第 101 页。
③ 〔英〕雷蒙德·威廉斯：《文化与社会》，第 95 页。
④ 〔英〕雷蒙德·威廉斯：《文化与社会》，第 95 页。
⑤ 〔英〕雷蒙德·威廉斯：《文化与社会》，第 103 页。
⑥ 参见〔英〕雷蒙德·威廉斯《文化与社会》，第 98 页。
⑦ 〔英〕雷蒙德·威廉斯：《文化与社会》，第 102 页。

的超越，而这正是穆勒忽视或者歪曲了的。柯尔律治曾说道："一切真正哲学的基础是充分领悟实质知识（substantial knowledge）与抽象知识（abstract knowledge）之间的差别。"所谓实质知识，就是"心平气静、自身与整体融为一体时对所产生的事物的直觉"；所谓抽象知识，就是"把真实转变为对真实的否定……并把自然与心灵置于对立面"的"理解力的科学"。① 虽然二者应该相互统一，但柯尔律治显然认为"实质知识"更为根本，而他对"实质知识"的阐发则始终围绕与经验相关的词如"直觉""感觉"等展开："只有感觉深刻的人才能获得深刻的思想……凭借深刻的感觉，我们获得我们的模糊的观念，而这就是生命，就是我们自身。"② 因此，尽管柯尔律治常常被看作以艺术为尺度来建设"文化"这一传统的源头，但"艺术在根本上只是柯尔律治试图描述的那种'实质知识'的一个象征"。③ 在柯尔律治的"实质知识"支撑起来的文化观念中，有各种"抽象知识"——无论是功利主义的还是浪漫主义的——都无法消除的珍贵价值，即"对经验的那种执着"，对算计理性无法整合的生活世界复杂因素的直观体认。

虽然穆勒犯下了如上所述的"抽象知识"的失误，但他对后世却产生了实实在在的影响。他把功利主义改革的方法和要求延伸到正在崛起的工人阶级利益并努力调和对民主的控制和个人自由的做法，影响了后来的费边社会主义和具有现代特色的立法制度；而他对功利主义与理想主义的兼收并蓄，无论成功与否，"正是以后英国思想史的一大部分，尤其是关于英国社会与文化思想的更大部分的一个序幕"。④ 威廉斯这里所认为的穆勒揭开的一个序幕，其实是一个将"文化"与"文明"视作对立的关系，并在两者之间进行调和的传统。如果注意到这一点，我们就会发现这时的关于文化的观念，已经和伯克的时代大异其趣了。在威廉斯的梳理中，"文化"作为一个关键词正在获得越来越显豁的地位，并且逐步具备它的当代形态与特质，然而这一过程又同时是逐渐抽象化的，与原本紧密关联的"社会"渐次分离乃至形成对抗。在穆勒"抽象知识"式的探究当中，无

① 参见〔英〕雷蒙德·威廉斯《文化与社会》，第 103~104 页。
② 〔英〕雷蒙德·威廉斯：《文化与社会》，第 104 页。
③ 〔英〕雷蒙德·威廉斯：《文化与社会》，第 105 页。
④ 〔英〕雷蒙德·威廉斯：《文化与社会》，第 81 页。

论是秉持贵族心灵的伯克，还是醉心于德国思辨哲学的柯尔律治，他们复杂的思想中原本包含的"经验直接性"或"深刻的感觉"这些因素都被忽略或者抽象化，而在威廉斯看来，这些才是文化得以作为整体生活方式而存在的基石。显然，这样一个越来越割裂的文化观念的形成过程，正是所谓"文化主义"的形成过程，在这个传统之中，穆勒并非最佳典型——或许在其他论述者眼中他出现在这里是一件很奇怪的事情——更适合的例子是卡莱尔和马修·阿诺德。

三　抽象文化观念的凸显

在讨论卡莱尔时，威廉斯首先点出了他与德国浪漫主义思潮的渊源。这自然使得卡莱尔与柯尔律治具有了某些相似之处，特别是当卡莱尔对他所谓的"时代的征兆"进行细致区分的时候，表现出与后者明显的一致性。与威廉斯之前分析的所有思想家一样，卡莱尔也具有复杂的特征。他是"工业主义"这个名词的首创者，并且将其身处的时代命名为"机械时代"。在这个机械时代当中，卡莱尔看到了生产方法的变化——活生生的工匠让位给速度更快的、没有生命的"工匠"，即机器——以及由此引起的社会变迁——财富的增长与集中——然而他却没有朝这个受到马克思称赞的方向继续下去，而是转向马修·阿诺德会更为赏识的那个方向。[1] 如同柯尔律治用"实质"与"抽象"来区分知识，卡莱尔用"内在"与"外在"来区分科学知识，并由此上升为对人类世界的"内在世界"与"外在世界"的二元划分。内在世界是由道德力量支撑的追求"永不破灭的尊严"和"崇高的使命"等精神价值的世界，外在世界则是倚仗物质生产的追求"强健"、富足和效率的世界。卡莱尔以典型的二元辩证模式提出，"人类这两部分活动互相作用、互相依靠，交叉而难以分离"，任何一方的偏废都会导致"没有希望的毒害"，而当下时代的病症恰恰是对外在世界的追求几乎成为唯一的追求，完全压倒了对内在世界之完美的追求。[2] 因此卡莱尔对这个时代的批评是为了"恢复平衡"，是将对人类"果敢地向前奋斗"的肯定与对"机械论信仰"的批评的相互结合。威廉斯指出，

---

① 参见〔英〕雷蒙德·威廉斯《文化与社会》，第107～109页。
② 参见〔英〕雷蒙德·威廉斯《文化与社会》，第111～112页。

卡莱尔的这种丰富性在20世纪的许多读者看来变得难以理解，因为后者往往是取其一端而舍弃另一端。① 由于这种思想上的丰富性，"把文化看成是一个民族整个生活方式的观念，在卡莱尔手中得到了新的强调"。② 他将文化作为抨击将社会关系限定为经济关系的工业主义的有力武器。然而在具体的文化观念上，卡莱尔却表现得与浪漫主义者极为相似，推崇"天才""文人英雄"和"精神贵族"等观念③，并且"将民主看成是放任主义精神的一种表现"而加以一概反对④，提倡"为了社会公益而设立精英阶级"。⑤ 威廉斯分析指出，卡莱尔的这种局限很大程度上来自"他在基本关系方面所作的虚无的设想"⑥，来源于他对文化与社会的二元划分。这种分隔的最终结果是导致"归类为'文化'的各种活动与新社会的主要目的之间两相分离"。在这种抽象化的观察当中，他所提出的"新社会的组织缺陷和目的狭隘的直接标准"更接近于抽象的术语概念，而在加上更为概括的结论之后，"文化终于被界定为一个与社会分离的实体、一个批判的观念"。⑦ 因而，文化在卡莱尔的定义当中实际上成了"内在世界"的全部生活方式。

同样试图去调和，平衡"文化"与"文明"之间关系的还有更为著名的马修·阿诺德。威廉斯认为，阿诺德是19世纪思想家中一位伟大而重要的人物，他对其身处的转折时期的认识既深刻又主动，是一位有持续影响力的，复杂而丰富的思想家。⑧ 这样的评语很容易让人联想到伯克，而威廉斯实际上也正是将伯克和阿诺德作为他所阐述的"十九世纪传统"的前后两位关键性人物。将阿诺德视作伯克的继承人算得上是英国思想史当中较为普遍的看法，但威廉斯笔下的阿诺德更显示出将伯克时代的文化观点进一步转化为"文化主义"的文化观念的作用。与前述穆勒、卡莱尔等人相似，阿诺德同样是在明确的文化与文明的对立关系中来探讨文化的；但

① 参见〔英〕雷蒙德·威廉斯《文化与社会》，第112~113页。
② 〔英〕雷蒙德·威廉斯：《文化与社会》，第122页。
③ 参见〔英〕雷蒙德·威廉斯《文化与社会》，第122~124页。
④ 参见〔英〕雷蒙德·威廉斯《文化与社会》，第117~118页。
⑤ 〔英〕雷蒙德·威廉斯：《文化与社会》，第125页。
⑥ 〔英〕雷蒙德·威廉斯：《文化与社会》，第113页。
⑦ 参见〔英〕雷蒙德·威廉斯《文化与社会》，第125页。
⑧ 参见〔英〕雷蒙德·威廉斯《文化与社会》，第177页。

与穆勒以文化主义改造功利主义的做法不同，阿诺德是和卡莱尔一样站在文化主义的立场上，意图通过全民教育来扩大文化的影响以此对抗功利主义影响下的工业社会。对于威廉斯来说，阿诺德对教育的重视具有难以忽视的吸引力，但这种教育主张所承载的文化观念则需要细致甄别。威廉斯认为阿诺德的思想体现了纽曼所设立的一对标准：身体的标准是健康，而心灵的标准则是完美。① 这种二分法非常类似于卡莱尔的内在与外在的二分，而阿诺德也正是在这样一个柯尔律治、卡莱尔和纽曼同属的理想传统当中来定义那些人类历史当中的"完美作品"，将其称为"文化"。他有过同样的二分法论述："在现代世界中……与希腊罗马文明相比，整个现代文明在很大程度上是机械文明，是外部文明，而且这种趋势还在愈演愈烈。"② 而这种外部的机械文明的最大过错就是"把手段评价为目的"，将为保障身体的健康和社会的有序而积累的财富视作唯一追逐的目标，却忘记了真正的目的是要实现心灵的完美，从而沦为"市侩"。这正如阿诺德用身体和精神所做的类比："健壮的体魄与完美的精神状况联系更为紧密。一旦将身体与精神两者分开，不关心完美的精神状况……将强身当成了目的，那么对健康体魄的崇拜也就沦为工具崇拜，同我们崇拜财富或人口数字一样，也是不明智的，庸俗的。"③ 威廉斯还特别指出了阿诺德的思想当中也包括了继承自其父亲的特殊的自由主义，这是一种"新的、具有人性的自由主义"，与商业自由主义追求放任自由的立场不同，它将英国的贫富对立视为"不幸"，在指出这个时代存在强大的变革的威胁的同时，强调应当通过教育来彻底地组织"难以支配和全然无组织性的我们的人口大众"，使之成为一个"有机"的社会。④ 那场即将到来的变革，被阿诺德称之为"无政府状态"。阿诺德认为，在这样一个关键时刻，野蛮人（贵族）、非利士人（中产阶级）和群氓（劳工阶层）都无力担负起拯救的使命，我们只能寄希望于所有这些阶级当中的一少部分特殊的人群，即"异己分子"，"他们生性好奇，想了解最优秀的自我应是怎样的，想弄清事物

① 参见〔英〕雷蒙德·威廉斯《文化与社会》，第155页。
② 〔英〕马修·阿诺德：《文化与无政府状态——政治与社会批评》，韩敏中译，北京：生活·读书·新知三联书店，2008年版，第12页。
③ 〔英〕马修·阿诺德：《文化与无政府状态——政治与社会批评》，第16页。
④ 参见〔英〕雷蒙德·威廉斯《文化与社会》，第158~160页。

之本相……他们爱好的是追求完美"，总而言之，他们就是各个阶级当中的精英天才。而文化在这里所起的正是"忠诚地呵护、养育不断追求的爱心"和追求美好与光明的"完美的真正品格"的作用。①

阿诺德无疑是《文化与社会》讨论的思想家当中第一个如此旗帜鲜明地强调"文化"这一关键词并加以深入探讨的人物。基于上述理由，我们不难发现阿诺德赋予了文化前所未有的、超越阶级的普遍意义。他所谓的引导那些"异己分子"的"普遍的人性精神以及对人类完美的爱"②，其实正是文化。他对文化的一个定义——"文化即是对完美的研究，引导我们把真正的人类完美看成是一种和谐的完美，发展我们人类的所有方面；而且看成是一种普遍的完美，发展我们社会的所有部分"③——明确地告诉我们，文化"不再只是关系个人的活动，也不只是关系社会某一层面或部分的活动，而必须在根本上是'普遍的'活动"。④ 也正是由于文化的这种普遍性，全民教育就显得非常必要："教育将以'世人的思想和文字的精华'为基础，通过扩大并沟通人类'最佳自我'这种记载，教育将创造出充分的普遍知识和有效思维的标准。"⑤ 相应地，由于和卡莱尔一样将教育的推行寄希望于国家并将其视作国家的第一要务，我们也就不难理解阿诺德对国家的推崇——正如同他对无政府状态的担忧——以及对有可能导向"群氓政治"的民主制度的排斥。有趣的是，后来的伊格尔顿在分析阿诺德的教育观念时，揶揄地指出了其中包含的功利色彩："这一策略的真正的优点在于它将会具有的控制和同化工人阶级的效果。"⑥ 换句话说，为劳工提供教育福利的一大作用在于化潜在的暴力对抗于无形，用伊格尔顿的玩笑来说就是："如果你不抛给群众几本小说，他们也许就会相应地给你扔上几枚炸弹。"⑦ 正如伊格尔顿所说，阿诺德对此其实并不避讳，但威

① 参见〔英〕马修·阿诺德《文化与无政府状态——政治与社会批评》，第75～76页。
② 〔英〕雷蒙德·威廉斯：《文化与社会》，第168页。
③ 〔英〕雷蒙德·威廉斯：《文化与社会》，第161页。
④ 〔英〕雷蒙德·威廉斯：《文化与社会》，第161页。
⑤ 〔英〕雷蒙德·威廉斯：《文化与社会》，第168～169页。
⑥ 〔英〕特里·伊格尔顿：《二十世纪西方文学理论》，第23页。
⑦ 〔英〕特里·伊格尔顿：《二十世纪西方文学理论》，第23页。此处关于文化精英将教育作为提供文化福利以控制工人阶级之手段的观点，一定程度上印证了上文提及的马尔赫恩对霍加特的批评。

廉斯却没有太多地关注阿诺德的这一功利动机。虽然他也提到阿诺德在目睹海德公园的动乱后心中升起的绝不是什么"最佳自我",而是对劳工阶级的更进一步的不信任和对变革的深度恐惧①,但威廉斯真正想要展现的是阿诺德的"有机"的社会与文化观念的内在复杂性。阿诺德无疑属于威廉斯欣赏的那种能够专注于时代的思想家,他对文化重要意义的强调,对文化与社会之间关系的重视,以及对全民教育的推重,都得到了威廉斯的赞赏;但阿诺德的文化观念不仅没有跳出"文化主义"的传统,即抽象化地看待文化及其意义,反而进一步加深了这一传统。威廉斯指出,虽然阿诺德的文化观念可以概括为"文化是一种正确的理解和正确的行为;是一个过程,而不是一个绝对",但他的许多论述却导向了相反的方向。他过多地强调理解的重要而极少强调行为的重要,结果导致这种被赋予"拯救"使命的文化陷入被拜物教式地盲目膜拜的境地;他关于文化的那些权威式的甚至宗教式的论述,不但无法使人相信文化是一个过程,相反"造成一种假想,认为它们是已知的绝对"。② 一方面,阿诺德的这些失误致使他的文化观念中的"普遍性"由不被社会局部和某一个阶级所局限的"整体性"变成了超越一切的"绝对性",而这恰恰被他在 20 世纪的后继者奉为圭臬。恶果的另一方面则表现在"文化"一词因为类似的原因成为另一部分人敌视的对象,他们所抨击的是阿诺德之后的这类态度:"执着于文化而去诋毁科学;执着于文化而将政治一笔勾销为狭隘、龌龊、引人误入歧途的能量;执着于文化而表现出自命不凡,倚恃一个词的语调来批评礼仪举止。"③ 显然,最为推崇文化价值的阿诺德也最为严重地损害了文化的价值,虽然他本人的思想有更为丰富的维度,但他的文化主义还是导向了文化与社会之关联的再度断裂,导向了文化的"绝对化",同时也反过来助长并扩大了对文化的绝对否定。由于同样的原因,阿诺德的其他思想也会面临类似的问题,这也是为什么威廉斯会说"国家,对于伯克来说是实际的,对阿诺德来说变成了一个观念"。④ 他继承了伯克、柯尔律治和纽曼的学说,却切断了这些学说与实际社会的联系,"其结果似乎是,这个过

① 参见〔英〕雷蒙德·威廉斯《文化与社会》,第 173 页。
② 参见〔英〕雷蒙德·威廉斯《文化与社会》,第 173~174 页。
③ 〔英〕雷蒙德·威廉斯:《文化与社会》,第 175 页。
④ 〔英〕雷蒙德·威廉斯:《文化与社会》,第 171 页。

程与他正式陈述的初衷大相径庭，愈来愈变成一种抽象的东西"。①

　　无论是穆勒还是卡莱尔和阿诺德，他们试图在"文化"与"文明"之间进行的平衡与调和，最后到走向了不可避免的失败。威廉斯对他们的批判性研究其实已经暗示出问题的关键在于这种二元划分的假设本身。在《文化与社会》的思想家谱系当中，这种"文化"与"工业文明"的划分在骚塞的思想中便已经出现，但我们发现这种划分在骚塞那里的意义和在同为保守派代表阿诺德那里却有很大的不同。"文化"经由骚塞——柯尔律治——阿诺德的逐步改造，由最初的被忽视被遮蔽的共同价值之一变成了超越其他的"绝对价值"，成为对抗其他价值追求的最佳武器。穆勒和阿诺德等人在精神的追求和物质的追求的对立之间苦苦寻觅救世良方的时候，却已经先验地默认了文化与社会的分离与对立，因而他们的各种努力最终还是加深了这种对立与分裂。在这个割裂的过程中，文化被作为一种单一的抽象概念越来越得到肯定，最后的结果自然是在最初并不明朗的"文化与社会"的文化观念中孕育出了高于一切的文化主义的文化观念。威廉斯梳理出这样一条嬗变的脉络，已经包含了对他所列举的保守主义思想家的批评，但如果仅仅是这些批评，显然还无法达成他最为核心的目的，即对20世纪的精英保守主义者的釜底抽薪。对上述思想家的驳斥其实是英国左翼传统的一个基本立场，并且这一立场在现在甚至已经到了认为可以对他们视而不见的地步。然而正如上文已经引证的，威廉斯并不满意左翼对待文化问题的这一态度，他在讨论阿诺德的失误造成的恶果时更是明确地说道："文化的观念太重要了，它不能因为某些人的这种失误而受到损害。"② 在"反动立场当时对长长一系列关于文化的思想的挪用"的漫长过程，阿诺德这类彪炳思想史的人物仅仅构成了醒目的一个部分，在威廉斯历史化的解读当中，20世纪的精英保守派还另外继承了或许更为重要的一种二元对立式的文化观念，这种观念在正统的政治哲学和思想史的地平线上或隐或现，却发挥着实实在在的巨大影响力，甚至深刻影响了专注于时代的阿诺德们，使他们走向了文化主义的陷阱，这便是上文讲到的"精英"与"大众"的对立。

---

① 〔英〕雷蒙德·威廉斯：《文化与社会》，第175～176页。
② 〔英〕雷蒙德·威廉斯：《文化与社会》，第175页。

四 浪漫派与"大众"

在之前论述 19 世纪以来英国的精英主义者的"大众"观念时，我们引用了约翰·凯里的观点："'大众'是一个虚构的概念。作为一种语言学的策略，其功能在于取消大多数人作为人的地位，或至少剥夺大多数人的显著人性特征，以使其使用者自以为是地高人一等。"① 威廉斯早在几十年前也表达了与此相同的看法："实际上没有大众，有的只是把人看成大众的那种看法。"② 我们今天再来阅读这些文字时不会存在理解上的困难，但在威廉斯的时代，这一观点所指出的问题的复杂性却尚未得到充分的展开。这种复杂性既表现在精英主义者的言之凿凿往往遮蔽了他们对"大众"这一概念的话语建构过程，也表现在"精英"与"大众"的对立划分往往会在过分简化的"阶级论"批驳当中得到反向的肯定。后一种复杂性给当时的左翼政治带来的麻烦显然更大，它将现成的高级的、少数的"精英"与低级的、多数的"大众"的对立关系简单理解为统治阶级与劳工阶级之间的对立，在非此即彼的选择当中或者轻易地排斥诸如"文化"这类所谓统治阶级的观念，或者像霍加特那样陷入一种混乱和自相矛盾当中。威廉斯的历史语义学考察，正是要一并解决这些矛盾。

在《文化与社会》的分析中，最早开始试图确立"精英与大众"观念的，不是伯克，也不是骚塞，而是华兹华斯、拜伦、雪莱和济慈等浪漫派艺术家。威廉斯将对上述浪漫主义作家的讨论放在从伯克到欧文和从柯尔律治/穆勒到阿诺德这两组思想家之间，并不仅仅是出于历史年代上的考虑；事实上如果仔细地阅读威廉斯的文字，我们很容易发现浪漫主义在"十九世纪传统"形成过程中所扮演的关键角色。柯尔律治深受德国浪漫派的影响是世人皆知的，威廉斯在充分展现柯尔律治思想当中的德国色彩时，还不忘引用他与华兹华斯的通信来凸显他的观点与英国浪漫主义的共通之处。③ 而当柯尔律治的思想传达给缺乏经验认识的穆勒时，浪漫主义诗论当中那些沉溺于虚谬的寄托的成分则被提升为某些抽象的观念和原

---

① 〔英〕约翰·凯里：《知识分子与大众：文学知识界的傲慢与偏见，1880－1939》，第 1 页。
② 〔英〕雷蒙德·威廉斯：《文化与社会》，第 379 页。
③ 参见〔英〕雷蒙德·威廉斯《文化与社会》，第 103 页。

则。① 在阿诺德定义"不开明自由、阴惨黯淡的生活"时，威廉斯讽刺道："阿诺德在这里采用的文学方法是发酸了的浪漫主义，这是我们在当代关于'工业化乡村'的陈旧概念中屡见不鲜的东西。"② 如果我们再注意到阿诺德的"异己分子"概念常常涉及的"精华""普遍性""完美""少数""天才"等字眼的话，几乎都会无法将他与浪漫主义者进行有效切分了。威廉斯的分析传达出这样一条信息：浪漫主义在切断文化与社会的关系，将文化观念抽象提升为文化主义的过程中"功不可没"。

通过《文化与社会》，我们可以看到威廉斯对英国浪漫派作家有特殊的兴趣。这一方面与他英国文学的专业背景相关——这些人物显然是威廉斯最先熟悉的对象——但更多的还是由于上述的原因。在第一部分的写作当中，"浪漫派艺术家"这一章的内容与其他章节有明显的区别，也是该部分当中威廉斯真正较为充分地贯彻了"历史化"写作的章节。在讨论其他思想家的时候，威廉斯大体上还是沿用了思想史的脉络和方法，只是赋予其不一样的视角；但在讨论浪漫派时，他却极具创造力地使用了大量的历史分析和社会分析，考察了浪漫主义作为文学形态和思想观念的形成的条件与过程。我们可以想象这其中应当不乏来自编辑《政治与文学》时期的激情与积累，因为这些文字表现出了对利维斯式的文本细读、经验批评与左翼文学批评擅长的社会分析的结合。将浪漫派作为对象，威廉斯同样需要像以伯克作为对象时那样回避现成的盖棺定论，为此他也像讨论伯克时一样相对淡化了对浪漫派保守的政治观点的直接批判，而将目光集中在他们对社会的感受上。关于浪漫派一向被视为保守反动的政治观点，正如威廉斯所说："对它的讨论往往要把注意力集中在浪漫主义作家从支持到反对法国革命的转变，从年轻激进分子到老年保守派的转变，然而在我看来，时代的重大变化最终决定了所有的政治，浪漫主义作家试图把握他们时代的重大变化，这一尝试具有远为重大的意义。他们对社会的集中感受比他们对过去事件的观点要有趣得多。"③ 实际上，威廉斯对英国浪漫主义形成的历史与社会的分析，一定程度上涵盖了他在第一部分中讨论的所有

① 参见〔英〕雷蒙德·威廉斯《文化与社会》，第 102～103 页。
② 〔英〕雷蒙德·威廉斯：《文化与社会》，第 163 页。
③ 〔英〕雷蒙德·威廉斯：《政治与文学》，第 84 页。

人物身处时代的诸多变革。但与对待伯克时的相对宽容不同的是，即使是在讨论浪漫派的社会思想，威廉斯的批评也表现得更为尖锐。

威廉斯对于浪漫主义在文化观念形成过程中的重要性毫不怀疑，他指出，在工业革命引发"政治、社会和经济变迁的时代，艺术、艺术家及艺术家社会地位的观念已发生剧烈的变化"，这种变化带来的反应，"是文化观念的主要根源"。① 威廉斯显然是在强调，浪漫派艺术家不仅与其时代息息相关，并且也面向他们的时代发出了自己重要的社会观念。但吊诡之处在于，正如威廉斯在"浪漫派艺术家"一章开头就提到的，流行的"浪漫主义艺术家"的概念往往认为，"诗人、艺术家对政治与社会事务原始的习俗与物质主义天生漠不关心；他专心致志于更具有实质的自然美与个人的感受领域"，这显然与威廉斯对他们的"更有兴趣、更致力于研究并批评其所处的当代社会"的评语刚好矛盾。虽然"对个人感受与对人在社会中的本质的关注之间的对立"，也即"是诗人或是社会学家"的二选一的观念要到 19 世纪末才明确地出现，但威廉斯特别指出，"这种矛盾的成分可以从浪漫主义诗人本身的诗作中看出"。② 其实不仅是诗作，他们紧密相关的文学思想和社会思想也包含这种矛盾。

讨论浪漫派艺术家的社会—文化观念，与讨论其他的思想家有所不同。一方面，他们属于一个特殊的群体——艺术家，或者应该叫"职业艺术家"，属于工业革命打破旧的阶层格局后产生的新的社会空间中的群体，触发他们思考的往往也是其在这一新空间中的社会地位的变动，而未必是某些历史悠久的社会政治命题；另一方面，他们用来自我表达的往往是其文学作品和文学观念，而这些作品和观念本身也是变动的产物，它们和社会的关系需要加以特殊的考察。因此，威廉斯首先对浪漫派作家所面对的变化进行了一番历史与社会的调查。他列举了五个方面的变化：第一，由于"职业人"和"文学市场"的形成，作家与读者的关系的性质正在发生重大的变化，两者之间不再是资助人时代的那种直接关系，而是变成相对自由但也相对隔膜的间接关系；第二，随着文学日益成为买卖和交易的商品，感到受制于读者趣味的作家对其读者，即"公众"（the public）也越

---

① 参见〔英〕雷蒙德·威廉斯《文化与社会》，第 60 页。
② 参见〔英〕雷蒙德·威廉斯《文化与社会》，第 59 页。

来越多地表达出不满，将后者视作没有头脑的、缺乏教养的人群；第三，艺术的生产逐渐被视为专业化生产的种类之一，而且它的生产条件被认为与一般生产的条件极为相似，显然这与资本主义兴起后带来的"资本面前人人平等"的变革效果相符合，但也激起了浪漫派艺术家的不满，从而导致了后两条明显带有自我区分色彩的观念变化的出现；第四，艺术越来越被认为是"超级的真实"，是想象真理的本源，换句话说，艺术是人类思想中的精华，是文化的高级形态，最为关键的是，正如约翰·凯里一针见血指出的，它是少数精英的专利；第五，独立的创造性作家，自主的天才这种观念逐渐成为一种常规，这也正如威廉斯所说，当艺术家被描述为只是市场商品的又一个生产者的时候，他们则通过将自己描述为天赋异禀的人来区别于其所厌恶的茫茫大众。①

对于浪漫派提出来的这种艺术观念，威廉斯说："艺术体现了社会向着工业文明发展时所威胁到的、甚至有被摧毁之虑的某些人性的价值与能力。这其中无疑有职业上抗议的成分，但更大的问题是，当时各家想以普遍的人性理由为根据来反对当时正在引进的那种文明。"②浪漫派本能的反应与整个时代的焦虑合拍，这也是前者的影响几乎无处不在的原因之一。但似乎浪漫主义拥有如此影响力的原因还不仅在于此，威廉斯又向我们指出了更为具体的两条线索。其一是，浪漫主义的"艺术是超级真实"的观念与古典主义的艺术观念在这方面的追求是一致的，其本质都是指向由天才的头脑所进行的对"宇宙的公开奥秘"的探究，因此，"浪漫主义和古典主义在这个意义上是艺术的理想主义理论：两者之间并无多少真正的对立，同它们对立的是自然主义"。③这也很好地解释了浪漫主义高举的"天才""创造性""少数""精华"等字眼为何会频频现身于保守主义者的言论：在威廉斯看来，拜伦等人称骚塞为"变节之徒"显然并不合适，因为他们与后者的区别没有自以为的那么大。其二，这种视艺术为超级真实的观念带来的消极后果是，当工业体制和反对势力都变得强硬的时候，这种观念把艺术孤立了起来，把想象力专门化为一种特殊的活动，从而削弱了

---

① 参见〔英〕雷蒙德·威廉斯《文化与社会》，第61～65页。
② 〔英〕雷蒙德·威廉斯：《文化与社会》，第65页。
③ 〔英〕雷蒙德·威廉斯：《文化与社会》，第69页。

这种能力应有的能动的力量；相应地，艺术家也由"一种特殊的人"变成了孤立的"做梦者"，由普遍人类经验的传达者变成了抽象观念的鼓吹者和捍卫者。[①] 这里存在一种讽刺：浪漫主义艺术家们虽然对工业主义安排给他们的专门角色非常不满，却对文化主义给予的专门角色非常热衷。这种观念的自我抽象化正是文化主义的内在动力，也正因此浪漫主义才会为阿诺德、艾略特和利维斯等人提供如此丰富的理论和关键词的支持。

浪漫主义者出于对时代变革中失落的某些价值的敏锐感受，出于对自身社会境地变化的本能反应而提出的艺术主张和社会主张，最终却走向了孤立艺术和抽空文化观念，并且成了后世切割文化与社会，区分天才与乌合之众的优秀范例。威廉斯认为这一切矛盾与失误的根源，就是浪漫主义核心的"精英与大众"的划分。从威廉斯对这一时期作家与读者之间关系的五方面变化的考察中，我们可以清晰地感受到精英与大众对立关系的逐步浮现。这显然不是一个仅仅局限在文学艺术领域的历史进程，它其实不同程度地存在于这个时代的思想精英们的头脑中，但在讨论其他思想家时，威廉斯故意抑制了从这一角度出发的批评，为的是避免带入现成的阶级分析结论；而当面对浪漫主义时，"大众"这个既是讨论对象的核心，又关乎自己核心观念的关键词便被威廉斯推到了前台。

在这里需要专门指出的是，浪漫主义的这些理论更多的是产生和应用在文学艺术领域，虽然它们最终会影响到具体的政治观点，但与《文化与社会》中其他的思想家和批评家相比，这种联系表现得较为间接。威廉斯在论述浪漫派艺术家以及后面提到的众多艺术家的时候，必须处理这一难题，即如何将文学艺术的主张与社会变革和社会观念合理地关联；另外，这项工作也能够帮助威廉斯确立文学研究在左翼政治学说当中的重要位置，巩固他所试图重新恢复的"文化与社会"的传统。对于这一问题，威廉斯在"艺术与社会"一章的开篇这样说道："文化观念的发展中有一个基本的假设，认为一个时期的艺术与当时普遍盛行的'生活方式'有密切的必然联系，而且还认为，作为上述联系的结果，美学、道德和社会判断之间密切地相互关联着。"[②] 威廉斯指出，这种现在被普遍接受的假设最为

---

① 参见〔英〕雷蒙德·威廉斯《文化与社会》，第74~79页。
② 〔英〕雷蒙德·威廉斯：《文化与社会》，第178页。

重要的表现形式之一就是马克思的学说，但人们往往会忽略它同样也是 19 世纪思想史的产物。威廉斯在对浪漫派的分析当中通过将他们的艺术观念与社会变革相联系而出色地证明了这一点，这不仅为他后面类似的讨论确立了方法，也为批判这些观念的极端化偏转奠定了基础。

与约翰·凯里将"大众"的出现界定在 19 世纪中后期不同，威廉斯的考察延伸得更远，他在 19 世纪前期的浪漫主义者那里发现了这个概念的源头。如果说"大众文化"的讥讽者们是通过建构"大众"这一概念从而反身确立了自己的"精英"身份的话，浪漫主义者则似乎表现得不那么纠结，他们往往直接论证自己就是精英，所使用的关键词是"天才"。在浪漫主义的谱系当中，天才意味着拥有神秘的禀赋，当然也意味着获得了充足的、恰当的教养；这些先天禀赋和后天教养一起发生作用，令这些艺术与知识的精英们得以展现出普通人难以企及的"独创性"，得以触及"宇宙的奥秘"。威廉斯精辟地指出，这种"天才论"的出现与浪漫派艺术家对待"专门化"的复杂态度紧密相关。他列举了亚当·斯密在 18 世纪写下的文字："在富裕和商业的社会里，思想或推理也像其他各种职业一样，成为一种特殊的商业，由很少数的一批人进行，为公众提供广大劳动群众所拥有的一切思想和推理。"① 浪漫主义者想必不愿看到"商业"这个词频繁地出现，但一定会很欣赏这段话表达的另一个意思：由一少部分专门从事知识性生产的人来充当"群众生活的导航灯"。对这样一种角色的想象其实正是后来的精英知识分子的雏形。然而，想象中的身份并未如期而至，知识分子也好，艺术家也罢，市场化在为他们打破原有的社会关系并提供专门化的职业的同时，也将其卷入不堪忍受的"平等"当中：作为一种商品的生产者，他们似乎与工厂和作坊里的普通劳动者没有什么本质上的不同，他们的产品同样受市场规律支配，而艺术家自身则似乎越来越受到公众欣赏趣味的牵制。正是为了对抗这种不利的情形，或者说，为了倡导一种更符合他们心意的艺术的专门化，"天才论"应运而生。我们只需看看威廉斯对"天才论"的两个核心概念——独创性和教养——的分析便会一目了然。他引用了杨格在《试论独创性作品》中区分独创性作品和模仿性作品的文字，指出："这是一个现在大家非常熟悉的浪漫主义文学理

---

① 转引自〔英〕雷蒙德·威廉斯《文化与社会》，第 63 页。

论：把天才自然兴发的作品与徒具形式、为一套规矩所羁的模仿之作相对比。"① 独创性的价值表现为一种区分和对抗，表现为少数人独享的专利，它可以被用来支持艺术的专业化，却否定艺术的商品化的生产，虽然这两者在原动力上其实无法切分。而另一种可以有效区分天才与普通人、少数人与大众的概念自然是教养。商业化让艺术品的受众主体由有教养的贵族变成了缺乏教养的普通读者，而浪漫主义怀疑的正是这一点："没有教养的人难道能欣赏有教养的人所喜欢的东西吗？"② 在决定权属于公众的市场环境下，这种变化似乎只能导致标准的降低。为此汤姆·摩尔将缺少教养的"暴民"拉出来作为罪魁祸首，使之与"有教养的少数人"形成对立。威廉斯随即指出："形容词'有教养的'在这里是如何有助于新近成为必要的两个抽象观念，即'教养'与'文化'，也就显而易见了。在这种论点里，'文化'成为市场的正常对立面。"③ 说到底，无论是强调独特性还是强调教养，天才论都想将文化独立出来，作为谴责工业文明的对立面，后者既在生产的层面体现了"模仿"的批量滥造，又在知识层面剥夺了精神的自由追求。对于这种观念的出现，威廉斯说道："伯克根据他对以前社会的经验（或他对该社会的理想化）而谴责新社会。但是巨大变迁逐渐显现之后，这种谴责成为专门化，而且可以说是抽象化。"④ 威廉斯对浪漫主义的艺术观念（实际上也包括了社会观念）的批判也正是集中于这种抽象化："某种经验受到阻碍，被简单化为诗歌受到阻碍。然后，诗受到阻碍与经验受到阻碍被混为一谈，甚至用来代表整个经验受到阻碍。在压力之下，艺术于是成为整个普遍人类经验的一种象征性的抽象……然而抽象毕竟是抽象，因为一种普遍的社会活动被迫处于一个部门或地区的地位了，实际的艺术作品部分被变成一种自我辩护的意识形态。"⑤

这种抽象的意识形态展示出的影响力是极其深远的。除了上面已经提到的那些宽泛意义上的保守派思想家，威廉斯甚至在对"整体的"和"有机的"文化观念做出了重要贡献的普金、罗斯金和莫里斯等人身上同样发

---

① 〔英〕雷蒙德·威廉斯：《文化与社会》，第66页。
② 〔英〕雷蒙德·威廉斯：《文化与社会》，第64页。
③ 〔英〕雷蒙德·威廉斯：《文化与社会》，第65页。
④ 〔英〕雷蒙德·威廉斯：《文化与社会》，第67页。
⑤ 〔英〕雷蒙德·威廉斯：《文化与社会》，第79页。

现了这些影响的痕迹。虽然他们继承了柯尔律治与卡莱尔对"文化"与"文明"之间关系的论述，并且更为明确地强调艺术与社会密不可分，但他们也同样继承了浪漫主义对这一传统的潜在影响。罗斯金的艺术批评标准是所谓的"典型之美"，亦即"艺术作品中'普遍的伟大图案'的绝对证明"。[①] 而艺术家能够触摸到这种典型之美的关键，还是在于他的教养，准确地说是道德教养。虽然罗斯金摈弃了浪漫主义"举世皆浊我独清"的抽离态度，认为"如果社会腐化，艺术家终究也不可能有教养"[②]，但我们还是能从中看到某种抽象化的对立关系，即"艺术家与腐败的社会相互冲突，而在腐败的社会里，道德是消极的"。[③] 罗斯金由此引申得出的社会批评观点也具有同样的特征，他用"有机"和"机械"这组对立的关键词将艺术家以其"整体性"所代表的人类的"完美生命"，与机械性的追求外在形式的工业文明对立起来。罗斯金将前者提升为一种"道德文化"，并将其存在的条件设立为改变"以竞争为基础的经济制度"，即创立一种反对放任自由主义和功利主义的新的经济秩序。[④] 然而在他为此确立的属于"宇宙伟大的设计"之一的"内在固有价值"的背后，威廉斯清楚地看到了卡莱尔所说的"宇宙的公开的奥秘"，而这些观念与浪漫主义那些绝对化的艺术价值观显然有密切的关联。因此，一旦罗斯金"以艺术取代生活"[⑤]，也即"那些大体上是从艺术的实践和研究而取得的经验的观念"[⑥]被抽象化理解，那么他的思想也就会表现出与其坚持不能脱离社会实际之立场的社会主义先驱的身份完全不同的面貌：他们对于"美"和"教养"之关系的论说"成为后来所谓的'唯美主义'的特征"[⑦]，而类似罗斯金这样的社会批评往往"所支持的不是社会主义的社会观念，而是一个非常强调阶级等级的集权观念"。[⑧]

　　威廉斯提到的"唯美主义"其实正是浪漫主义的抽象化的意识形态在

---

① 〔英〕雷蒙德·威廉斯：《文化与社会》，第184页。
② 〔英〕雷蒙德·威廉斯：《文化与社会》，第184~185页。
③ 〔英〕雷蒙德·威廉斯：《文化与社会》，第186页。
④ 参见〔英〕雷蒙德·威廉斯《文化与社会》，第192~193页。
⑤ 〔英〕雷蒙德·威廉斯：《文化与社会》，第186页。
⑥ 〔英〕雷蒙德·威廉斯：《文化与社会》，第188页。
⑦ 〔英〕雷蒙德·威廉斯：《文化与社会》，第185页。
⑧ 〔英〕雷蒙德·威廉斯：《文化与社会》，第189页。

19 世纪后期到 20 世纪前期表现出的更为极端而鲜明的外观，在这个被《文化与社会》命名为"中间时期"的时段中，它被称之为"为艺术而艺术"的新美学。威廉斯认为这一类学说"实际上只是重述第一代浪漫主义者的一种看法"。[①] 虽然他同样宽宏地指出了其代表人物如佩特和王尔德等人的身上依然延续了某些早期传统中的丰富性与复杂性，但不可否认的是，这种重新陈述为抽象化的文化观念提供了最为极端的形式。有趣的是，威廉斯还将这一时期的艺术观念与当时更为普遍的社会—文化观念结合在一起，提出了带有鲜明个人印记的整体批评。他指出，在 1790 年到 1870 年，工业、民主或艺术都还处于对新兴社会的统一认识当中，"然而，大致从 1870 年到 1914 年，出现了中断，表现出一种相对的狭隘，其标志是艺术方面特殊的专业化态度，以及在普遍领域内对直接政治的强烈关注"。[②] 浪漫主义信徒的自我封闭和费边主义者以及贝洛克等国家的批评者们对直接政治的片面纠缠，在对问题的抽象化和割裂化方面是一致的，他们都使得文化与社会的整体性关联受到削弱，这无疑进一步加剧了文化主义的胜利和文化与社会的分道扬镳，从而为 20 世纪保守精英们的文化观念埋下了伏笔。

五 "大众"与当代思想家

威廉斯的这一判断得到了约翰·凯里的印证，在后者的研究当中，精英观念谱系的关键核心"大众"——在威廉斯的研究当中这是与"天才论"相呼应的另一个角度的建构——正是在这一时期开始形成。不同的是，威廉斯虽然在讨论 20 世纪的人物时做出了这方面的批评，但并未将这一问题作为普遍明确的重点。这看上去似乎与他所表达的写作动机有所矛盾，但更为深入地来看，这也是威廉斯贯彻自己在《文化与社会》中"批判伯克的现代版本"的合理方式。与伯克和阿诺德等人相似，20 世纪的劳伦斯、艾略特和利维斯身上同样有威廉斯欣赏的品质，他们的思想同样具有内在的复杂性，并不能被简单理解为一般流行的精英主义或文化主义。

---

① 〔英〕雷蒙德·威廉斯：《文化与社会》，第 219 页。
② 〔英〕雷蒙德·威廉斯：《文化与社会》，第 376 页，译文有改动，参见 Raymond Williams *Culture and Society 1780 – 1950*（Garden City & New York：Anchor Books，1960），p. 316。

要分析当代文化观念中包含的深刻断裂与抽象，恰恰需要将这些人物的思想与那些一般性的观念拉开适当的距离，而这一点又正好是当代左翼批评常常忽略的。因此威廉斯将自己对"大众"概念的考察做了单独提炼，放到了全书最后的"结论"部分。威廉斯提示读者，虽然在今天"我们已习以为常地使用'大众'观念以及由此产生的'大众文明'、'大众民主'、'大众传播'等观念"，但"大众"其实是"一个核心问题，而且是十分困难的问题，比其他任何问题都需要修正"。① 他随即对这个关键词的产生进行了一番历史性的梳理。首先考察的是这个词所指称的对象。"大众"的意义来自三个社会趋势的汇合：第一，人口集中于工业城镇，是人的实体的集合，是城市化必然造成的趋势；第二，工人集中于工厂，也是一种实体集合，是机器生产必然造成的趋势；第三，是上述趋势所造成的结果，即一个有组织的，而且能够自我组织的工人阶级的发展：一种社会性和政治性的集合。② 威廉斯的考察印证了"大众"一词与《文化与社会》的五个关键词之间的关系：大众群体显然是工业革命的产物；它在工业社会的历史进程中形成了一个新的阶级，即工人阶级；工人阶级作为一种社会性和政治性的集合，必然参与新的政治制度的建构，而他们的政治诉求也成为或支持或反对民主制度的思想的重要参考维度。我们可以继续推论，在威廉斯所描述的艺术、文化与社会变革的紧密联系当中，关于艺术与文化的观念也必然与这一群体的出现有密切的关联。

不难发现，作为一个实体，大众，或者说工人阶级的形成与发展其实伴随了《文化与社会》所讨论的 1780 年到 1950 年的整个历史，同样地，作为一个关键词的"大众"，也以不断变化的外观与内涵贯穿了威廉斯所讨论的文化观念的整个历史。在后来的《关键词：文化与社会的词汇》中，威廉斯对"大众"进行了更为细致全面的考察。他指出这个词被用来轻蔑地描述一个民族当中的大多数人的用法其实由来已久；但当 18 世纪末到 19 世纪前期"大众"成为一个普遍通用的词语时，它最为常见的是两个相反的用法，一种指向"卑下""粗俗"和"缺乏头脑"，一种则成为

---

① 〔英〕雷蒙德·威廉斯：《文化与社会》，第 376 页。原译文出于上下文语境的考虑将作为名词的 mass 和 masses 译为"群众"，此处改译为"大众"，以下相同情况不再赘述。

② 参见〔英〕雷蒙德·威廉斯《文化与社会》，第 376~377 页。

"革命性的历史语汇",虽然在很多思想家那里这两种用法代表的含义并不一定矛盾。[①] 在这一过程当中,"大众"其实是和"人民""群氓"甚至"劳工阶层"等词语混用的。而《文化与社会》专门分析的,则是"大众"被确立为当代精英们口中"乌合之众"的代名词的过程。作为这一过程的结果,"大众成为乌合之众的新名词,并且在词义中保留了乌合之众的传统特征:容易受骗,反复无常,群体偏见,兴趣和习性低级。根据这个证据,大众形成了对文化的永久威胁。大众思考、大众建议、大众偏见随时都有淹没经过考虑的个人思想和感觉的威胁。即使素负古典与民主名声的民主,如果演变成大众民主,也会走味"。[②] 表面上看,这不过是对已有的蔑视大多数人的观点的强调,但在威廉斯提供的框架中我们就会发现,民主、艺术这些概念在与实际上有社会实体指向的"大众"一词组合到一起后,都成为那个概念"本质价值"的反面,这种"大众对文化的永久威胁"与文化和社会的深度割裂有明显的内在一致性:"大众"被彻底定义为"乌合之众"的过程,也正是文化观念被高度抽象化的过程。

因此,我们需要再来看看威廉斯是如何解释"实际上没有大众,有的只是把人看成大众的那种看法"[③] 这句话的。威廉斯再次提到了"经验",在他看来,这里的"大众"作为一个抽象化的观念,遇到的最大难题——其实也是暴露出的最大弱点——便是无法将其意义再现于经验。在谈论"大众"时,说话的人清楚地知道是在谈论一个群体,而且是一个由不包括说话者在内的"其他人"组成的群体,仅就这一点而言"大众"与"普通人""公众"一类的词差别不大;然而"大众"的复杂之处在于,它所指称的那个其他人的群体是被高度抽象的,往往是在说话人的经验了解范围之外的。威廉斯特别指出,当文化精英们不含贬义色彩地使用"普通人"或"公众"等词语时,这些"其他人"依然有作为"无数形形色色的其他人"存在于说话人的经验世界当中的余地,但当"大众"一词出现时,情况就发生了变化:"折中地看,我们看到的是其他人,许许多多的其他人,是我们不了解的其他人。实际上,我们是根据某种方便的公式

---

① 参见〔英〕雷蒙德·威廉斯《关键词:文化与社会的词汇》,刘建基译,北京:生活·读书·新知三联书店,2005年版,第281~285页。

② 〔英〕雷蒙德·威廉斯:《文化与社会》,第377页。

③ 〔英〕雷蒙德·威廉斯:《文化与社会》,第379页。

把他们聚集成群并加以诠释。"① 这些方便的公式"能使人把人类（他的同类）的多数人转变为大众，并且从而把他们变成可恨或可怕之物"②，所采用的方法就是将对象放置到经验世界之外加以把握。在这些方便的公式的基础上建立起来的文化观念，显然严重损害了文化观念当中有价值的那些传统，所以威廉斯将精英保守主义抛出来的指责还了回去："我们真正应该检验的是这些公式，而不是大众。"③

在对20世纪的几位思想家的分析中，威廉斯有意识地突出了他们对现成公式的套用以及对一些概念的抽象化建构。第一个被检验的是劳伦斯。与其他思想家一样，劳伦斯同样有对现实经验的体认，威廉斯特意提及了他的矿工家庭出身背景。但是很明显这段经历带给劳伦斯的不是霍加特式的认同感，而是一种难以逃脱的恐惧感："他最初对社会的反应不是一个袖手旁观工业主义过程的人所作的反应，而是一个身不由己地深深陷入饱受工业主义侵虐的境地中去，注定会被收入工业主义阵营去为那个阵营效劳的人的反应。"④ 威廉斯在意的不是劳伦斯的这种"叛逃"，而是他借以澄清自己这种危机感的那些"沿袭下来的观念"。劳伦斯如此憎恨工业主义，源于他对工业主义带来的人类心理态度的全面谴责："工业的问题起源于卑鄙地迫使人类把所有的精力投入到竞争与掠夺之中。"威廉斯将其总结为"人类生存的目的既然狭隘到只是为了竞争与掠夺，那就降格为'纯属机械性的物质主义'"。⑤ 在劳伦斯与此相关的各种表述中，威廉斯发现了他与卡莱尔的相似之处，而这种相似说明"劳伦斯继承了19世纪以来对工业主义进行批判的主要传统"。在劳伦斯和卡莱尔身上表现出来的那种毫不留情的批判的激情，则被威廉斯称为"在人类表达能力崩溃的神秘边缘才能见识到的力量"。⑥ 但劳伦斯似乎更为强调这种濒临崩溃的危机感，他不断地沿用"机械性的""解体了的""无定形的"之类的词语，来描述他眼中那个工业社会令人难以忍受的丑恶。⑦ 这样的表达的确让人

---

① 〔英〕雷蒙德·威廉斯：《文化与社会》，第379页。
② 〔英〕雷蒙德·威廉斯：《文化与社会》，第379页。
③ 〔英〕雷蒙德·威廉斯：《文化与社会》，第379页。
④ 〔英〕雷蒙德·威廉斯：《文化与社会》，第263页，略有改动。
⑤ 〔英〕雷蒙德·威廉斯：《文化与社会》，第261页。
⑥ 〔英〕雷蒙德·威廉斯：《文化与社会》，第261页。
⑦ 参见〔英〕雷蒙德·威廉斯《文化与社会》，第262页。

想起卡莱尔，后者在讨论宪章运动时，既认识到这场风暴"意味着英国的工人阶级含冤受屈的处境"，却"又把那种不满称为与这样的认识不相称的'疯狂、煽动、穷凶极恶'"。① 不过，威廉斯在此指出了劳伦斯与卡莱尔以及这一传统更多的代表之间的明显不同："劳伦斯在这里弘扬了一个已知的评断……他不太关心历史上工业主义的起源，在他看来，工业主义是本世纪既定的事实。"② 虽然威廉斯承认劳伦斯总结的那个核心，即"迫使人类把所有的精力投入到竞争与掠夺之中"，的确是"构成这个传统的所有形形色色的解释的共同成分"，但他也暗示了劳伦斯的这一观念少了点前人那种历史与经验的深入观察，多了点从观念到观点的累积叠加。这种思考方式影响了劳伦斯的许多判断，甚至原本基于身体经验的判断。劳伦斯声称他们那一代人都被"物质繁荣高于一切"的丑恶意识所打倒，威廉斯对此分析认为，劳伦斯会做出这样的评判自然是基于"极为强烈的切身感受"，问题是"工业主义一旦建立起来，一位观察者几乎不可能看不到他们被打倒的过程"，但是劳伦斯偏偏没有观察到这个过程："他所看到的其他人即'大众'通常已经完全定型了：'打倒'已经发生，而他未曾目睹。"③ 强烈的切身感受赋予劳伦斯对时代困境的敏感，然而他所承袭的批判工业主义的观念传统却使他误以为"他的整个智力生命是在这个传统的基础上建立起来的"④，进而将逃出这个堕落世界的希望寄托在知识和精神的领域。为此他通过写作探讨了"创造性的真实""自我的活力"以及人与人之间的完全独立的关系（即人类既不能说平等，也不能说不平等）等一系列观点，并最终将其使命定位为恢复"人与人之间、男人与女人之间共同的同情心的自然的流动"。⑤ 毫不奇怪这些观念会被普遍认为是浪漫主义的特殊变体，因为劳伦斯确实公式化地使用了与之相关的思想传统。尽管威廉斯依然宽容地称劳伦斯也和伯克等人一样，在论述中都触及了树立一个"可以在实践中体会认识，而且所有社会方案都必须受其评判的标

---

① 〔英〕雷蒙德·威廉斯：《文化与社会》，第 115~116 页。
② 〔英〕雷蒙德·威廉斯：《文化与社会》，第 263 页。
③ 〔英〕雷蒙德·威廉斯：《文化与社会》，第 264 页。
④ 〔英〕雷蒙德·威廉斯：《文化与社会》，第 265 页。
⑤ 〔英〕雷蒙德·威廉斯：《文化与社会》，第 278 页。

准"的积极命题①，然而他后来对劳伦斯的一番评价或许更加适合作为此处分析的总结："劳伦斯所犯的这个错误始于一个关于存在的观念，认为人们在发生联系之前还没有体验到某种限制。在理论层面上，从这个前提出发是不可能有意义地思考人和人之间的关系的，而劳伦斯毕竟始终充满激情地在许多虚构的创作层面尝试着这样做。以那种方式提出问题就是在重复资产阶级传统思想中关于个人的典型概念，以及伴生的对各种社会关系孤立的公式化表达。"②

另外两位受到检验的人物是理查兹和利维斯。正如霍加特将理查兹称为传递改革工具的人，威廉斯也盛赞理查兹在当时而言的突破性思考。他认为理查兹的论著与其说"是对浪漫主义理论的离经叛道，倒不如说是对一种更新近的、而且更具压迫性的理论的离经叛道：不是浪漫主义理论本身，而是其专门化的结果之一的美学理论"。③威廉斯之前分析过浪漫主义的许多根本原则对形成文化观念传统的思想家们的深刻影响，但在此他又特别强调了他们对这种影响的抵抗，而理查兹所做的抵抗则是在继承阿诺德的"整体文化"的基础上"通过语言与交际的社会事实作理论上的抨击"。④理查兹借助科学的术语和观念对阿诺德所说的"文化"进行了重新界定。他将阿诺德忧虑的"无政府状态"称为由冲动而引发的"组织解体化"（disorganization），要抵御这种有害的解体化则必须通过一定的方式对冲动进行调整和重新组织。唯一有效的方式就是确立"一个共同的标准"，这一标准对于个人而言或高或低，但无论如何"不是以大多数人的看法为根据"，而是根据"各种可能的冲动的系统化所产生的实际满足范围与程度"。⑤而之所以会由此得出"诗能拯救我们"的观点，则是因为"文学与艺术的重要性在于它们提供了那种组织的最重要范例，并且在其中提供'价值'（不是规定或预言，而是一个必要的共同过程的范例）"。⑥根据这一观点，理查兹区分了好的艺术与坏的艺术：好的艺术可以作为一种普遍

① 〔英〕雷蒙德·威廉斯：《文化与社会》，第 270 页。
② 〔英〕雷蒙德·威廉斯：《政治与文学》，第 111 页。
③ 〔英〕雷蒙德·威廉斯：《文化与社会》，第 314 页。
④ 〔英〕雷蒙德·威廉斯：《文化与社会》，第 315 页。
⑤ 〔英〕雷蒙德·威廉斯：《文化与社会》，第 317 页。
⑥ 〔英〕雷蒙德·威廉斯：《文化与社会》，第 318 页。

的进展的模范，提供一种持续不断的标准，而坏的艺术则沿袭某些被固定为公式的不完整的调整和不成熟也不可取的态度，后者正是被商业化了的艺术、文学以及电影当中普遍存在的那种"固定反应"。① 在这个意义上，威廉斯认为理查兹从浪漫主义手中救回了华兹华斯曾经界定的"艺术家相对正常状态的观念"，重新建立了艺术和艺术家与共同体普遍经验之间的联系。② 然而，在将文学界定为"想象的经验"的时候，理查兹还是未能摆脱抽象式的理解，他将这种"想象的经验"处理成可以从整体的社会经验中离析出来的特殊存在，从而依旧延续了"艺术与实际社会组织互相对立的假设，削弱了工业革命以来有关艺术上的理论讨论"。③ 威廉斯进一步指出，理查兹的所谓"科学的态度"在帮助他抵御传统文化观念中的神秘元素的同时，却似乎也使得他轻易接受了抽象化分析的习惯，并且放弃了对具体经验的关注。正如他用抽象单一的"当代处境"概念来取代作为丰富复合体的实际生活一样，理查兹对艺术与社会的最终评判是："文学反应是充分的，而日常反应是不充分的。"④ 为何对文化的重新界定最后得出的却是如此"古典"的一个判断？其实威廉斯在之前就通过一段理查兹的引文给出了他的答案："随着人口的增加，多数人偏爱的东西与最合格的见解认同的优秀的东西之间的鸿沟所提出的问题变得越来越无限严重，而且似乎有可能在最近的将来成为一种威胁。由于许多原因，我们比以前通常情况下更需要维护各种标准。"⑤ 说到底，提出和维护标准，还是为了区分多数人和少数人，是为了确立少数人见解的正确性。

理查兹式的困境在威廉斯对利维斯的讨论中得到了更为深入的分析。利维斯同样认为具有"具有洞察力的艺术欣赏与文学欣赏……不只属于一个孤立的美学范围：其中还蕴含着对艺术和理论和对科学和哲学的敏捷反应"，而这些方面做出贡献的人所保存的"是语言，是随着时代而变化的习语，美好的生活以这些语言和习语为基础……我所说的'文化'，指的

---

① 参见〔英〕雷蒙德·威廉斯《文化与社会》，第318～319页。
② 〔英〕雷蒙德·威廉斯：《文化与社会》，第321页。
③ 参见〔英〕雷蒙德·威廉斯《文化与社会》，第320～322页。
④ 参见〔英〕雷蒙德·威廉斯《文化与社会》，第323～324页。
⑤ 〔英〕雷蒙德·威廉斯：《文化与社会》，第315页。

就是对这样的一种语言的使用"。① 这种恢复对共同体认识的文化观念，正如利维斯自己承认的那样，主要来自阿诺德的传统。利维斯也同样继承了这一传统中对"少数人"特权的推崇，认为具有上述那种能力的人，保存并在符合"文化"意义的方式上使用语言的人，是"极少数人"。但这个"少数人"的定义与柯尔律治的"有教养的、受国家资助的知识阶层"和阿诺德的超越阶级局限的"异己分子"都不一样，"对利维斯来说，这个少数派本质上是一个文学上的少数派"。② 联系其传统来看，这无疑是一个令人吃惊的判断。我们可以理解利维斯会提到"'文明'与'文化'逐渐成为互相对立的术语"，可以理解"使文化成为一个实体，一个确定的成就和习惯的实体，正是为了表现一个比'文明的进步'所带来的模式更为优越的生活模式"③，但是，为何"文学"或者说文学批评会在这种生活模式中被赋予如此特殊的地位？威廉斯对此提出了直接的反驳："如果一个社会赖以生存的只有它自己直接的、当代的经验，那么这个社会的确是个贫乏可怜的社会。但是，我们能汲取其他经验的道路还是很多很多的，不单单是文学而已。"④ 首先，不能忽略的是能够保存我们经验的还有如此众多的不同方式的记录；其次，尽管认为文学是所有这些记录活动的主体并不为过，但"其中却永远存在着一个危险：这样的认识不但会成为一种抽象，而且在实际中可能会受到孤立。让文学担负起，或者更为精确地说，使文化批评担负起控制全部个人社会经验品质的责任，这将会使这个重要的立场受到有害的误解"。⑤ 威廉斯对那些"误解"有深刻的体会：对这种观念的片面拔高早已成为当代保守主义自我辩护的老调，而对它的不屑一顾又成为英国激进左派难以形成对当代问题的有效的整体论述的根源之一。

威廉斯将利维斯所彰显的问题称作"文化观念的困境"："文化观念所面临的困难是，我们不断地被迫扩展它，直到使它几乎等同于我们整个的共同生活，认识到这一点，我们自己论述到的自柯尔律治以来的问题实际

---

① 〔英〕雷蒙德·威廉斯：《文化与社会》，第 325~326 页。
② 〔英〕雷蒙德·威廉斯：《文化与社会》，第 327 页。
③ 〔英〕雷蒙德·威廉斯：《文化与社会》，第 327 页。
④ 〔英〕雷蒙德·威廉斯：《文化与社会》，第 327 页。
⑤ 〔英〕雷蒙德·威廉斯：《文化与社会》，第 328 页。

上就被转变了。"① 威廉斯的意思是：首先，文化并非一个先验概念，它并不天然地就是整体生活方式的同义词，更不是在本质意义上就具有体现整体生活方式的功能，它的概念和功能是在历史的实践中不断变化形成的；其次，当文化被推进到"几乎等同于我们整个的共同生活"这一当代含义的时候，它既为我们从整体上论述当代的现实与经验提供了一种新的可能，也自身夹带高度抽象化和公式化的危险。威廉斯用这段文字暗示了他改造文化观念传统中的基本问题以确立一个新的起点的目标，而利维斯恰恰是在这个关键的门槛处退了回去。威廉斯对利维斯的一系列反问概括出了利维斯本该深入考察的整体生活方式的方方面面：缺乏品味和严肃性的"大众文明"是如何产生的，"大众"究竟是在全民参政、全民教育还是在普遍识字的意义上被使用，"大众文明"究竟是工业文明的产物还是人类心灵重大变革与衰落的产物，后两者之间又究竟是什么关系。对推崇文学事业的利维斯提这些问题并不过分，因为"推行这种工作的利维斯是善于具体判断的利维斯"，并且他也对这些问题给出了相应的回答。② 然而他的回答更多的还是像劳伦斯和理查兹那样沿用前人留下的，已经日趋抽象僵化的教条公式，那就是"少数人"与"多数人"的区分对立，也即"精英"与"大众"的区分对立。威廉斯对此批评道："先假定一个少数派，然后以一己之见给它下定义，实际上是等于停滞不前而不去面对问题的转变，也不进行我们自己必要的调整。"③ 拒绝面对问题的转变和自我调整，转而投向基础知识上的公式化，其结果是"把方面当作整体，一个有效的具体判断过快地发展成为一个有说服力的大纲"④，最后发展成为"一种神话"。这种将"提倡可能的再创造"的动力局限在"鼓吹锲而不舍的防御行动"⑤中的自我消解，其根源还是在于对"大众""少数派"和"有机"之类概念缺少真正的反思："以一个有教养的少数派的观念与一个'反创造'的大众相抗衡，容易形成一种有害的高傲和怀疑主义。以一个完全有机的而且令人满意的过去与一个解体的而且令人不满的现在相抗衡，则可

---

① 〔英〕雷蒙德·威廉斯：《文化与社会》，第 329 页。
② 参见〔英〕雷蒙德·威廉斯《文化与社会》，第 330 页。
③ 〔英〕雷蒙德·威廉斯：《文化与社会》，第 329 页。
④ 〔英〕雷蒙德·威廉斯：《文化与社会》，第 333 页。
⑤ 参见〔英〕雷蒙德·威廉斯《文化与社会》，第 335 页。

能导致忽视历史而产生否定真实的社会经验的趋势。"① 这也印证了威廉斯后来对利维斯的评价：他对英国文化的诊断"非常激进，但也非常快地成了正统"。②

显然，上述的这一系列追问和批评并不仅仅是针对利维斯，它也是对《文化与社会》讨论的英国文化观念传统主体部分的深层矛盾的追问和批评；它也不仅仅是批判，而是同时预示着威廉斯所设想的文化观念的新的方向。

六 "大众传播""大众文化"与"共同文化"

《文化与社会》的"结论"部分表现出与全书其他部分非常不同的特征。威廉斯从对思想家和思想传统的近距离论述中抽身而出，同时也得以最大限度地发挥他对文化与社会关系的经验的、历史化的考察，上文所述的"大众"就是例证。在这部分文字中我们可以清晰地看到左翼的基本立场、现实的困境、成人教育工作、文学专业背景以及马克思主义的理论方法（虽然在整本书中威廉斯几乎都没有提及"历史唯物主义"之类的字眼，但在有限的讨论马克思的文化观念的篇幅中，我们还是能明显感受到内在的共鸣）等对威廉斯的分析产生的影响。威廉斯将一种新的观察投向与"大众"相关的各个领域，其目的是在"共同体"的意义上重新定义"文化"，这种新的文化观念非常明显地区别于前面所论述的各种文化观念，但又与它们共同的传统密不可分。

奠定这种紧密性的基础其实正是工业革命以来的物质与社会条件的改变。在文化，或者说大众的相关视野下考察这种变化，首先应当被考虑的就是"大众传播"。准确地说，威廉斯考察的是"传播"，但他并没有简单地摈弃"大众传播"这一饱含贬义色彩的概念，而是将它作为一种事实性的描述继承了下来。大众传播的物质基础是技术手段的革新，用我们现在习惯的说法，就是技术媒介的发展，包括了印刷技术的升级、电子媒介的广泛应用以及交通手段的提升等。威廉斯肯定了这些物质基础的重要性，但同时说："我相信这些技术的使用并没有取代任何一种社会活动的形式，

---

① 〔英〕雷蒙德·威廉斯：《文化与社会》，第 336 页。

② 参见 Raymond Williams "Culture is ordinary," in *Resources of Hopes*, p. 9。

它们至多是增加了选择而改变了某些活动时间的重点。"① 这样的论点在今天看来有点问题，因为技术媒介的突飞猛进事实上已经造成了不同社会活动形式的兴衰更迭，它的影响已经不再局限于形式和外观的改变。但是威廉斯的理由依然是值得肯定的，即使在今天也依然可以作为我们反对技术决定论的重要依据："控制这些改变的条件显然不只是这些技术，主要的控制条件是整个共同生活的环境。"② 在这种"共同生活的环境"中，任何的传播其实都不可能是"单向传送"（one-way sending），而必然是复杂化的"复式传送"（multiple transmission），其根本原因在于随着普及教育和技术媒介发展而引起的受众群体的迅速扩大，这种扩大使得说话人与听众的直接关系和信息本源的直接传递这类假设彻底破灭。③ 因此，当我们讨论大众传播时，真正应当被重视的是对"观众"的扩大所带来的各种社会关系变化的思考。然而，正如威廉斯通过这本书证明的那样，那些奠定或提出了负面性的大众和大众传播概念的人，实际上并不了解他们的对象，甚至"把人视为大众的观念，并不是因为没有能力了解他们，而是因为依照一个公式来解释他们"。④ 这个公式我们已经非常熟悉了，那就是大众＝群氓＝容易受骗、变化无常、乌合之众、趣味低下。威廉斯随即向我们展示，这个公式不仅在思想史的分析当中十分可疑，而且在历史与社会的分析当中也是站不住脚的。在这种对大众的观察中，1870 年制定的教育法案被视作识字但品位低下的大众群体崛起的决定性标志，这之后的大众文化其实就是大众传播机构为了满足这一庞大群体的需要而不断生产出的低层次文化商品。这种指责并非毫无根据，威廉斯也承认并批评大量存在的"低劣的艺术、低劣的娱乐、低劣的新闻、低劣的广告和低劣的论证"⑤；但他也立即指出，用来与这些低劣的产品做对比的高级文化作品，比如长篇小说，实际上也是迎合随着 1730 年到 1740 年中产阶级的兴盛而出现的一群中产阶级读者的产物。⑥ 因此，这种乱象与本质的价值对立假设并不

① 〔英〕雷蒙德·威廉斯：《文化与社会》，第 380 页。
② 〔英〕雷蒙德·威廉斯：《文化与社会》，第 380 页。
③ 参见〔英〕雷蒙德·威廉斯《文化与社会》，第 380~381 页。
④ 〔英〕雷蒙德·威廉斯：《文化与社会》，第 382 页。
⑤ 〔英〕雷蒙德·威廉斯：《文化与社会》，第 384 页。
⑥ 参见〔英〕雷蒙德·威廉斯《文化与社会》，第 385 页。

成立。借助更为宽广的社会考察还会发现，所谓的大众传播所生产的东西大都不是劳动者，也就是大众自己生产出来的，而真正是劳动者为自己生产出来的东西，如激进报纸、政治小册子和工会旗帜图案等，反倒未必能进入大众传播的主流（这让我们想起霍加特的论述）；更何况，"当时接受这些新类型和广告的人，范围要广泛得多，时至今日，仍然如此"，新的媒介技术与传播形式从来不是仅仅和所谓乌合之众专门对应的。① 威廉斯认为，这种对公式的套用使得对大众和大众传播的观察存在两个失误：一是把注意力集中在低劣的东西上，而忽略了好的东西，二是只把注意力集中在与观察者的习惯巧合的那些习惯上，用这种片面的观察代替对整体经验的观察而进行文化上的判断。② 虽然被沿用的公式所包含的悠久的文化观念传统能够带给大众的观察者们"理论"上的真实感和可靠感，但这种观察终究并不真实。

在威廉斯看来，关于"大众"和"大众传播"的观念虽然问题丛生，但这些新的对象的出现却的确具有非凡的意义："复杂传送以及强有力的传播媒介的发现，其主要方面似乎是强调并显示了某些长期存在的趣味和满足这些趣味的手段。"③ 威廉斯的具体解释是："现代发展的普遍趋势，是把比以前更多的文化层次带入普遍与识字有关的情境中……许多兴趣从前不必通过识字而可从大部分没有文字记载的形式来加以满足，而现在都是用印刷品来迎合甚至培养这些兴趣。或者换个说法，在传递信息的功能方面，现代流行的报纸在历史上的对等物，不是早期的少数派报纸，而是在当时可以视为是某种新闻来满足大多数人的那些流言传闻与游人故事的综合物。"④ 这无疑又是一次精彩的反转。文化精英主义将大众文化和大众传播视作少数派高等文化的堕落与泛滥的变体，而威廉斯则分析指出新兴的大众文化根本就不是精英文化的对应物，而是更为广泛的大众生活经验的对应物，大众传播在其中起到的作用是为这些过去被排斥在文化观念之外的经验提供了文字或者其他文化符号表达的可能。这一过程的实现依靠的是民主化的教育，即识字率的提升和技术媒介的发达，而它的结果也

① 参见〔英〕雷蒙德·威廉斯《文化与社会》，第386页。
② 参见〔英〕雷蒙德·威廉斯《文化与社会》，第386~387页。
③ 〔英〕雷蒙德·威廉斯：《文化与社会》，第386页。
④ 〔英〕雷蒙德·威廉斯：《文化与社会》，第388页。

并非精英们所哀悼的文化的堕落，相反，是文化的含义被扩充，具有了前所未有的广度。威廉斯也提醒我们，对这个过程不能仅仅抱以乌托邦式的美好想象，毕竟资本在这个过程中表现得极为活跃——"技术的改变必然会使资本的总额与集中程度大为增加……在我们自己的社会中，存在着具有强大说服力和暗示的媒介"① ——但这并不表示延续那种工业革命以来的偏见就是合理的，相反，"旧民主人士、新怀疑论者的贡献与这个决定性的问题无关"。②

旧的观念与解释无法应对新的问题，它们将批判资本主义与诅咒大众混为一谈。它们的错误在于忽略了"传播不仅仅是传送，而且还是接受与反应"，忽略了"人们的心灵是由他们的整个经验所塑造的"，仅仅想着通过灌输"正当的"观念来对大多数人的头脑和生活进行支配。这些失误背后的根源，是精英主义者们忽视或者故意回避大众传播所开辟的新的社会空间，所提供的新的文化多样性和可能性，以及所涉及的新的共同体理论。对此，威廉斯采用类似阶级分析的术语，以全书罕见的严厉语气批评道："从根本上说，整个大众传播的理论都取决于以某种方式剥削大多数人的少数人。说到这一点，我们可不全是民主者了。"③ 这番话所针对的已不仅仅是立场鲜明的文化与政治的保守派，同样也包括了当时的"福利文化"的鼓吹者。威廉斯指出了"老式民主人士"和"新怀疑论者"（当代精英主义）与"小贩"（资本主义）实质上的联盟关系：表面上看他们是极端对立的，但实际上他们对待大众的态度在本质上是一致的，都是试图建立起稳固的支配关系，而且恰恰是前者在应对大众传播的问题时的无效和混乱，给了后者更多乘虚而入的机会。④ 因此，即使同样是针对大众传播中确实存在的不良状况，同样是强调教育的重要性，同样是讨论文化观念对于当代的意义，在上述出发点上的不同都会导致性质与结果的截然不同。威廉斯对此给出了自己的思考："我们的问题是如何调整我们的社会训练以适应一个广泛识字的文化……正当的行动……是根据那些已经使我们的文化日趋依赖于识字形式的技术变迁，切实保证充分意义上的识字训

---

① 〔英〕雷蒙德·威廉斯：《文化与社会》，第389～390页。
② 〔英〕雷蒙德·威廉斯：《文化与社会》，第390～391页。
③ 参见〔英〕雷蒙德·威廉斯《文化与社会》，第391～392页。
④ 参见〔英〕雷蒙德·威廉斯《文化与社会》，第390～391页。

练成正比地增长，确保识字训练与技术变迁并驾齐驱。"① 正确的态度不是诅咒技术和技术的受众，而是帮助后者实现与前者之间更为合理的对应关系。但显然不光资本主义不这样想，精英主义也不这样想。威廉斯将精英们自诩的那种"高贵"讽刺为另一种"粗野"："最粗野的人莫过于在受过一段漫长的训练之后，就反过来嘲笑那些刚刚参加训练的人，嘲笑那些由于困窘失措和尚未安定下来而难免要犯错误的人。"② 多年以后，霍加特回忆起的一个例子成为这种精英主义诱捕的证明。③

威廉斯这里所说的"剥削"与"支配"是深度分析的产物，它在日常经验和话语当中的表现往往极为复杂，例如，大部分威廉斯正在与之对话的人，他们的真诚的主张往往是"少数人为了大多数人的最终利益而谋求教育这大多数人"。④ 值得注意的是，这样一种"教育大众"的观念可以涵盖来自保守主义、资本主义和激进左翼等各种完全不同的立场，正如威廉斯所说："这种少数人多的是，他们谋求用资本主义、共产主义、文化、避孕的美德来教育大多数人。"⑤ 在将自己认为正确的观念和标准灌输给无知的、数量众多的人这一态度上，他们并无本质区别，都是在试图建构一种"支配"的传播理论，在这种理论框架下，无论逻辑的起点是什么，最终的图景都是少数高等的人与大多数低等的人的实质性对立关系。威廉斯对左右两方的那种"支配性的传播态度"都有过深切的体会，同时也对这种态度在接受群体内造成的消极的影响有深切的体会，他举出了这种影响的可怕后果：人民普遍的含怒不发与对一切不感兴趣。威廉斯指出这种情形对当代左翼的社会主义政治的危害："在我们的社会中，由于我们的生产方式的原因，我们需要有很高程度的共同兴趣和双方共同努力，任何广泛的对一切不感兴趣、任何普遍的不信任情绪，的确会造成巨大的祸

---

① 〔英〕雷蒙德·威廉斯：《文化与社会》，第 388 ~ 389 页。
② 〔英〕雷蒙德·威廉斯：《文化与社会》，第 389 页。
③ 在为《实用批评》作的序中，霍加特提到他在成人教育中教授过的一位学生，他最终由原来的机械技师成了一名英国文学的学院讲师，并且与其妻子离异。霍加特以这个例子来说明他眼中新批评式的精英化、专业化所包含的违背其初衷的危险。参见 Richard Hoggart "Introduction to the Transaction Edition," in I. A. Richards, *Practical Criticism*: *A Study of Literary Judgment*, p. 15。
④ 〔英〕雷蒙德·威廉斯：《文化与社会》，第 393 页。
⑤ 〔英〕雷蒙德·威廉斯：《文化与社会》，第 393 页。

害。"① 对一切都漠不关心，甚至是本阶级的普遍利益与政治诉求，这其实正是后来的文化研究和社会批判理论常常指出的一个20世纪60年代以来西方社会的普遍现象，但威廉斯并没有将其仅仅归咎于消费社会、资本主义和保守文化，而是将同样施行这种支配的共产主义也纳入其中："对以支配为主旨的几种大众传播，我认为这是一种现在非常盛行的反动。"② 无论是左翼还是右翼，对于他们的错误和失败，我们都可以从具体的历史分析中加以讨论；而威廉斯在这里则通过创造性地运用他所谓的作为一种共同体理论的传播理论，将他们的失误与自己的阐释方向结合到了一起：二者的问题都在于没能意识到"传送不是试图支配，而是试图传播，试图获得接受和反应。主动的接受与活生生的反应反过来则取决于一个有效的经验共同体"。③

显然，借助对"大众传播"问题的研究，威廉斯将对精英主义和激进左翼的批评过渡到了"经验共同体"，实际上也就是"文化与生活方式"上来。他首先概括了与上面的内容相关的两类主要的文化观念："有人认为文化是旧的有闲阶级的产物，这些阶级现在力图维护文化，以抗拒新的、具有毁灭性的势力；有人认为文化是新兴阶级所继承的遗产，包含未来的人性，这个阶级现在力图解脱文化所受到的限制。"④ 这两种文化观念的共同点是以阶级的范围来界定和解释文化，然而威廉斯认为，"一个文化的范围，它似乎常常是与一个语言的范围相对称，而不是与一个阶级的范围相对称"⑤，换句话说，文化应当是与共同体经验的范围相对称，而不是与其中的某一个局部相对称。威廉斯由此对"工人阶级文化"以及与之对应的"资产阶级文化"这对概念进行了分析，指出了现有的这种切分实际上是无效的，也并不符合事实，因为一方面文化并不等于某一个阶级生产出来的特定的东西（阶级血统论），另一方面生产和享用这些产品的往往也不仅仅局限于某一个阶级（阶级专有论）。威廉斯并非就此否认了阶级的存在和阶级分析在文化问题当中的有效性，而是试图提出一种新的理

① 〔英〕雷蒙德·威廉斯：《文化与社会》，第395页。
② 〔英〕雷蒙德·威廉斯：《文化与社会》，第395页。
③ 〔英〕雷蒙德·威廉斯：《文化与社会》，第395页。
④ 〔英〕雷蒙德·威廉斯：《文化与社会》，第398页，译文略有改动。
⑤ 〔英〕雷蒙德·威廉斯：《文化与社会》，第399页。

解方式，用他的话来说，在社会力量明显变动的任何时期中，我们面临的最困难的任务都是重新评价被继承下来的传统的复杂过程，而把这种复杂过程削减成一个粗糙的模式，毫无益处可言。① 那么，文化、阶级与共同体、生活方式这些概念之间究竟应该被处理为怎样的关系呢？威廉斯终于给出了自己根本性的见解。他认为工人阶级文化与资产阶级文化的概念并非真的无效，关键在于区分的基础是什么："资产阶级文化与工人阶级文化的首要区分应该是整个生活方式的区分"，并且这里所指的不能仅仅局限于太过具体的物品的使用和衣食住行的行动方式，"重要的区别因素在于有关社会关系的性质的各种观念"。②

从这个角度，威廉斯先是对"资产阶级"进行了分析，指出它最为核心的社会关系观念是工业主义以来的那种居支配地位的个人主义，即"社会是一个中立区"，"只有为了保护个人这种自行其是的基本权利，社会权力的运用才是有必要的"。③ 这一核心观念在漫长的历史当中不断演变，并且"经过具有改革意识的资产阶级的修正"，逐渐形成了当下的面貌。而与"工人阶级"相关联的观念则与之形成了鲜明的对比："这个观念，无论是被称为共产主义、社会主义或者合作，都认为社会既不是中立的，也不是保护工具，而是促进各种发展（包括个人发展）的积极手段。发展和利益不是从个人方面，而是从共同的方面来解释的。"④ 因此，能被我们称之为"工人阶级文化"的东西，也就"不是无产阶级艺术，不是会场，也不是语言的某种特殊用法，而是基本的集体观念，以及从集体观念而来的机构、习俗、思想习惯和意图"，是"集体的民主机构，诸如工会、合作化运动或政党"。⑤ 这种文化的可贵之处和创造性正是在于它"基本上是社会性的，而不是个人的"。⑥ 换言之，工人阶级文化指向的是一种共同文化，它所开辟的，也正是共同文化发展的空间。也正是通过这一解释，威廉斯将《文化与社会》的写作与工人阶级文化的重新定义联系到了一起。

① 参见〔英〕雷蒙德·威廉斯《文化与社会》，第 400～401 页。
② 参见〔英〕雷蒙德·威廉斯《文化与社会》，第 403～404 页。
③ 〔英〕雷蒙德·威廉斯：《文化与社会》，第 404 页。
④ 〔英〕雷蒙德·威廉斯：《文化与社会》，第 404 页。
⑤ 〔英〕雷蒙德·威廉斯：《文化与社会》，第 405 页。
⑥ 〔英〕雷蒙德·威廉斯：《文化与社会》，第 405 页。

威廉斯指出，从伯克到奥威尔，所有这些他所讨论的人物，无论其立场、过程和结论的分歧和偏转有多大，他们都继承了在共同经验的基础上谈论文化观念的传统。相对于他们共同的敌人——工业主义/资本主义核心的个人主义观念——伯克等人的这一传统显然更为重视文化在共同体层面的意义，更加有利于"共同文化"观念的形成。威廉斯在书中尝试勾勒的文化观念，也正是朝向这个方向的复杂而曲折的演变过程。伯克们所担忧的是基于共同经验的文化受到威胁，而他们的"大众"观念又使其矛头指向了新兴的"大多数人"；然而事实情况是，所谓"粗暴的大多数人"并未践踏学问，"它从来没有谋求摧毁这类文化机构，相反，它力求扩展这些机构，力求使这些机构得到更为广泛的社会承认"。① 无论文化观念传统的缔造者的初衷和结论是什么，他们构成的这一使文化不断扩展直至"几乎等同于我们整个的共同生活"② 的方向，正在被当代工人阶级的文化观念更好的推进。

在确立了"发展共同文化"的未来目标后，威廉斯也对普遍存在的权威主义式的支配观念提出了整体性的批评。他指出，"只要支配的气氛扩展到人类自身，人类也被孤立地利用剥削，无论暂时获得什么样的成功，最终的结果将会在精神上丧失物质的收获所提供的全部机会"；这种拒绝承认生活的创造力并决心限制和约束成长渠道的思维和行为的习惯，在保守主义者那里就是"企图延长各种旧形式"，在社会主义者那里就是"企图规定新的人类是什么样子"：两者的共同点则是试图掌握其他人，用自己的结构去决定他们的走向。③ 而他对"文化与社会"这一传统的挖掘，也是基于对抗性的目的："我相信这本书所记录的传统对我们共同的理解是一个重大的贡献，而且对我们共同的理解的必要扩充将是一个重大的刺激。"④

第四节 新的方向：文化政治

在后来的历史中我们可以看到，《文化与社会》带来的"刺激性的扩

---

① 〔英〕雷蒙德·威廉斯：《文化与社会》，第 406 页。
② 〔英〕雷蒙德·威廉斯：《文化与社会》，第 329 页。
③ 参见〔英〕雷蒙德·威廉斯《文化与社会》，第 414 ~ 415 页。
④ 〔英〕雷蒙德·威廉斯：《文化与社会》，第 416 页。

充"是意义深远的。这本书最初设想的论争对手是文化保守主义者，所提供的不是又一个版本的非此即彼的宣言，而是一次对文化及其前进的方向的解释权的进攻。它所采用的方法是极富创造性和想象力的，正如目录中那一长串显赫的名字所显示的那样，威廉斯这次是将战火直接烧到了对手的大后方。这种创造性和想象力使威廉斯发现了那些"不是存在于被认可的进步思想家的思想家中，而是存在于这些自相矛盾的人物的思想中"①的与时代的危机深深相关的重要主题，并尝试从中找到走出危机的社会主义途径。此外，正如在伯克、艾略特、利维斯那里寻找社会主义途径的做法必然招致左右双方的攻击一样，威廉斯实际上也同时批驳了左翼传统当中错误的文化观念。这种全面对抗的动力显然来自左翼政治的现实危机感，威廉斯选择通过"共同体"这个概念来理解英国的文化观念传统和阐释他寄予希望的新的文化观念，其实也体现了这种现实针对性，因为在他看来，"我们当代的共同文化，将不是往昔梦想中那种一切一致的单纯社会，而是一种非常复杂的，需要不断调整和重新规划的组织。从根本上说，团结的感觉是唯一可能稳定一个如此困难的组织的因素"。② 如同霍加特的"工人阶级文化"和"大众文化"一样，《文化与社会》中的"共同体"和"共同文化"等概念本身其实存在诸多问题，它们都被较为仓促地提出，仍然需要像后来在《长期革命》中那样得到更多的阐释；但这种仓促本身也浸透着历史的痕迹，它所昭示的正是英国新左派运动兴起前的历史能量的变动和积蓄。威廉斯所关注的左翼的困境，急需的绝不仅仅是补上狭义的文学或文化这一课，而是一种可以重新连接起被边缘化、零散化的左翼政治力量，摆脱狭隘、僵化的观念模式与斗争模式，恢复其原有的丰富性和多样性的思想基础。也正因此，《文化与社会》这本被作者和评论者都看作破坏大于建构③的著作，却在为左翼寻找新的、统一而不独断的政治诉求的基础方面迈出了重要的一步。"共同文化"的最终提出正是标志着威廉斯将文化观念的问题向后人所谓的"文化政治学"层面的提升：就像精英保守派的"大众文化"包含对"大众民主"的建构与否定一

①　〔英〕雷蒙德·威廉斯：《政治与文学》，第89页。
②　〔英〕雷蒙德·威廉斯：《文化与社会》，第411页。
③　参见〔英〕弗兰西斯·马尔赫恩《一种福利文化?：50年代的霍加特与威廉斯》，黄华军译，《马克思主义美学研究》第3辑，第486页。

样，威廉斯的"共同文化"蕴含着对新的社会主义形式的创造与肯定。只有了解了这一过程，我们才能理解威廉斯在访谈中为何会说《文化与社会》引入的真正问题是"关于政治是什么的重新定义以及对所有层面政治力量的重新动员"。① 有趣的是，当这种重新定义与重新动员被确立起来，尤其是成为英国新左派关注的焦点的时候，它与为它奠定了基础的那些工作之间却仿佛已经相去甚远，正好似文化与社会的传统从伯克到20世纪时的那种显著变化。但这并不意味着这本书迅速地落伍了，或者说威廉斯存在某种断裂，而是意味着一个新的起点的出现。威廉斯自己的表述是："这是我曾体验到的最强烈的感受，我已经站在一个新的位置上，可以继续前行了。"②

① 〔英〕雷蒙德·威廉斯：《政治与文学》，第90页。
② 〔英〕雷蒙德·威廉斯：《政治与文学》，第93页。

第五章

文化突围

第一节　左派的再次集结

英国工党二战后的第一次执政期并不长，仅仅到了 1951 年温斯顿·丘吉尔便率领保守党卷土重来赢得大选，此后连续整整四届政府均由保守党执掌。政治上显而易见的失势和国内外冷战气氛的压迫，使得英国左翼陷入新一轮危机当中。然而与此同时，他们也不得不放弃不切实际的梦想，暂时放下鸡零狗碎的政治争执，重新思考现实的出路，尤其是重新联合起来的可能性。显然这样的联合需要更多的契机，而戏剧性的 1956 年，在苏共二十大、匈牙利事件和苏伊士运河事件接连发生之后，这一契机终于出现了。作为标志性的阵地型刊物，《理性者》、《新理性者》和《大学与左派评论》代表了不同类型的左派力量的聚集，他们各自的对立面或者说侧重的批判方向并不相同（分别是斯大林主义和帝国主义），风格上也迥然不同，然而对"文化"的关注却有相通之处。这也是威廉斯说自己的《文化与社会》出版得恰逢其时的原因。这两个团体的情况并非特例，威廉斯就干脆将 50 年代称为"文学批评主导英国文化的最后一个时期"。[①] 因此，也还是如威廉斯自己所说，他和霍加特在当时起到了"桥梁"和"过渡"的作用：既是不同派别间相互沟通的桥梁，又是将讨论向下一个时期推进的过渡。

---

① 〔英〕雷蒙德·威廉斯：《政治与文学》，第 69 页。

由此也不难想见，当新的左派群体正式汇合后，双方之间的张力会是
何等之大。基于对文化及其意义的不同理解，新左派内部从一开始就冲突
不断，这其中既有立场上的冲突，也有之前悬而未决的诸多矛盾的爆发。
其实不仅文化论争如此，英国新左派历史上的任何一次论争都是如此。我
们甚至不得不承认，尽管本身就不是一个稳固的团体，但是像英国新左派
这样的内部论争之引人关注和重要性远胜对外论争的群体，还是并不多见
的。然而论争往往既意味着问题的暴露，又意味着新的历史局面的开启，
这或许也是霍尔拒绝对第一代新左派做总体性评价，而"视其为构筑一种
新的左翼政治的第一个阶段"[1] 的原因。

一 冷战、"失败的十年" 与匈牙利事件

二战结束后到 50 年代中期的十年，是冷战氛围达到第一个高峰的十
年，也是英国的左翼知识分子深感沮丧的失败的十年，"它等同于停滞的
工人阶级运动，冷漠的选民，知识分子退出政治舞台，以及以'你从未有
过那么好的政府'为口号的重获新生的英国保守党。30 和 40 年代主导的
左派思想文化，被令人窒息的保守主义所取代，而保守主义建立在对西方
文化的辩护和对传统价值观的复兴基础之上，这种西方文化被定义为思考
的和被写作的最好的东西"。[2] 这是威廉斯以拒绝合作的姿态表面上退出现
实政治的十年。在这十年中，英国左翼遭受了来自冷战双方阵营的打压、
排挤和钳制，他们面对的是保守主义在政治和思想领域的全面复兴，是西
欧左翼政治内外交困的艰难处境。

在冷战的大环境下，西方世界里的共产主义者乃至任何有左翼思想倾
向的人都会受到牵连、歧视和排挤；相反的同样情况也在东方阵营当中上
演。由于关乎国家利益和阵营分野等问题，各种"阴谋论"和"间谍事
件"层出不穷，使得当时的气氛几近恐怖。[3] 相较于美国的麦卡锡主义，
英国的左翼人士在这一阶段的处境相对好一些。左翼知识分子虽然在政治

---

① Stuart Hall, "Life and Times of The First New Left," *New Left Review* 61, 2010, p. 196.

② 〔美〕丹尼斯·德沃金：《文化马克思主义在战后英国》，第 64 页。

③ 在霍布斯鲍姆的回忆当中，双方各自最具代表性的事件分别是美国处决罗森堡夫妇和苏
联与捷克联手炮制的镇压犹太人士的"医生阴谋案"。参见〔英〕艾瑞克·霍布斯鲍姆
《趣味横生的时光：我的 20 世纪人生》第 11 章"冷战"。

上难以与保守势力相抗衡，但在校园和研究机构内还能暂时获得一个虽不自由但尚且稳定的位置。然而霍布斯鲍姆观察到，与精英学术机构的和缓气氛相比，"英国成人教育范畴内反倒出现了较多政治整肃"。① 其实在了解了英国成人教育的发展背景之后，我们也就不难理解这种针对性的缘由了：作为以保守主义为主导的精英教育鞭长莫及的领域，以及霍加特、威廉斯和汤普森等人实行"工人阶级教育"的领域，成人教育对当局而言的危险性显然更大。成人教育由此也遭受了政治上的打压（如威廉斯支持的托马斯·霍奇金便受到驱逐）和被精英教育分化吸收的命运。

不仅如此，所谓的斯大林主义并未随着斯大林的逝世而终结，相反却在对他的反攻当中延续了下来，并在新的历史时期造成了更多新的问题。苏共二十大召开后，赫鲁晓夫对斯大林的全面批判在全世界引起了剧烈的震动，霍布斯鲍姆干脆将这次会议称之为又一个"震撼世界的十天"。② 面对声势浩大的来自左右两方的质疑和追问，原本自斯大林逝世后便逐步展开"去斯大林化"的英共手足无措，结果还是选择了斯大林主义的惯用手段，以无条件为斯大林辩护的方式来回避已经浮现的重大危机。事实上，这个危机绝不仅仅只是一个"意识形态"问题，它更表现为斯大林的政治松动后引发的一系列反扑以及对这些反扑的镇压。正如霍布斯鲍姆所说，"受苏联控制地区在结构上出现的许多罅隙，现在已经绽裂开来"③，仅仅几个月后的匈牙利事件就是最好的示例，而苏联随即采取的入侵镇压的政策也很好地诠释了对斯大林强权主义的延续。当问题已经升级成为整个共产主义世界的剧烈冲突之际，英共采取的仍然是禁止争辩的立场，这直接导致了汤普森等人由"理性者"转而成为"新理性者"，以及四分之一的党员退党。

二 历史小组与文学

在霍布斯鲍姆的回忆中，当时的共产主义历史学家小组比英共的领导层更早地认识到了这场危机的严重性④，其中的缘由可以从上文对该小组

---

① 〔英〕艾瑞克·霍布斯鲍姆：《趣味横生的时光：我的20世纪人生》，第221页。
② 参见〔英〕艾瑞克·霍布斯鲍姆《趣味横生的时光：我的20世纪人生》，第245页。
③ 〔英〕艾瑞克·霍布斯鲍姆：《趣味横生的时光：我的20世纪人生》，第248页。
④ 参见〔英〕艾瑞克·霍布斯鲍姆《趣味横生的时光：我的20世纪人生》，第249页。

与"人民阵线"的关系的讨论中找到。无论是霍布斯鲍姆还是汤普森，他们对共产主义的信仰都与反法西斯战争和人民阵线的伟大贡献密不可分。当斯大林主义的危害最终升级为人民阵线的彻底崩溃和共产主义世界的大面积冲突的时候，曾经尝试修补这种关系的历史学家小组也就不可避免地走向了瓦解。在采用几种方式重新申明自己坚信马克思主义理论但谴责依赖于"对事实的错误描述"的辩解的立场却仍然无果之后，汤普森等人不得不与英共分道扬镳，将目光投向另一项事业，即创造真正的英国马克思主义。正如德沃金所说："汤普森和萨维尔并不认为自身与共产主义断绝关系，而是认为自身复兴一个旧的未被污染的英国社会主义思想和实践传统——这是托姆·曼和威廉·莫里斯的传统。他们将这种向传统的复归看成是社会主义复兴的关键问题，而历史学家自己已经开始恢复这种传统了。"①

认为英共的历史学家们更早地认识到危机并寻找新的途径并不夸张，我们在上文中已经讨论过历史学家小组在历史理论和历史研究方面与斯大林主义教条产生的矛盾以及自我纠正的努力。现在当我们把这种努力理解为对某些传统的恢复时，就能发现它与威廉斯的工作产生了很大程度的共鸣。两者口中的"传统"显然不能简单地等同，却指向基本相当的历史语境。而在威廉斯定义的作为整体生活方式的"文化"概念下，他们各自的探讨更是可以获得某些明确的统一性。事实上，虽然没有像在威廉斯那里那样获得显豁的表述，文化与文学艺术在这些历史学家的思想与研究当中还是起到了非常重要的作用。克里斯托弗·希尔就曾是一位玄学派诗人的热情读者，他将这些诗人表达出的"双重情感"看成那个时代的复杂而混乱情形的反映，而马克思主义则被他看作从理论的方向把握这种复杂与混乱的唯一的思想体系②；维克托·基尔南从华兹华斯那里看到了"体验更长期的和更紧急的""关于艺术家和人民、艺术和生活、个人和集体之间的关系问题"，并将这种认识与马克思的批评结合起来③；霍布斯鲍姆本人就是一位文学爱好者，除了发表作品，早期的他也从唯物主义者的角度研

---

① 〔美〕丹尼斯·德沃金：《文化马克思主义在战后英国》，第72页。
② 参见〔美〕丹尼斯·德沃金《文化马克思主义在战后英国》，第46页。
③ 参见〔美〕丹尼斯·德沃金《文化马克思主义在战后英国》，第58~59页。

究了包括文学在内的多方面的文化生活。① 更为重要的例子或许是 E. P. 汤普森，这位后来与威廉斯展开文化论争的历史学家，在霍布斯鲍姆眼中是一个从各个方面都符合浪漫主义定义的多才多艺的"传统天才"②，而在萨维尔和德沃金看来，"作为一个党内成员，他以文学代表著称，相对于他参加任何其他学术小组来说，他参加了更多的文化会议"，他的整体思想结构都根源于文学文化。③ 汤普森最早的代表作并非大名鼎鼎的《英国工人阶级的形成》，而是《威廉·莫里斯：浪漫主义到革命》。汤普森对这本书的自我评价是将莫里斯的思想处理得更为丰富，使其由通常的"共产主义"的设计师、诗人兼社会运动家的身份转变为一个"浪漫主义的革命家"，一个能够体现经济关系中的"道德关系"的思想家。④ 这本书的写作留下了斯大林主义影响的历史痕迹，但汤普森也在通过这次写作转型成为历史学者的过程中保留了许多异质性的因素。这本书出版于1955年，远远早于霍加特和威廉斯的那两部讨论文化问题的成名作，它所代表的，是来自英共内部的另一种源于经验和危机认识的对文化问题的探究。从上述资料中我们可以发现，历史学家小组涉及的文化问题更多地与浪漫主义有关，德沃金总结认为，他们对英国浪漫主义的重视源于浪漫主义者所体现的"自下而上的抵抗行为"，源于他们的"乡愁"体现了对"失去的权利的集体回忆"；这些历史学家们对"文学和诗歌敏感性"的肯定使得他们选择"为了共产主义运动而恢复浪漫主义"，选择"将马克思主义看成连接——或许可能是代替——两种已经不能结合的传统：英国的人民抵抗和浪漫主义"。⑤ 德沃金的表述或许会让人产生误解，使人们忽略了汤普森等人在这其中保持的批判性，但他也很明确地指出了这种对文学和文化的理解对于历史学家小组拒绝斯大林主义的"基础/上层建筑"模式的重要意义⑥，而对后者的批判则成为新左派实现交流的一个重要契机。

① 参见〔美〕丹尼斯·德沃金《文化马克思主义在战后英国》，第61页。
② 参见〔英〕艾瑞克·霍布斯鲍姆《趣味横生的时光：我的20世纪人生》，第260页。
③ 参见〔美〕丹尼斯·德沃金《文化马克思主义在战后英国》，第61页。
④ 参见 E. P. Thompson "William Morris," in *Making History：Writings on History and Culture*，p. 75。
⑤ 参见〔美〕丹尼斯·德沃金《文化马克思主义在战后英国》，第58~60页。
⑥ 参见〔美〕丹尼斯·德沃金《文化马克思主义在战后英国》，第61页。

第二节 "新左派"：共同的问题与关注

一 "文化"与重新思考"基础/上层建筑"模式

尽管研究者迈克尔·肯尼将英国"新左派"的得名引申到法国的思想与政治潮流当中①，但霍布斯鲍姆对新左派形成的本土因素的强调显然更为重要。他回忆道：随着共产主义内部的大裂变，那些退出英共的前党员或者"从此一声不响地远离了政治激情"，或者"加入了三个主要的托洛茨基派团体"；在这片破碎的共产主义版图当中，业已瓦解的历史学家小组的一些成员也开始重新组织起来，"换言之，就是试图建立某种'新左派'"。② 汤普森、萨维尔等人此时赋予自己的急切的现实任务，除了反对和批判斯大林主义之外，还包括重新确立马克思主义与英国历史和现实的联系，以及广泛地团结、聚集在这场变动中变得更加零散、孤立的英国左翼政治力量。从汤普森与萨维尔在 1957 年为《新理性者》创刊号合写的社论中可以清楚地看到这些想法："我们无意莽撞地与英国的马克思主义和社会主义传统决裂。相反，我们相信，这种源于威廉·莫里斯、托姆·曼等人，在文化领域，后来又在《左派评论》《现代季刊》等杂志中得到表达的传统正是需要我们去发现和重申的。在这种传统和那些在这些传统之外成长起来的左派社会主义者之间建立起一些桥梁纽带，这就是我们的希望。"③ 过去的党内异议分子们首先抛出了再次结盟的橄榄枝，而这一次他们很快得到了积极的回应。

新左派之间的互动最先是在《新理性者》编辑们当时最为重视的批判斯大林主义的议题所引申出的相关问题上展开的。汤普森在第一期中刊登了他的重要文章《社会主义人道主义：致非利士人书》。通过这篇文章，汤普森将许多历史学家小组成员积蓄已久但迟迟没有表达出的不满喷发出

---

① 参见张亮《阶级、文化与民族传统：爱德华·P. 汤普森的历史唯物主义思想研究》，第201 页。
② 参见〔英〕艾瑞克·霍布斯鲍姆《趣味横生的时光：我的 20 世纪人生》，第 256 页。
③ 转引自张亮《阶级、文化与民族传统：爱德华·P. 汤普森的历史唯物主义思想研究》，第 17 页。

来，构成了他在这一时期对斯大林主义的整体性批判。汤普森首先指出，斯大林主义"不是从对现实的研究中生长出来的观念体系，而是关于现实的权威的成见体系"。① 这种基于权威的成见体系无论是在思想理论研究（如历史理论和考德威尔论争）还是在现实政治分析（如南斯拉夫事件和匈牙利事件）中的糟糕表现都令汤普森终生难忘，这种表现其实就是将马克思主义理论抽象化为各种教条，用德沃金的概括来说，这些教条"建立在抽象基础上，而不是建立在个人经验或社会现实的基础上"。② 斯大林主义所提炼的最为典型的教条就是基础与上层建筑的模型。汤普森针对这一问题，在文章中提出了自己对马克思的社会存在决定社会意识学说的理解。他认为"人们是在一种不属于'所有人'，而只属于具有不同于其他人的利益的特定人群的社会文化环境中成长起来的"，因此马克思据此提出的意识形态学说无疑是正确的；但这绝不意味着简单的决定，意味着特定意识形态在人们头脑中的直接"反映"，因为这个决定的过程要复杂得多，"作为一个阶级的成员、一个国家的成员以及一个家庭的成员，他们经验了自己的生活"，他们"既经验，又在自己阶级的文化模式的范围内（传统、偏见等等）思考自己的经验"；因此，所谓的"反映"其实是一个描述社会过程的术语。汤普森特别强调，虽然马克思和恩格斯采用了基础与上层建筑这一模型来阐述他们的观点，但"实际上这种基础与上层建筑从来没有存在过，不过是一个为了帮助我们理解曾经存在过的东西的隐喻"③，汤普森由此认为，正是在将这个"隐喻"追捧为"教条"的过程中，斯大林主义暴露出了导致其崩溃的根源，即一种经济主义或曰经济决定论的观念：试图从经济和阶级结构的角度来对社会政治、道德和艺术维度进行单一的观察。④ 汤普森在文章中指出，这种理论将"人类意识还原为对钢铁厂和砖厂的不确定的和无意识的反应形式"，却完全忽视了人类动力在历史中的作用；事实上"人创造了他们自己的历史……动力因素将

---

① 转引自张亮《阶级、文化与民族传统：爱德华·P. 汤普森的历史唯物主义思想研究》，第96页。

② 〔美〕丹尼斯·德沃金：《文化马克思主义在战后英国》，第73页。

③ 译文转引自张亮《阶级、文化与民族传统：爱德华·P. 汤普森的历史唯物主义思想研究》，第97页。

④ 参见〔美〕丹尼斯·德沃金《文化马克思主义在战后英国》，第74页。

他们与动物区分开来，动力因素是人类人性的一部分"。① 为了反对斯大林主义冰冷的经济决定论，汤普森从他所说的人类动力当中提取了基于"道德"的社会主义人道主义。

汤普森的这一见解显然得益于他对威廉·莫里斯的研究。在后来的文字和讨论中他曾提出，莫里斯"对人类道德本性进化的历史性理解"是对马克思的经济和历史分析的必要补充，因为莫里斯的观点使我们认识到"经济关系同时也是道德关系；生产关系同时是人与人之间的关系；是压迫或合作的关系；存在道德逻辑，就像存在从这些关系中产生的经济逻辑一样。阶级斗争的历史同时是人类道德的历史"。② 对于陷入极端困境的当代马克思主义而言，这一传统的意义是非常巨大的。汤普森一方面"为主流的教条主义的马克思主义的理论词汇的退化问题感到震惊——它敏感性的枯竭，它将否定（历史上或现在）道德意识的有效存在的那些范畴当作基础，在威廉·莫里斯的晚期著作中到处洋溢着的想象力和激情被压缩到几乎不存在的地步"③；另一方面则呼吁重视莫里斯所代表的英国浪漫主义与人道主义传统，这一传统充分重视了工业资本主义对人造成的除经济关系之外的其他伤害，因此布莱克、华兹华斯和莫里斯等人的批判并不是像教条化的马克思主义理论所认为的那样仅仅是陈腐的资产阶级文化观念的产物，它们"与马克思主义传统完全是互补的，而根本不是冲突的"。④

《新理性者》在反对斯大林主义教条和将马克思主义与英国传统相接续的过程中提出了社会主义人道主义。这一主张彻底突破了当时被"正统马克思主义"所禁锢的讨论空间，极大地扩充了英国左翼探索社会主义政治的共同话语。汤普森的文章实际上已经涉及"文化"的范畴，而后者此时正在成为其他左翼知识分子关注的热点，他们交流的阵地就是《大学与左派评论》。作为英国新左派另一传统的源头，这份主要由年轻的牛津大学生创办的刊物更能体现迈克尔·肯尼所说的与法国思潮的关联。斯图亚

① 转引自〔美〕丹尼斯·德沃金《文化马克思主义在战后英国》，第74页。
② 转引自〔美〕丹尼斯·德沃金《文化马克思主义在战后英国》，第75页。
③ 转引自张亮《阶级、文化与民族传统：爱德华·P. 汤普森的历史唯物主义思想研究》，第14页。
④ 参见张亮《阶级、文化与民族传统：爱德华·P. 汤普森的历史唯物主义思想研究》，第14~15页。

特·霍尔在回顾中提到"新左派"这个名词是从法国人克劳德·布尔特和他的《法兰西观察家》周报在法国掀起的独立左派运动中借鉴过来的，霍尔和其他很多人都曾经与布尔特本人有过接触；而他的思想在英国也有G. D. H. 科尔这样的老派独立左翼为之倡导，霍尔等一代人都受到过科尔很深的影响。[①]《大学与左派评论》出现的历史契机是1956年英法联合以色列，与埃及争夺苏伊士运河的军事行动，它使一大批对英国现行的资本主义制度和帝国主义行径非常不满的年轻人走到了一起。正如前面分析过的，这些年轻人的批判态度并不一定来自马克思主义和共产主义运动，而是源于各种不同的社会主义传统，以及由自身的少数族裔身份（来自殖民地、第三世界，或是犹太人等）所带来的激进意识。他们的经验和知识背景不尽相同，又都有年轻人特有的好奇心和探索精神，在与欧洲大陆思想的交流之中形成了自己鲜明的开放与多元的特征。杂志的编辑们也很清楚并且强调自己身上不同于"正统左翼"的特征，因为匈牙利事件同样影响到了他们。在东西两大阵营几乎同时做出霸道行为的时刻，这些青年感到这将成为新的左翼政治复兴的机遇。在第一期的社论中他们写道："尽管我们努力尝试，我们仍然不能重新回到那些将斯大林化强加在斯大林主义者身上的事件中去。匈牙利正是指出了这种寓意并修饰了那个故事。尽管我们非常希望这样，但是我们仍然不能够绕过苏伊士事件而回到那个舒适的起初的世界中去，在那个世界中，保守主义者和社会主义者仍然相互合作。解冻在进行中。"[②] 在这些表述中我们看到《大学与左派评论》突出的激进意识，他们在抗议苏联掌控下的共产主义运动中的错误时不会像霍布斯鲍姆和汤普森那样心情沉重，而在批评英国社会和工党策略等方面也有自己独到的见解。杂志的编辑们兴趣广泛，在文章的选择和理论资源的借鉴方面也非常多元。他们既关注克罗斯兰的《社会主义的未来》，也注意到了威廉斯的《文化与社会》（在全书出版之前，该书的两章内容已经刊登在《大学与左派评论》上），同时还对这一时期出现的自由电影运动非常感兴趣，并将其中的代表人物林德赛·安德森的文章发表在杂志第一期上。[③]

---

① 参见 Stuart Hall "Life and Times of The First New Left," *New Left Review* 61, 2010, pp. 177 – 178。

② 转引自〔美〕丹尼斯·德沃金《文化马克思主义在战后英国》，第 78～79 页。

③ 参见〔美〕丹尼斯·德沃金《文化马克思主义在战后英国》，第 78、83 页。

在这些涵盖了从政治话题到先锋艺术理论的文字中,《大学与左派评论》实际上将广义的"文化"作为了核心。霍尔等人反对正统马克思主义将"经济"和"政治"当作人类生活的全部,他们"提倡激进政治的总体性概念,或'竭尽全力的社会主义',在这个概念中,文化维度被看作与明确的政治维度同样重要,并且坚持认为,文学与艺术,至少和机器一样,能产生'人类个人和社会的更全面的生活'"。① 在这些观念中我们不难看出威廉斯的影响。而几乎与此同时,汤普森的社会主义人道主义的观念也引起了年轻学生们的注意,杂志的创刊号上同样刊登了他的文章《社会主义与知识分子》。在这篇文章中汤普森极富诗意地阐述了人道主义的道德力量对人类的重要推动作用:"我坚持认为,人就站在史前史的终点和自觉历史的起点的交界处。我们只有鼓起全部勇气才能超越这个阈限……如果人类能够做出明智的选择,那么他们就可以开启一个相互丰富的新时代,设计出一种能够让德行大行其道、邪恶得到限制的社会制度。"② 汤普森显然是将知识分子带入一个比单纯的政治使命更为广阔的历史使命当中,在超越经济与政治局限的层面上重新理解知识分子与社会主义事业之间的关系。类似的思考出现在一年多以后霍尔所写的社论当中:"政治知识分子与社会的体制性生活相关:有创造力的艺术家与态度、方式、道德和情感生活相关,个人在那种社会结构中使这些生活变得完美。它对我而言似乎意味着,共同的社会主义人道主义的开端就是这样一种认识,即认识到这些不是两种不同的利益领域,而是复杂的共同经验的补充部分。"③ 从中我们似乎能够同时看到汤普森和威廉斯两个人的身影。当然,彼时的霍尔相对而言更加接近威廉斯,他是在更加接近威廉斯所说的"整体的生活方式"的意义上来把握社会主义人道主义的。在另一篇文章当中,霍尔从利维斯对 19 世纪小说的分析当中提炼出"重要的体验能力,对生活真诚的开放性,以及显著的道德强度"等观点作为社会主义人道主义的重点,并且使用"感觉能力""对道德想象力的辩护"等为多数传统社会主义者所拒绝的术语来加以阐述。这既显示出《大学与左派评论》相

① 〔美〕丹尼斯·德沃金:《文化马克思主义在战后英国》,第 82 页。
② 〔英〕迈克尔·肯尼:《爱德华·汤普森的伦理激进主义及其遗产》,张亮编《英国新左派思想家》,第 103 页。
③ 〔美〕丹尼斯·德沃金:《文化马克思主义在战后英国》,第 82 ~ 83 页。

比《新理性者》而言较少受到东欧反斯大林主义经历的影响，也解释了为何它的成员会被称为"文化主义者"。①

汤普森的社会主义人道主义在当时激发了许多左翼知识分子的热情，在《新理性者》和《大学与左派评论》两份刊物上都引起了广泛的讨论。除了直接的对话和展开之外，当时也有人为其寻找理论上的支持。《大学与左派评论》的编辑之一查尔斯·泰勒较早注意到引发了四五十年代众多欧美学者讨论马克思的人道主义理论的《1844年经济学哲学手稿》②，于1957年在《新理性者》上发表了《马克思主义与人道主义》一文对相关问题进行了阐释，并且于1958年对《1844年经济学哲学手稿》进行了翻译。③ 当时还是新左派的政治哲学和伦理学专家阿拉斯戴尔·麦金泰尔也在《新理性者》上刊发了长文《原始道德笔记》，以更加哲学化的方式对社会主义人道主义的观念进行了论证。④ 汤普森等人的"新左派"构想此时已初见成效，左翼人士之间的新的互动平台已经出现，在相互的文字往来、共同参与当时非常重要的核裁军运动和共同建立了遍布英国的新左派社团之后，两个团体之间的关系已经发展到"很难知道谁是谁"的紧密程度。⑤

二　威廉斯的响应与"文化"的延伸

应当说，《新理性者》得到的最有分量的回应还是来自霍加特和威廉斯相继发表的著作，当然更为准确的说法应该是《识字的用途》和《文化与社会》共同关注到了汤普森所提出的问题，这些问题又随着威廉斯的一

---

① 参见〔美〕丹尼斯·德沃金《文化马克思主义在战后英国》，第84~85页。

② 关于《1844年经济学哲学手稿》与马克思的人道主义问题大讨论，可参见《西方学者论〈一八四四年经济学—哲学手稿〉》，复旦大学哲学系现代西方哲学研究室编译，上海：复旦大学出版社，1983年版。需要说明的是，汤普森基于英国社会主义经验和文化观念所提出的"社会主义人道主义"与欧美学者基于"青年黑格尔派"的"异化"观念所提出的"马克思的人道主义"，虽然都有批判斯大林主义的内在动力，但并非如表面上看起来那么相似。

③ 参见〔美〕丹尼斯·德沃金《文化马克思主义在战后英国》，第87~88页。另见〔英〕迈克尔·肯尼《第一代英国新左派》，第70页。

④ 参见张亮《阶级、文化与民族传统：爱德华·P. 汤普森的历史唯物主义思想研究》，第18页。

⑤ 参见〔美〕丹尼斯·德沃金《文化马克思主义在战后英国》，第88页。

系列文章得以深化。在《文化与社会》对威廉·莫里斯的讨论中，威廉斯同样发掘了莫里斯身上体现的被正统马克思主义所忽视的英国社会主义传统观念的价值，并且非常明智地提示莫里斯已经被工党误用。威廉斯更为重要的分析出现在讨论"马克思主义与文化"的章节中。他从一开始就非常肯定地提出，"马克思本人曾想建构一种文化理论，但是没有完全建成"，其原因并非对此缺乏信心，而是"他的远见卓识使他认识到这个问题的困难性与复杂性以及他实事求是的立身行事的准则"。① 威廉斯由此解释了他对"基础和上层建筑"公式的理解。他认为马克思本人在《〈政治经济学批判〉导言》中所使用的"一般的特性""或慢或快发生变革"这些限定，其实是在提醒我们，对于上层建筑的理解"必须用一种不同的，不那么精确的公式来加以讨论"，"上层建筑涉及的是人类意识问题，它必然是非常复杂的，不仅仅是因为它的多样性，而且还因为它始终是历史的；任何时候，它既包括对过去的延续，又包括对现在的反应"。② 威廉斯还进一步引用了恩格斯那段重要的话：

> 根据唯物史观，历史进程中的决定性因素归根到底是现实生活的生产和再生产。无论马克思或我都从来没有肯定过比这更多的东西。如果有人在这里加以歪曲，说经济因素是唯一决定性的因素，那么他就是把这个命题变成毫无内容的、抽象的、荒诞无稽的空话。经济状况是基础，但是对历史斗争的进程发生影响并且在许多情况下主要是决定着这一斗争的形式的，还有上层建筑的各种因素：阶级斗争的政治形式及其成果——由胜利了的阶级在获胜以后确立的宪法等等，各种法的形式以及所有这些实际斗争在参加者头脑中的反映，政治的、法律的和哲学的理论，宗教的观点以及它们向教义体系的进一步发展。这里表现出这一切因素间的相互作用，而在这种相互作用中归根到底是经济运动作为必然的东西通过无穷无尽的偶然事件（即这样一些事物和事变，它们的内部联系是如此疏远或者是如此难于确定，以致我们可以认为这种联系并不存在，忘掉这种联系）向前发展。否则

---

① 〔英〕雷蒙德·威廉斯：《文化与社会》，第338～339页。
② 〔英〕雷蒙德·威廉斯：《文化与社会》，第339～340页。

把理论应用于任何历史时期，就会比解一个最简单的一次方程式更容易了。①

威廉斯和汤普森一样认为"基础和上层建筑"的公式其实是个"隐喻"——他在原文中将基础和上层建筑称为"作为类比的用语"——而恩格斯将重点落在"复杂性"上，正是为了削弱那个公式所带来的"一个绝对的又固定的关系"。② 威廉斯甚至还尝试从后来被认为是该公式树立者的普列汉诺夫那里寻找对马克思和恩格斯提出的"复杂性"与"相互关系"的认识。③

在理论上正本清源的同时，威廉斯还对 20 世纪 30 年代以来的英国马克思主义的文化论著进行了批判。在他看来，以沃纳和考德威尔为代表的在文化和文学等领域进行马克思主义探索的早期人物，其处境其实非常尴尬。这种尴尬来源于两个方面。一方面是教条化的马克思主义本身将文化置于一个相对次要的位置，使得这些"文化论者"首先要做的是反复向读者证明文化的伟大与重要，然而这对于绝大部分人来说根本就是多此一举，甚至显得幼稚可笑。④ 威廉斯还特别引用了汤普森在评价莫里斯时对其"认为人的经济和社会发展往往是个主导过程，而且认为艺术被动地依赖于社会变化"的批评——威廉斯风趣地对身为坚定的马克思主义者的汤普森做出这一判断表示了"惊讶"，其实是在表达与汤普森相同的对于主流的马克思主义文化观念的不满。⑤ 另一方面，这些在理论上被孤立的探索者也未能实现马克思主义与英国文化传统的有效结合。他们的作品质量参差不齐，往往过于简单⑥；更为严重的是，"30 年代许多马克思主义的论著事实上都是旧浪漫主义的抗议"，是将"一个基本上来源于浪漫派并

---

① 〔英〕雷蒙德·威廉斯：《文化与社会》。译文有改动，参见《马克思恩格斯选集》第四卷，中共中央马克思、恩格斯、列宁、斯大林著作编译局编译，北京：人民出版社，1995 年版，第 695~696 页。

② 参见〔英〕雷蒙德·威廉斯《文化与社会》，第 341 页。

③ 参见〔英〕雷蒙德·威廉斯《文化与社会》，第 342~343 页。关于普列汉诺夫的错误和基础与上层建筑模式问题的分析，可参考邓晓芒《"三层楼说"的误区与艺术的定位》，《云南大学学报》（社会科学版）2003 年第 2 期，第 49~54 页。

④ 参见〔英〕雷蒙德·威廉斯《文化与社会》，第 350 页。

⑤ 参见〔英〕雷蒙德·威廉斯《文化与社会》，第 347~348 页。

⑥ 参见〔英〕雷蒙德·威廉斯《文化与社会》，第 344~345 页。

通过阿诺德和莫里斯而继承下来的传统"用"某些马克思主义的只字片言进行补充"。① 这里暴露出的就不仅仅是理论和思考上的粗浅，而是另一种对文化观念的错误挪用，也是马克思主义和社会主义在文化问题上缺乏有效论述的一个根源。威廉斯在书中对浪漫主义在英国文化传统中制造的麻烦有过深入的分析，而在此处他显然更愿意对左翼强调其自身的不足："我认为，这种用吹毛求疵而全面否定的态度对待马克思主义是不公平的，但是对马克思主义者来说，同样应该记住许许多多的错误已经铸成。"② 这种错误并不是说他们用浪漫主义的概念偷换了马克思主义的概念，事实恰恰相反，他们是用马克思主义转换了浪漫主义，但是这种转换并非成功的理论本土化，而是在不经意间将浪漫主义对艺术和文化的抽象与正统马克思主义的基础和上层建筑的抽象公式结合到了一起。威廉斯认为不久前在马克思主义者之间引起广泛争论的考德威尔就是典型的例子，他那些驳杂的科学理论最终想凸显的就是一种过于彻底和绝对的"唯物主义"的文化观念，一种模式化的社会决定论，这直接导致了这位文学批评家在威廉斯看来在"谈及具体文学时几乎无话可说"。③

《文化与社会》对基础和上层建筑模式的批判最终归结到对"未来文化"的讨论当中。威廉斯提出，对马克思文化理论的公式化理解只会导致相信资产阶级社会直接产生资产阶级文化、社会主义社会直接产生社会主义文化这样的荒谬结论。这一结论看上去有利于左翼在某些当代政治文化论争中的立场，但其实是完全曲解了马克思主义，因为"马克思主义对过去的这种解释的实际结果，是锲而不舍地试图界定社会主义的未来文化"。④ 这种属于工人阶级的社会主义文化并不是由社会主义的制度直接赋予的，换句话说，工人阶级并不是只能坐等新的制度的建立来施舍给他们属于自己的文化；工人们必须自觉地去争取和创造这种新的文化，并且有理由相信所谓的"资产阶级知识分子"也能够为之提供有效的资源。威廉斯在此将列宁所说的"工人阶级如果完全依靠自己的努力，就只能培养出工会意识"解释为对他的"整体文化"观念的支持。任何认为工人阶级不

---

① 参见〔英〕雷蒙德·威廉斯《文化与社会》，第 346 页。
② 〔英〕雷蒙德·威廉斯：《文化与社会》，第 344 页。
③ 〔英〕雷蒙德·威廉斯：《文化与社会》，第 352 页。
④ 〔英〕雷蒙德·威廉斯：《文化与社会》，第 359 页。

是被资产阶级意识形态所俘虏，就是被社会主义的意识形态所俘虏（这种意识形态本身就是由资产阶级知识分子所创造的）的观念，实际上都落入了"大众"这个概念的骗局当中，从而无益于未来的共同文化的前景。①

威廉斯将他的这一批评延伸到了当时的新左派文化讨论当中。1957年霍加特的《识字的用途》出版后立即引起了新左派群体的广泛讨论。《大学与左派评论》在第二期上便刊登了评论文章《识字的用途：工人阶级文化》。这篇文章认为霍加特提出了一个"富有意义的和使人不安的"问题，即"对这个'糖衣裹着的世界'的入侵，什么是最有力的障碍？"前文提及的威廉斯的批评性回应便被收录在这篇文章当中。② 威廉斯显然对霍加特的思考有更多的想法，因此同年还在《伦敦书评》上另外刊发了一篇专门的评论。在这篇书评中威廉斯肯定了霍加特对工人阶级文化传统的重视，也很赞赏霍加特"不是以一个访问者的身份，而是以一个自己人（native）的身份来写作"③ 的态度；然而威廉斯更想表达的还是他与霍加特在文化观念上的不同，更具体地说，是在看待"大众"和"大众文化"问题上的不同。这篇文章的名字是《小说与写作的公众》（"Fiction and the Writing Public"），很明显是套用利维斯夫人的著名文章《小说与阅读的公众》（"Fiction and the Reading Public"）。威廉斯设计这样的标题既是为了暗示出霍加特与利维斯主义的精英文化观念之间的复杂关联，同时也是为了表达自己在批评当中试图呈现的某种对问题的转换和突破。在文章的开头部分威廉斯便指出了霍加特已经取得的突破："利维斯夫人的书里'阅读的公众'仅仅存在于书名当中，她真正的兴趣还是在书中那些文献上；霍加特同样也涉及了文献，但他同时尝试将阅读的公众当作人（people），并以此为参照来评判那些文献。"④ 正如上文所说，作为"自己人"的霍加特有丰富的生活经验，对他所讨论的群体有无论是利维斯式的精英们还是奥威尔式的激进"拜访者"都无法比拟的感性认识。然而霍加特并没有因此就完全跳脱出旧的窠臼，相反，威廉斯认为霍加特与利维斯、奥威尔相

---

① 参见〔英〕雷蒙德·威廉斯《文化与社会》，第359~361页。

② 参见〔美〕丹尼斯·德沃金《文化马克思主义在战后英国》，第134~135页。

③ Raymond Williams，"Fiction and the Writing Public," in *What I Came to Say* (Hutchinson Radius, 1989)，p. 27.

④ Raymond Williams，"Fiction and the Writing Public," in *What I Came to Say*，p. 24.

似，他们的观点都是"一种个人的观察与社会层面的普遍化的奇特混合物，它表现得像是很完整，但其实在一些方面它并不完全正确可行"。① 这样一种实质上的"不完整"在《识字的用途》的前后两部分表现出不同但又内在一致的特征。在"旧的秩序"部分，它表现为霍加特那种常常被误认为是自传的叙述方式，换句话说，霍加特总是更多地在处理"与人体相关的整体情境，而不是处理那种属于大多数人的情境的结构"。② 将个人的经验与感受当作整个群体的经验与感受，这是霍加特后来遭到的诸多批评之一，威廉斯则指出这在当时是一种通病："看到二者之间的区别并不容易，因为许多最近的小说，经常提供一种对大多数人的个人化概括，而不是对社会情境中的个体的整体概括。"③ 通过对霍加特失误的放大，威廉斯敏锐地捕捉到了背后的深层次问题，而正是这一问题导致了《识字的用途》后半部分的"不完整"，即自相矛盾地重新肯定了精英文化观念对待大众文化的态度。从《文化与社会》当中我们可以看到，威廉斯并不否认当代的商业化写作存在诸多问题，但他指出，这个他与霍加特共同身处的环境带给他们的是"新的情境下的新的感受"④，而霍加特的失误正在于他虽然具备了与这种新的感受相互沟通的条件，却未能真正对其进行深入理解，而是在紧张之余顺手抄起了"启蒙过的少数"和"堕落的大众"这类老旧的公式来图解未来的文化前景，其结果正如威廉斯所说："他不时使用阿诺德的术语，尽管他不是也不想成为阿诺德。"⑤ 在文章的结尾部分威廉斯通过强调霍加特的积极意义而略略表露了一下自己的见解，这部分没有展开的观点在随后出版的《文化与社会》对大众传播的民主化效应的讨论中得以展现，但其实我们在标题所显现的从"阅读的公众"到"写作的公众"的转变中已经可以看出端倪。

　　威廉斯在这一阶段对文化进行的讨论都是围绕批判分析"大众"这一概念而展开的，这一点在1958年发表的《文化是普通的》一文中表现得尤为明显。在这篇重要文章当中，威廉斯更为系统地对当代马克思主义在

---

① Raymond Williams, "Fiction and the Writing Public," in *What I Came to Say*, p. 25.
② Raymond Williams, "Fiction and the Writing Public," in *What I Came to Say*, p. 27.
③ Raymond Williams, "Fiction and the Writing Public," in *What I Came to Say*, pp. 27 – 28.
④ Raymond Williams, "Fiction and the Writing Public," in *What I Came to Say*, p. 25.
⑤ Raymond Williams, "Fiction and the Writing Public," in *What I Came to Say*, p. 28.

文化问题上的错误观念进行了批评，也正是这篇文章使威廉斯的"整体生活方式"的文化观念与汤普森的"社会主义人道主义"在批判斯大林主义的立场上取得了明确的一致。其实早在1947年威廉斯便与斯大林主义有过交锋。他在自己创办的《政治与文学》的第一期上发表了《苏联文学论争》，批评英国共产主义者支持苏联以传播资产阶级堕落文化的罪名审查左申科和阿赫玛托娃两位作家的行为。当时与此事件同步的则是《地平线》杂志以典型的个人自由主义的口吻做出的评价，其中隐含了英国社会主义同样会限制艺术自由这层含义。威廉斯所要做的也正是《政治与文学》的方针，即既要避免马克思主义的经济主义对文学文本的解读，也要警惕利维斯主义对少数人文化命运的狭隘关注和对大众的反对。[①] 此后十年里，威廉斯对马克思主义和文化的问题进行了持续的思考和论述。在《文化是普通的》中，威廉斯充分肯定马克思主义认为文化最终应当在与它背后的生产系统的关系中加以阐释的论点，但他表示这个命题远比它看上去的要复杂，对经济基础的强调不能成为取代其他分析观察的理由。他开宗明义地说道："我所看到的一切在边远乡村中发生的事物都向我指出：文化是整体的生活方式，艺术则是明显受到经济变化强烈影响的社会有机体的组成部分。"[②] 可以看出威廉斯是在有意给出一个与简单的经济决定论相区别的对文化的阐释。然而令他不满的是，当时的主流马克思主义的文化观念认为英国的文化"是一种阶级支配下的文化，刻意将共同的遗产限定在一小部分阶级当中，而将大众抛诸脑后"。[③] 这种说法并非毫无道理，但其依据与其说是对社会现实的考察，不如说是一整套抽象的教条和公式。在这里支持这种判断的就是上面提到的"资产阶级社会直接产生资产阶级文化、社会主义社会直接产生社会主义文化"这样的教条，它实际上是用一种抽象化的阶级决定论将"大众"与他们生活的整体社会割裂开来，否定了这些"被忽视的大众"与其文化传统的内在联系，而这种做法恰恰和其批判的资产阶级文化论者毫无二致。在当时的具体情形中，与之类似的论调往往是被苏联掌控下的共产主义者不得不接受的，因为它显然

---

① 参见〔美〕丹尼斯·德沃金《文化马克思主义在战后英国》，第120~121页。

② Raymond Williams, "Culture is ordinary," in *Resources of Hopes*, p. 7.

③ Raymond Williams, "Culture is ordinary," in *Resources of Hopes*, p. 7.

非常便于为苏联的各种行为做辩护。也是因为这个原因，威廉斯对这种谈论"被忽视的大众"的方式非常愤怒，认为这是一种大国沙文主义的强权语气。他将这种讨论方式与苏联在波兹南和布达佩斯的所作所为联系在一起，又将这种大国沙文主义与帝国主义在其殖民地的行为进行类比。① 这种抨击可以看作新左派通过文化观念的讨论对时局进行的有力回应。

威廉斯还就此进一步探讨了工人阶级文化与整体文化的关系。他认为，以各种教条化的决定论来论证工人阶级脱离资产阶级文化，看起来是不证自明的，但其实又是毫无意义的。工人阶级有属于自己的生长机制和机构，这些机构和机制不同于资产阶级那些与权力中心紧密联系的教育、文学和社会机制。如果真正进行细致的阶级与社会分析就会发现，"英国的整体生活方式和整体的艺术与认知方式中的绝大部分，在任何意义上都不是资产阶级的。存在并不单独属于商业中产阶级产物的各种制度与共同的意义；存在作为共同的英国遗产的艺术与知识，它们的生产者是各种各样的人，包括厌恶那些以消费这种文化而自豪的阶级与体制的人"。② 因此，"不能说当今的文化就是资产阶级文化——这是从保守主义者到马克思主义者都会犯的一个错误"，相反，威廉斯响应汤普森的观点："资产阶级给了我们很多东西，包括虽然狭窄但真实的道德体系。"③ 在经过调整的马克思主义文化观念的观照下，这种道德体系的狭窄与真实才能得到更好的理解，威廉斯也在此给出了进入新左派时期后的一个关于文化之观念的完整表述："文化是全体人民创造的共同的意义，并被赋予每一个人忠实的个人的和社会的经验所创造的个体意义。"④ 对这一表述最为精练的概括正是文章的标题：文化是普通的。我们不难发现，这种表述有鲜明的针对性，既针对保守派对文化价值的垄断把持，又针对庸俗马克思主义对文化的简单否定，这两种态度在结果上殊途同归：都将工人阶级从文化与传统中割裂出去，并从根本上否定了工人阶级文化，或曰大众文化的价值及其丰富的可能性。此外，威廉斯对文化的整体性的反复强调，事实上也为其文化观念后来引入更多的理论和思想资源保留了足够的空间。

① Raymond Williams, "Culture is ordinary," in *Resources of Hopes*, p. 7.
② Raymond Williams, "Culture is ordinary," in *Resources of Hopes*, p. 8.
③ Raymond Williams, "Culture is ordinary," in *Resources of Hopes*, p. 8.
④ Raymond Williams, "Culture is ordinary," in *Resources of Hopes*, p. 8.

第六章

文化与阶级：两个"长期革命"之争

第一节　汤普森的批评

一　工人阶级的阶级意识问题

随着新左派社团的建立和政治活动、思想交流等方面的合作日益增多，《新理性者》和《大学与左派评论》两份刊物也越走越近。在各方面条件的作用下双方于 1959 年开始讨论合刊的方案，并最终在 1960 年合并成为《新左派评论》。然而这个过程并不像表面上看来那样的顺理成章和你情我愿。① 在此期间双方从个别事务、私人恩怨到整体立场等各个方面都暴露出许多的分歧与矛盾。其实正如许多研究者都曾指出的那样，虽然一同聚集在"新左派"这一政治光谱非常宽广的名称之下，但《新理性者》和《大学与左派评论》其实属于并不相同的思想传统与政治力量，而且双方甚至在某些重要的问题上也并不如之前以为的那样拥有共同的立场。迈克尔·肯尼认为，《新理性者》坚持从伦理与政治角度对官僚社会主义进行批判，而《大学与左派评论》更注重坚守一种折中主义风格，致力于更具时代特色的、目标更为宏伟的社会主义：前者关注的是利用英国本土的思想资源改造受到损害的马克思主义，后者则以一种国际化的眼光

---

① 关于这段历史，可参见〔英〕迈克尔·肯尼《第一代英国新左派》，第 29～41 页。

不断引入时代新风，"新左派"这个名称的引入就是这种态度的证明。① 德沃金更一针见血地指出，《大学与左派评论》的拥护者中很少有人热衷于《新理性者》团体努力重新考察马克思主义，这使汤普森明确地感受到在当时的新左派内部存在一种认为马克思主义应该被抛弃的倾向。② 这些严重的分歧在起初关于文化的唱和往来中被相对淡化，因为当话题始终集中在"道德""人性""希望""艺术"等字眼上时，共产主义历史学家们得以释放的激情和年轻人的想象力之间有足够的交流空间；然而随着意见交换的日益深入，许多差异也就变得越来越难以回避，最终当话题涉及"阶级"和"革命"这些关键性的概念时，新左派内部的矛盾终于彻底爆发。虽然在文化的重要性方面双方的立场仍旧一致，但争论出现在如何解释文化的重要性以及如何由此描绘下一步的政治方向上。这场争论的重头戏是汤普森于1961年分两部分发表在《新左派评论》上的一篇长文，这篇文章是对威廉斯的新著《长期革命》的批评性回应，而它的标题也是"长期革命"。考虑到该文同时也包含汤普森对《文化与社会》的评论，因此它所引发的其实是新左派内部关于社会主义的文化观念的一次深刻辩论。两个《长期革命》的文本，加上《文化与社会》，构成了50年代末60年代初英国新左派运动当中一幅复杂而又影响深远的景象。

汤普森的发难似乎显得突然，但他的不满其实由来已久。两份杂志在理念和关注点上的不同在合并前的三年当中并非没有产生摩擦，这些摩擦虽然得到了双方编辑的有效调和，但依然令汤普森感到不安。霍布斯鲍姆形象地描绘过汤普森的某些性格特点对他这一阶段工作的影响："上天忘记赐给他某种'编辑助理'，以及某种'导向装置'，于是不论他再怎么亲切、迷人、幽默和狂热，总是多少会出现不安全感，并且易受伤害。"③ 肯尼和德沃金等众多新左派历史的研究者也都提及过汤普森的个人气质对新左派的影响。然而导致汤普森后来难以接受这一时期的"在总体的混乱中的最终立场"④ 的，是一部分新左派成员在一些他视为根本原则问题上的"离经叛道"。最先激起汤普森不满的不是威廉斯，而是明显受到威廉斯和

① 参见〔英〕迈克尔·肯尼《第一代英国新左派》，第26~27页。
② 参见〔美〕丹尼斯·德沃金《文化马克思主义在战后英国》，第88页。
③ 〔英〕艾瑞克·霍布斯鲍姆：《趣味横生的时光：我的20世纪人生》，第260页。
④ 〔美〕丹尼斯·德沃金：《文化马克思主义在战后英国》，第88页。

霍加特影响的斯图亚特·霍尔。霍尔在 1958 年的《大学与左派评论》上发表了一篇名为《无阶级感》（"A Sense of Classlessness"）的文章。这篇文章是在《识字的用途》的基础上引发的对当代工人阶级的讨论，它综合了霍加特和威廉斯的观点，既肯定工人阶级文化的基础是它的价值和体制，也拒绝在物质商品和工人阶级意识之间建立简单因果关系的做法，在此基础之上提出了他自己的观点。霍尔将威廉斯的"整体生活方式"的文化观念进一步发挥，认为在讨论当下以及未来的工人阶级文化问题时，应当更为注重对新的生活方式的考察，而关键是对这种生活方式所依赖的新的特定关系模式（物质的、经济的等外在压力）的考察。在这个关键问题上，霍尔认为威廉斯走得还不够远，因为他还没有充分认识到消费社会给工人阶级以及整体社会的生活方式所带来的重大影响。德沃金对霍尔的观点进行了如下概括：

> 在消费资本主义时代，工人阶级更多地将自己概念化为消费者而不是生产者，他们更意识到商场的开发，而不是工作场所的利用。虽然工人阶级文化并不等于它拥有的对象，但"它现在或许越来越不真实，因为'新事物'自身暗示和必然意指了某种生活方式，这种生活方式已经通过它们实现了，并且甚至可能会因为它们的社会价值而变得可取"。对霍尔来说，工人阶级文化已经分为几种生活方式，这与那些中产阶级的生活方式没有什么分别。并不是阶级不平等的客观决定因素有任何不真实，而是这些决定因素被认为是阶级困惑的意识或者无阶级的虚假意识，是"工人阶级内部的悲惨冲突，这个阶级只有因为新的和更复杂的奴役形式才得以摆脱束缚"。[1]

霍尔借助对新的物质基础和社会关系的考察来批判性地思考当代工人阶级文化的方法本身并没有错，但汤普森指出，霍尔的上述分析和他所批评的霍加特犯了同样的错误，就是缺乏对工人阶级历史和阶级斗争更为全面的历史性了解。汤普森并不认同霍尔所概括的"当代的重大变革"，在他看来，太阳底下并无新事：从 19 世纪中叶开始，英国工人阶级已经被社

---

[1] 〔美〕丹尼斯·德沃金：《文化马克思主义在战后英国》，第 137 页。

会地位的上升所引诱，以至于工人阶级在工业革命时期就已经是最初的消费者了，而当时的教会和国家也早已开始扮演和当下大众文化主导者一样的掌控人民意志的角色。与这种控制同样并不新鲜的还有工人阶级的抵抗：在工人阶级运动的整个历史中，工会和劳工运动始终在积极抵抗操纵和控制的形式，并转而为争取民主和社会改革而斗争，这些斗争随着环境的变化不断改变自身的形式并一直持续至今。[①]汤普森因此总结认为，1945 年以后工人阶级并没有因为物质条件的改变而发生什么空前的变化，同样地，左翼对工人阶级斗争的态度也不应该有过于剧烈的变化。[②]站在今天的角度来看待霍尔的上述观点，我们必须承认其具有一定的前瞻性和合理性，但在当时的历史情形中，汤普森的批评或许更有道理。霍尔试图表达的不仅仅是工人阶级这一概念是否一如既往的问题，而是对阶级斗争概念是否依然有效的很大程度的怀疑。对于汤普森来说，阶级斗争依然是一个关键问题，它是新左派应当从斯大林主义教条的手中抢救的东西，而不是要被抛弃的东西，抛弃阶级斗争的文化阐释，最终只能是要么走向文化和政治领域的妥协，要么陷入悲观主义的论调。汤普森似乎预见到了后来的文化研究当中的一种倾向，即以各种差异政治学的主张来取代马克思主义的理论主张。在当时的历史形势中，在这个方向上的激进很容易影响到新左派对新的文化政治的建立。

二 "文化是整体的斗争方式"

来自《大学与左派评论》这一侧的声音显然引起了汤普森的不安，这促使他发表《长期革命》一文来抒发长久以来的不满并阐释他自己的观念。为了更好地理解这场辩论中的问题针对性以及它对新左派文化观念的影响，我们必须将汤普森的《长期革命》与威廉斯的《文化与社会》和《长期革命》结合起来分析。对于威廉斯和他为新左派的文化观念所做的贡献，汤普森丝毫不吝啬赞赏之词："雷蒙德·威廉斯是这个国家在过去十年中没有倒下去的少数知识分子之一，也是在冷战意识形态两极对垒中保持自身独立性的少数知识分子之一。他的一部分成就在于捍卫：在《文

---

① 参见〔美〕丹尼斯·德沃金《文化马克思主义在战后英国》，第 138 页。
② 参见〔美〕丹尼斯·德沃金《文化马克思主义在战后英国》，第 139 页。

化与社会》中，他在许多关键点上包容了知识分子的反革命立场，直面蒙昧主义和社会悲观主义的压力并反复重申民主传统的价值。他的另一部分成就则是在《长期革命》中提供了新的方向和‘创造性的定义’：将文化的理论发展成‘整体生活方式要素之间的关系的理论’。”① 然而汤普森也毫不客气地提出，虽然威廉斯的定义澄清了许多问题并且指明了解决的方向，但“他依然未能成功提出一个恰当的普遍性的文化理论”。② 汤普森的批评显然重点不在于不够“好”（普遍性），而在于“有问题”（不“恰当”）。那么汤普森所认为的威廉斯文化理论的重大缺陷是什么呢？其实和对霍尔的批评一样，关键问题都在于“阶级”。

威廉斯显然不会完全同意霍尔在《无阶级感》中对工人阶级文化的社会考察结论，因为在《文化与社会》中他对大众传播的一个判断是：“我相信这些技术的使用并没有取代任何一种社会活动的形式，它们至多是增加了选择而改变了某些活动时间的重点。”③ 他同时明确地提出：“控制这些改变的条件显然不只是这些技术，主要的控制条件是整个共同生活的环境。”④ 威廉斯由此提出的基于共同体经验的“共同文化”，实际上成了融合新左派不同来源和倾向的文化观念的基础。然而，正如后来第二代新左派指出的那样，《文化与社会》中的“共同体”概念其实定义非常模糊，也过于宽泛，甚至可以说很难与当时流行的许多危险的共同体定义（如狭隘的民族主义的和国家主义的定义）严格区分开来。⑤ 这种共同体概念上的模糊与“可塑性”也引起了汤普森的注意，在他看来，威廉斯在努力建立一种关于全体共享经验的文化观念时，忽视了阶级的真实存在，同时也忽视了阶级斗争在工人阶级文化历史当中的重要作用。

（一）传统

汤普森的批评来自两个方面。首先他针对的是威廉斯所论述的“传统”。汤普森将威廉斯的“传统”概括为“大写的传统”（the tradition），它在《文化与社会》对历史人物的分析中是一个核心概念，并且也是“共

① E. P. Thompson, "The Long Revolution," *New Left Review* 9, 1961, pp. 27 – 28.
② E. P. Thompson, "The Long Revolution," *New Left Review* 9, 1961, p. 28.
③ 〔英〕雷蒙德・威廉斯：《文化与社会》，第 380 页。
④ 〔英〕雷蒙德・威廉斯：《文化与社会》，第 380 页。
⑤ 参见〔英〕雷蒙德・威廉斯《政治与文学》，第 102 ~ 105 页。

同文化"的基石。然而汤普森对这样一种传统是否真实存在表示极大的怀疑，因为伯克、卡莱尔、穆勒、阿诺德和艾略特等人之间的差异实在是太大了，在他们之间寻找一个一贯的重要传统着实令人匪夷所思，如果真有这么一个传统，恐怕也是威廉斯一针一线将那些千差万别的概念和定义缝合编织起来的结果。① 然而这种编织出来的传统很难说有什么实在的意义，因为且不说这些伟大人物的具体思想到底在多大程度上可以和工人阶级文化放在同一个传统当中，仅从历史动力的角度来考虑，他们与威廉斯所期望的"长期革命"，甚至是他们相互之间，都存在无法忽略的严重分歧。汤普森以艾略特和劳伦斯为例：一方面，"长期革命"要对抗旧的机制和形式，但艾略特等人恰恰是这些旧的机制和形式的坚定捍卫者，仅就这一点而言，革命的文化观念显然更多地应当是反对艾略特的观念，而不应当像威廉斯表现得那样温和；另一方面，汤普森强调在任何意义上都不能认为带有激进思想的莫里斯与劳伦斯可以和保守派教主艾略特算作同一传统，这种归类的大而无当相当于将天主教的圣伊纳爵和新教改革者加尔文同归于所谓的"基督教传统"。② 汤普森提醒读者："一旦我们在一个共同传统中同时接受了改革与反改革，我们也就不得不承认自己身处过于冷漠乃至模糊了争辩激情的危险之中。"③

汤普森的批评虽然辛辣，但确确实实指出了《文化与社会》存在的问题，这个问题也被第二代新左派提出过，即威廉斯对待保守主义者显得过于宽宏。④ 我们已经分析过威廉斯为何会采取这种包容的策略，但即使是威廉斯自己后来也承认，这种策略在操作过程中具有很大的困难，他很难找到一个合理且统一的尺度去平衡对所有这些复杂思想家的评述。⑤ 而汤普森选择艾略特作为例子也绝非偶然，因为在《文化与社会》中，最令人意外的评论恰恰发生在 T. S. 艾略特身上。对于这位 20 世纪英国保守主义和文化精英主义的旗帜性人物，威廉斯在并不算短的篇幅中却没有像对其他的思想家，尤其是像对与之较为接近的利维斯那样给予明确而有力的批

① E. P. Thompson, "The Long Revolution," *New Left Review* 9, 1961, p. 25.
② E. P. Thompson, "The Long Revolution," *New Left Review* 9, 1961, p. 25.
③ E. P. Thompson, "The Long Revolution," *New Left Review* 9, 1961, pp. 25 – 26.
④ 参见〔英〕雷蒙德·威廉斯《政治与文学》，第 86 页。
⑤ 参见〔英〕雷蒙德·威廉斯《政治与文学》，第 89~92 页。

判；相反，威廉斯反反复复地提及艾略特的价值，不断地重申艾略特不容忽视的重要性，并且直言："如果用心阅读艾略特的论著，就会看到与他政治观点不同的人必须加以回答他所提出的问题，否则他们就只有认输并退出那个领域。"① 这无疑是一个重量级的肯定，要知道我们并未在评论利维斯的章节中看到诸如"如果不回答利维斯在文学方面提出的问题，那就只能认输并退出"这样的表述，虽然威廉斯曾在其他地方不止一次地有过类似表达。威廉斯虽然批评艾略特的《关于文化定义的笔记》充满了矛盾和水准上的不稳定，但总体性的描述也只不过是"一部很难评价的作品"。② 他更感兴趣的是艾略特对文化作为整个生活方式的有益的强调，是艾略特将文化这一术语扩展到"包括一个民族所有的独特活动和兴趣爱好"的精彩见解，虽然其眼光仅仅局限于"对英国式的悠闲的独特观察"因而并未完全接受"整个生活方式"的含义。③ 威廉斯对艾略特的"整体生活方式"的文化观念的阐释今天读来显得有些怪异，因为这里的艾略特显然与更为全面地审视下的艾略特相去甚远。很多时候这些文字与其说是在解释艾略特的文化观念，不如说是在阐发威廉斯自己的新的见解。《文化与社会》始终论证的那种宝贵传统同样在艾略特身上被发现，甚至在威廉斯的梳理之下，表现出更加令人吃惊的批判性。在它的作用下，艾略特的文化观念"成功地暴露了一种正统的'自由主义'的局限，这种自由主义已经被过分普遍、过分满足地让人接受了……同样，如果以批判的眼光来阅读他的论著，你也会看到他的论著产生了使自满的保守主义无路可走的作用，因为艾略特几乎已经封闭了所有现有的道路，我们下一步思考这些问题，必须从不同的方向入手"。④

尽管并非看不出这些文字中"借他人之酒杯浇胸中之块垒"的笔法，但汤普森显然无法接受威廉斯对保守主义者如此的同情性理解。对于威廉斯的这种包容，汤普森讽刺地说，那势必只能成为一种有教养的"老好人"⑤的调调。他还从威廉斯发表在《卫报》上的评论文字中找到了一个

---

① 〔英〕雷蒙德·威廉斯：《文化与社会》，第 294 页。

② 〔英〕雷蒙德·威廉斯：《文化与社会》，第 299 页。

③ 参见〔英〕雷蒙德·威廉斯《文化与社会》，第 303 页。

④ 〔英〕雷蒙德·威廉斯：《文化与社会》，第 311～313 页。

⑤ E. P. Thompson, "The Long Revolution," *New Left Review* 9, 1961, p. 25.

关于"真实的交流传播"（genuine communication）的描述，即"怀着善意去倾听并回应他人"，认为这同样也是威廉斯自己身体力行的那个"腔调"（tone）。但这似乎只是威廉斯的一厢情愿，因为"伯克出言不逊，科贝特破口大骂，阿诺德恶毒狡猾，卡莱尔、罗斯金和劳伦斯在其中年时期刚愎自用"，这些知识精英们何曾怀着善意去倾听别人，更不用说当这个别人是令他们不屑的"大众"的时候了。① 汤普森甚至认为，因为和这些精英人物走得太近，威廉斯像哈代笔下的裘德一样已经远离了自己所属的阶级，沉溺于"有教养的"资产阶级的文化逻辑之中。② 汤普森认为最有力的证据是，威廉斯对这些思想家的历史化考察最为缺乏的恰恰就是历史："很多时候，在《文化与社会》中感受到的是一连串空洞的声音——伯克、卡莱尔、穆勒、阿诺德，他们的意义脱离了他们所处的整个社会背景，全部都是通过一种不偏不倚的精神媒介传达出来。"③ 这种抽象化的观念论述不正是威廉斯抨击的那个玷污了文化与社会传统的东西吗？汤普森显然认为威廉斯同样落入了这个陷阱，这使得作为一位社会主义批评家的威廉斯疏离于社会主义知识分子的传统④，并引发了汤普森另一方面的批评，即忽视了工人阶级斗争的历史作用。

（二）"共同体"概念的危险

在汤普森看来，威廉斯的文化观念之所以如此依赖于对"传统"的建构，正是因为他对社会动力的抽象观察，由此也构成了汤普森批评的第二个方面。这种抽象在《文化与社会》中表现为对精英思想的重要性的过度夸大，在《长期革命》中则表现为在此基础之上进一步不加批判分析地使用"我们"（we）这一概念。汤普森通过上面的例子强调，威廉斯的共同文化概念虽然有益于反对教条化的决定论和阶级分析带来的负面影响，但深深遮蔽了阶级斗争的真实存在。基于当时特殊的历史语境，汤普森也承认威廉斯的困难源自既寻求非个体化的社会动力，又意图躲避阶级斗争的那些不可靠的术语和公式版本，但他认为威廉斯"是回避了而非规避了这

① E. P. Thompson, "The Long Revolution," *New Left Review* 9, 1961, p. 25.
② E. P. Thompson, "The Long Revolution," *New Left Review* 9, 1961, p. 35.
③ E. P. Thompson, "The Long Revolution," *New Left Review* 9, 1961, pp. 24 – 25.
④ E. P. Thompson, "The Long Revolution," *New Left Review* 9, 1961, p. 24.

个问题"。① 他所依赖的"传统"最终被抽象为一种"大写的传统"，也即来自精英与统治阶层的思想文化精华。在《长期革命》中威廉斯虽然在文化共同体的意义上提出了广义的"文化扩张"的要求，但汤普森认为由于威廉斯对这种文化的"普遍性"的认识依然有局限，因此就存在像他们都曾批评过的霍加特的论述那样成为支持"福利文化"的论据的危险。应当说，在《文化与社会》中威廉斯对精英与大众是做过有效的并且是反转性的区分的，但汤普森认为威廉斯并未对结尾部分的颠覆性的"大众文化"概念进行足够深入的思考，特别是没有充分考虑"大众"或者说工人阶级在其自身文化传统当中的重要作用，以及对所谓共同的传统或文化的积极建构。这些作用并不一定表现为著书立说，而是更多地表现为各种争取和抵抗的行动，表现为遍布日常生活各个细节处的复杂的阶级斗争的方式。这些本来应该成为威廉斯考察文化传统与共同文化的重要对象，然而威廉斯似乎只向我们展现了对立面的声音及其影响力。因此，虽然威廉斯在"大众文化"上的思考超越了霍加特的局限，但他留给工人阶级的选择依然有限，似乎只能是如何更好地"扬弃"那些"大写的传统"，而这种扬弃，在汤普森看来还是过于被动。当这些未能解决的问题进入《长期革命》中时，就导致了关于历史的种种抽象化论述，在其中我们只能看到"抽象的社会动力"，却看不到实际存在的"冲突"；与此同时，那个奇特的集体名词"我们"也出现了。② 威廉斯使用"我们"本身并不奇怪，它指代的是作为共同文化主体的工人阶级，但汤普森怀疑的是当威廉斯用"我们"来讨论文化的长期革命时，所阐发的到底是那个"大写的传统"的沿革还是阶级斗争成果的进一步深化，毕竟《长期革命》从一开始就承认的各种文化观念的合理价值和革命成果看起来还是《文化与社会》提供的那种判断：说到底，迅速地以"我们"来替代"大众"，似乎非但不能解决威廉斯文化观念的单一性，反而更为强烈地抹杀了阶级和阶级斗争的痕迹。

汤普森认为，回避阶级斗争带给威廉斯的最大影响就是在尊重传统和重视工人阶级斗争的成就之间明显倾向于前者而忽略后者。在《长期革

---

① E. P. Thompson, "The Long Revolution," *New Left Review* 9, 1961, p. 26.

② E. P. Thompson, "The Long Revolution," *New Left Review* 9, 1961, p. 26.

命》中，"劳工运动有时候被相信创造了新的'机制'：但是它从来没有被相信拥有'心灵'。一边是'旧的人类体系'，另一边是'扩张''成长'和新体制，'大写的传统'则处于中间，冷静地体会着复杂性，并且尽力在'工业'和'民主'问题上进行正确的思考"。① 似乎决定文化走向的依然是某个伟大的"心灵"，只不过它现在有希望被更为民主化地分享。汤普森对此提出了强烈抗议，他以威廉斯对英国1867年议会改革的历史意义的评价为例，给出了一种不同角度的观点。威廉斯认为政治选举权在1867年至1884年出现了实质意义上的"断裂"，但汤普森认为应该强调的是工人在此期间"赢得"了选举权。② 我们可以看到这两个动词背后的不同主语所体现的差异："断裂"仅仅描述出一种制度上的变革，而"赢得"则更为强调其中包含的自下而上的斗争和争取。汤普森告诉我们，"赢得"暗示出"为了谁"和"反对谁"的问题，"断裂"和"赢得"反映的不仅仅是角度的不同，两个词分别意味着"历史像这样发生"和"人们用这样的方式创造历史"，它们之间的差异正是思想传统和工人阶级斗争哪个才是"文化"的主要推动力的问题，而这恰恰是威廉斯的两本书都未能解决的最为核心的含混之处。③ 这种含混触及了新左派的根本立场问题，因为若无法从根本上辨别共同文化的主体和动力，那么即使将"文化是普通的"论证得再充分，《长期革命》所热议的各个方面的"扩展"和"成长"都很难被肯定地视为新左派文化政治理想的合理方向。为了解决这一含混，汤普森认为应当进一步发展和修改威廉斯的文化定义："我要坚持的是积极的过程，同时也是人类创造自身历史的过程……如果我们将威廉斯定义的'生活方式'换成'成长方式'，那么我们就从一个容易产生消极冷淡联想的定义转向了一个能够提出主动性和主体问题的定义。如果我们再做变动，将隐含在'成长'中的'进步'的联想删除，我们就能得到'整体冲突方式的各要素之间关系的研究'，冲突的方式也就是斗争的方式。"④ 汤普森表示，虽然他并不认为威廉斯与社会主义之间存在真正意义上的"断裂"，但"从'斗争的方式'过渡到'生活的方式'是对社会主

① E. P. Thompson, "The Long Revolution," *New Left Review* 9, 1961, p. 30.
② E. P. Thompson, "The Long Revolution," *New Left Review* 9, 1961, p. 26.
③ E. P. Thompson, "The Long Revolution," *New Left Review* 9, 1961, p. 26.
④ E. P. Thompson, "The Long Revolution," *New Left Review* 9, 1961, p. 30.

义知识分子传统主流的窒息"。① 因此汤普森在回应威廉斯的基础上提出了自己的文化定义：文化是整体的斗争方式。

第二节 两个"长期革命"

一 威廉斯的"困难"

当我们把目光转向威廉斯的《长期革命》时，汤普森的批评便显现出一种复杂的重要性。不妨先来看看《长期革命》是如何描述关于文化的定义的：

> 文化的定义有三种普遍的范畴。首先是"理想的"，在它看来就某些绝对的或普遍的价值而言，文化是人类完善的状态或过程……文化分析在本质上就是在生活或作品中对被认为构成一种永恒秩序，或与普遍的人类状况有永久关联的价值的发现和描写。其次是"文献的"，在它看来文化是知识性的和想象性的作品的整体，它们以不同的方式详细记录了人类的思想和经验。从这一定义出发，文化分析是批评活动，通过这种批评活动，思想和经验的本质、语言的细节，以及它们活动的形式和传统，都得到描写和评价……最后是文化的"社会的"定义，即文化是对一种特殊的生活方式的描述，它不仅表示艺术和学问中的某些意义和价值，而且也表现制度和日常行为中的某些意义和价值。从这一定义出发，文化分析就是阐明一种特殊的生活方式，一种特殊文化所隐含和显现的意义和价值。由此，文化分析就包括了总是被提及的历史批评，在这种历史批评中，知识性的和想象性的作品在与特定的传统和社会的联系中得到分析。但它也包括了对生活方式中各种因素的分析，这些因素在文化的其他定义的追随者看来根本不是"文化"：生产组织、家庭结构、表现或掌控社会关系的制度的结构、社会成员借以交流的特殊形式。另外，这种分析涉及的范围包括"理想的"定义所强调的，即发现某些绝对的或普遍的，或至

---

① E. P. Thompson, "The Long Revolution II," *New Left Review* 10, 1961, p. 34.

少是高级的或低级的意义和价值,到"文献的"定义所强调的作为主要目的的对一种特殊生活方式的阐明,直至强调研究特殊的意义和价值不在于对它们进行比较以确立一种标准,而是通过研究它们的变化方式,去发现从总体上更好地理解社会和文化一般发展的某些一般"规律"或"倾向"。①

熟悉《文化与社会》的读者一眼就能看出威廉斯提供的这三种关于"文化"的定义的来源:"理想的"定义来自伯克式的贵族,"文献的"定义出自艾略特和利维斯式的文化精英,而"社会的"定义则是威廉斯所倡导的。文化的社会定义全面涵盖了前面的两种定义,而不是与之截然对立,这也与《文化与社会》的立场完全一致。在威廉斯看来,伯克和艾略特的文化观念中包含有价值的成分,并且这些成分作为"传统"延续到了他所期望的社会主义的文化观念当中。如果强行对这种传统进行切割或排斥,就会导致"理想"(更高的人类价值)、"文献"(书写与记录)、"社会"(复杂的社会因素)被孤立和抽象化地抬高或排斥,由此也就造成了这三种文化定义现有的版本所呈现的缺陷:"'理想的'定义试图将它描述的过程从它详细的体现和特定的社会塑造中抽象出来——把人的理想发展看作脱离,甚至对立于他的'动物本性'或物质需要的满足——在我看来,这种定义无法接受。此外,'文献的'定义只从书写和描绘的记录中看到价值,而将这个领域和人的其他社会生活截然分开,这同样不能接受。此外,'社会的'定义将一般过程或艺术和学问的总体当作纯粹的副产品,是对社会真正利益的消极反映,在我看来同样是错误的。"② 威廉斯延续了他在《文化与社会》和《文化是普通的》当中同时批判精英保守主义和庸俗马克思主义的态度,并在此强调:"任何充分的文化理论必须包括这些定义所指向的三个事实领域,相反,任何排除其他范畴的特定的定义都是不充分的……无论在实践上有多大困难,我们必须将这个过程视为一个整体。"③

---

① Raymond Williams, *The Long Revolution* (Harmondsworth: Penguin Books, 1971), pp. 57 – 58.

② Raymond Williams, *The Long Revolution*, pp. 59 – 60.

③ Raymond Williams, *The Long Revolution*, pp. 59 – 60.

威廉斯提到的"困难"不仅包括文化批评和文学批评要实现这种整体性的分析需要面对何等的复杂性——正如杰姆逊（又译为"詹姆森"）所说的"为什么有理由觉得（关于文化和美学的）这些问题不比生物化学的问题更复杂呢？"[①]——同时也包括了新的文化观念与已有的文化观念之间的复杂关系。威廉斯显然倾向于从前人的思考中发掘合理的价值并加以适当的改造。例如，他提出在思考"理想的"文化定义时，"如果我们不是将这一过程称之为朝向一种已知的理想前进的人类的完善，而是意指一种人类（man as a kind）的一般成长过程的人类的进化，我们就能够辨认出其他定义可能排斥的事实领域"[②]；又如，他认为"文献的"文化定义"能够为它在其中得以展现的整体的组织提供具体的证明"，而"在概括讲述时选择某些活动加以强调是必要的，在暂时的分离中寻找发展的独特线索也是完全合理的"，只不过"文化史是从这类独特的工作中慢慢积累而形成的，只有当积极的关系被重新建立起来，所有的活动都受到平等对待时，编写文化史才是可能的"。[③] 显然，威廉斯之所以对旧的文化定义念念不忘，不是因为某种怀旧情绪，而是因为它们恰恰彰显了教条式的马克思主义文化观念所忽视的"事实领域"，也体现了他所期望的新的文化政治与英国传统的渊源，以及部分努力的方向。

因此，威廉斯必须跳出任何以"好/高尚—坏/堕落"为核心的"传统—当下"的正反二元论述。他以被"传统"拣选出来奉为上乘的文化作品为例，讨论了"选择的传统"的问题。他提出，"在特定的社会内部，选择受到包括阶级利益在内的许多特殊利益的制约……一个社会的传统文化总是倾向于与它同时代的利益和价值系统保持一致，因为它绝对不是全部文学作品而只是一种持续的选择和阐释"。[④] 这种见解与马克思主义传统当中关于"文化"或曰"意识形态"的理论是一致的，威廉斯也提到了选择的多重效果："在第一个层面上，选择的传统产生了一种一般的人类文化；在第二个层面上，产生了特定社会的历史记录；在第三个层面上，也

---

① 〔英〕肖恩·霍默：《弗雷德里克·詹姆森》，孙斌等译，上海：上海人民出版社，2004年版，第19页。

② Raymond Williams, *The Long Revolution*, pp. 58 – 59.

③ Raymond Williams, *The Long Revolution*, pp. 62 – 63.

④ Raymond Williams, *The Long Revolution*, p. 68.

是最难以接受和评价的层面，产生了对曾经属于活生生的文化的许多领域的拒斥。"① 很明显这里的三个层面与威廉斯之前分析的三类文化定义形成了相互印证。威廉斯同时提出，我们不仅可以认识到这些选择的传统中包含的有价值的因素，并且也具备对其进行合理化改造的客观条件："因为这种成长是复杂的并且是持续进行的，所以往昔的文学作品在将来的重要性是不可预料的。有一种自然的压力迫使学术机构遵循社会发展的道路，但一个明智的社会会在保证获得这种重要性的同时，鼓励学术机构为保留一般的作品留有足够的资源，并且抵制那种任何时期都有可能自信满满地提出的批评，即认为这种活动的大部分内容是没有意义且毫无用处的。"② 威廉斯这里强调的不仅仅是文学文本本身的复杂性，更是它被选择、接受和阐释的不断变化的历史与社会的复杂性，这种复杂性决定了"文化"和"社会"必须在整体的相互关系中加以理解，而不是让任何一方成为另一方的简单的"背景"或"注脚"。威廉斯之所以认为"把文化理论定义为是对整体生活方式中各种因素之间关系的研究"③ 的文化观念已经可以被接受，是因为新的历史时期已经为这种认识的突破提供了基础。所谓"明智的社会"，其物质和制度基础已经在《文化与社会》中得到了说明，那就是自工业革命以来逐步发展形成的民主化的大众传播，在《长期革命》中也再次得到过强调："整个过程——民主斗争、工业发展、传播的扩展以及社会和个人的深度改变——的规模确确实实已经大到令人难以认识甚至想象的地步了。"④ 威廉斯更通过"个人与社会的关系""关于社会的想象"和"阅读的公众与通俗出版的成长"等各个方面进一步描述了这一"文化扩展"的过程所取得的成就和继续发展的方向。也正是在这样的论述当中，威廉斯向我们证明，"在一个整体性的社会当中，在其全部的独特活动之中，文化传统可以被视为对先人的持续选择和重新选择"，当我们将与作品相关的各种复杂关系尽可能呈现出来以后，"文献的"分析就能够从作品当中走出来而成为"社会的"分析，而我们对文化的永久贡献的发现也就不会发展成为朝向被决定了的价值前行的人类的自我完善，而

---

① Raymond Williams, *The Long Revolution*, p. 68.
② Raymond Williams, *The Long Revolution*, pp. 68 – 69.
③ Raymond Williams, *The Long Revolution*, p. 63.
④ Raymond Williams, "Introduction," in *The Long Revolution*, p. 12.

是将其视为无数个人和群体为之做出贡献的人类一般进化的一部分。[1]

我们可以将上文中汤普森的批评分为以下几个层面。首先是修辞的层面。汤普森的犀利文笔常常会将他的表述表现得极为好斗且略显夸张，例如上文所引的他对威廉斯使用"断裂"而非"赢得"，使用"我们"或"大众"而非"工人阶级"等词语的不满，实际上都是出于另一个层面的批评，却形成了对威廉斯整体风格的一种强烈质疑，乃至上升到称其为"无名的裴德"这样的讥讽。第二个层面是关于威廉斯的论述对象。汤普森对《文化与社会》的不满是它勾勒出的文化传统几乎完全属于知识精英，尤其是属于保守派的文化精英，留给工人阶级的仅仅是如何选择而已；他对《长期革命》的批评则是其中很大一部分都是在讲文化和文学作品的"成长的历史"，是这些被传统认为格外优秀的思想和作品在当代应当如何被理解和接受的故事，在这里我们似乎看不到威廉斯在《文化与社会》中提到的"现代发展的普遍趋势，是把比以前更多的文化层次带入普遍与识字有关系的情境中"[2] 这一认识的存在，因为那些过去被精英传播所不屑的文化内容，那些活生生的生活经验领域依然在论述范围之外。第三个层面与前两个层面密切相关，即认为威廉斯在受到精英文化的诱惑和轻视了具体的历史内容之后陷入抽象、空洞的理论论述当中。上述三个层面共同构成了汤普森第四个层面的质疑，即威廉斯未能从根本上重视工人阶级的主体性，重视阶级斗争在他所论述的文化过程当中的作用。

依照这四个层面来整体反观威廉斯的《长期革命》的话，我们往往会觉得汤普森的批评有些过于吹毛求疵了。正如上文呈现的那样，威廉斯丝毫不认为文化所彰显的人类的发展过程是"朝向被决定了的价值的前进"（a movement towards determined values），相反，他认为"长期革命的人类动力来自坚定的信念：人们通过突破旧的社会形式的压力和限制，通过发现新的共同体制，可以自己指导自己的生活，这个过程既包括成功也包括失败"。[3] 在这个基本认识上他和汤普森是完全一致的。威廉斯还批评了当时在这一领域普遍存在的两种误解：一种是以美国为例，声称"工业、民

---

[1] Raymond Williams, *The Long Revolution*, pp. 69 – 70.

[2] 〔英〕雷蒙德·威廉斯：《文化与社会》，第 388 页。

[3] Raymond Williams, *The Long Revolution*, p. 375.

主和传播的扩展只会导致社会的大众化",另一种则是来自苏联的声音,认为"将近半数的世界已经赢得了革命战争的最终胜利,并且共产主义的未来已经是板上钉钉了"。① 这两种观点显然都忽视了大众的创造力,以及历史过程的复杂性,而这种错误同样也是汤普森所强烈批判的。问题的有趣性就在于,汤普森的批评并非出于根本认识上的不满,至少他们之间并非像汤普森的措辞那样存在如此尖锐的对立,我们有理由将汤普森的批评视作对威廉斯文化观念细节上的指责和整体上的扩展。

二 文化观念的进一步确立

就整体而言,威廉斯和汤普森的两个《长期革命》的相互作用其实使他们各自的文化阐释既获得了更为清晰的轮廓,又实现了相互的阐发乃至一定程度的融合,而这种在论辩中逐步形成的清晰而丰富的文化观念,对于当时的新左派而言同样十分重要。首先,汤普森对威廉斯过分关注"文学"和其他精英文化的批评,事实上和威廉斯对它们的重新理解一起,很大程度上揭示了新左派在 50 年代末 60 年代初的发展方向,即将文化的含义极大地扩充,并且将关于文化的阐释提升为一种关于政治的理念,也即后来的研究者所说的"文化政治学"。这也正是英国新左派确立重新联合的基础并将其深入推进的表现。威廉斯也曾说过:"五十年代是文学批评主导英国文化的最后一个阶段。"② 这意味着新左派将要或正在获得的文化阐释意义的转变,也即通过文化阐释来实现"关于政治是什么的重新定义以及对所有层面政治力量的重新动员"。③ 实际上,威廉斯从《文化与社会》中与保守文化观念进行争夺到《长期革命》中对成长中的共同文化进行规划,这一变化本身已经显示了上述转折的出现。而汤普森此时正在酝酿之中的《英国工人阶级的形成》,更是鲜明地标示了这个新的起点。

其次,虽然威廉斯并未对汤普森的批评给出即时回应,但在他后来的叙述中可以看到,这场论争并非单方面的批判,而是对他后来的思考产生

---

① Raymond Williams, *The Long Revolution*, p. 376.
② 〔英〕雷蒙德·威廉斯:《政治与文学》,第 69 页。
③ 〔英〕雷蒙德·威廉斯:《政治与文学》,第 90 页。

了诸多积极的影响。汤普森的文章引起威廉斯反思的不仅仅是关于"共同体"等概念的含糊不清，还包括某些方法和角度上的欠缺。例如，汤普森批评威廉斯对思想家的分析显得空洞、抽象，威廉斯后来便予以承认。实际上这一问题之前已被另一位新左派历史学家维克托·基尔南委婉地提出，他在《新理性者》上评论《文化与社会》时说："我们习惯性地认为我们杰出的作家是如此众多的苦行者，每个人都孤独地栖居在他的柱子上。有时候把他们看作家族相册照片中不起眼的第二排人物倒是很有益处的。因而可以看到骚塞、柯尔律治和华兹华斯……他们正在走向像法官、主教或者大学教师这样的职位。"① 他还专门列举了那个时代的大多数作家对待政府的态度与他们自身和政府的关系之间的联系。这些分析一方面肯定了威廉斯在讨论这些人物时的历史化努力，另一方面也暗示出这种历史化还远远不够，"在《文化与社会》中这种实质性的历史是缺席的"。② 面对基尔南和汤普森以及后来的第二代新左派的这种质疑，威廉斯丝毫不回避："在重新发现（文化）这一概念并重建围绕它的话语的过程中，我允许了某种程度的历史抽象，因而没有足够有力地贯彻这本书的一个革新之处：只有回到词语在历史中的各种意义变化，你才能精确地理解词语本身。"③ 这其实阐释了一个复杂的事实，即《文化与社会》既在与保守主义者的对抗当中自我塑造，又因为这种对抗关系而自身受到限制。除了在对精英思想的论述中受到对象的限制之外，汤普森的批评还点出了威廉斯此时所受到的另一种限制，那就是他在孤独和拒绝合作的十年中保持的对左翼的谨慎怀疑，这种态度一定程度上也使威廉斯的视角产生了某些偏颇，在阐释中似乎对左翼错误的重视和对类似错误的刻意规避远远超过了对保守派错误的重视和规避。这一倾向惯性也延续到了《长期革命》当中，实际上也带入了正步入新局面的新左派运动当中。威廉斯事实上也认识到了这一点，因此后来才会认为《文化与社会》是与自己现在立场最为遥远的一本书，并强调在写完它之后自己已经站在一个新的位置上。④ 同时威廉斯在后来的写作中也更加注意纠正这种对保守派的过分宽容和对左翼的过

① 转引自〔英〕雷蒙德·威廉斯《政治与文学》，第94页。
② 参见〔英〕雷蒙德·威廉斯《政治与文学》，第95页。
③ 〔英〕雷蒙德·威廉斯：《政治与文学》，第92页。
④ 参见〔英〕雷蒙德·威廉斯《政治与文学》，第93页。

分苛刻。①

对于汤普森最为根本性的批评，即文化的定义应当是整体的斗争方式而非整体的生活方式，威廉斯则将其看作对自己的文化观念的补充和进一步阐释，事实上汤普森本人也作如是观。② 德沃金就专门指出，在共产主义历史小组成员那里，"关注阶级斗争暗示了另一种理论，这种理论是对生产主义模式的严格决定论的代替。这种对阶级斗争的关注使强调意识、经验和文化成为可能"。③ 不过威廉斯在后来的思考中也并没有一味回避两者的不同，而且阐明了自己为何会使用更为宽泛的"生活方式"这一定义。他首先表示同意汤普森的基本观点，即一种将斗争排除在外的整体生活方式的定义是不可接受的，同时又对汤普森的"斗争"概念进行了细致分析。如前所述，汤普森的"阶级斗争"概念是由"阶级冲突"概念引申到文化定义当中的，而在威廉斯看来，这两个词应当有所区别，但是在当时的左派那里却是被混用的。他指出："在资本主义社会秩序中，阶级冲突无疑是不可避免的：存在绝对不可逾越的利益冲突，整个社会秩序围绕它得以建立，并且必然以这种或那种形式实现对它的再生产。'阶级斗争'这个词准确所指的是这样的关键时刻：结构性的冲突成为有意识的相互争夺，一种公然的武力参与。"④ 也就是说，两者分别指代了结构性的普遍存在和这种存在的较为极端的显现形式。威廉斯进一步说："冲突是文化作为一种整体生活方式的结构性前提，任何对文化的社会主义解释必须也必然包括冲突……但是如果你把整个历史过程定义为斗争，那你就不得不回避或者略过冲突以其他形式得到斡旋的所有时期，在那些时期里，冲突得到了暂时的解决或者只存在临时性的冲突。"⑤ 换句话说，冲突相较于斗争而言不仅仅是更为温和的一种说法而已，而是可以更好地涵盖整个历史过程的一种表述，它既可以用来标注那些明确的、有意识的斗争的历史，也可以用来描绘隐藏在日常生活各个细节之下的结构性的压制与抵抗。而在

---

① 例如重新思考劳伦斯和考德威尔，参见〔英〕雷蒙德·威廉斯《政治与文学》，第 110 ~ 114 页。

② 参见〔美〕丹尼斯·德沃金《文化马克思主义在战后英国》，第 143 页。

③ 〔美〕丹尼斯·德沃金：《文化马克思主义在战后英国》，第 41 页。

④ 〔英〕雷蒙德·威廉斯：《政治与文学》，第 122 页。

⑤ 〔英〕雷蒙德·威廉斯：《政治与文学》，第 122 页。

这层意义上来理解"冲突方式"的话，它其实与威廉斯所说的"生活方式"几乎完全等同。同时威廉斯还就当时的历史语境解释说，冲突显然比斗争更适合用来描述新左派崛起的时代，因为"1950年代是一个非常卑微的时期，人们呼吁的许多有组织的斗争似乎被压制和收编了"，汤普森使用斗争这个词的强烈情感可以理解，但在当时的情形中却有可能因为这种措辞上的失误而带来相反的效果。① 有鉴于此，威廉斯才会在《文化与革命：一种回应》当中这样阐释他的"共同文化"与"阶级斗争"和"革命"的深层次关系："我相信，我们现在面临的斗争过程就是创造公共意义的斗争，这斗争是真正的论坛，这论坛是为了创造一个这样的社会：其价值是直接被共同创造和被共同批评的，在这个社会中，有关阶级的讨论和排斥可以被共同而平等的成员关系的现实所取代。那就是一种共同文化的观念，并且在发达社会里，它正日益成为革命的复杂实践。"②

第三节　"长期革命"论争的长久影响

一　汤普森的文化观念与历史研究

汤普森的批评和威廉斯的回应，实际上一同推进了步入60年代的英国新左派的文化观念的发展，并且直接影响了他们后来各自的研究以及英国的左翼政治和文化研究的思考。威廉斯曾感叹写作《文化与社会》时自己在使讨论对象与其历史重新结合方面的不足，而在"长期革命"论争之后不久出版的《英国工人阶级的形成》，恰恰为新左派的文化分析提供了这方面的经典范例。③ 汤普森用这本书同时实现了两个目标：一个是把工人阶级"从后世的不屑一顾中拯救出来"；另一个则是将关于阶级和阶级斗争的理论从斯大林主义教条的手中拯救出来。正如上文已经反复论述的那样，这两种看似截然对立的观点实际上有很多共通之处，那就是用抽象化的二元论来取代充分的历史分析，汤普森的对抗也正是由此入手。通过证明工人阶级"出现在它自身的形成中"，通过恢复这段自我形成的历史，

① 参见〔英〕雷蒙德·威廉斯《政治与文学》，第122～123页。
② 转引自刘进《文学与"文化革命"：雷蒙德·威廉斯的文学批评研究》，第95页。
③ 参见〔英〕雷蒙德·威廉斯《政治与文学》，第91～92页。

同时也是自下而上的不断抗争和发明创造的有血有肉的历史，汤普森批判了以下几种观点：其一是将工人阶级的形成看成自由主义经济政策的一个偶然结果，而非资本主义生产方式内在发展的必然结果；其二是忽视工人阶级能动的主体性，认为工人阶级只能或自发或盲从地从事一些有勇无谋的破坏活动，而不能进行自觉的有组织的革命。[①] 汤普森由此也建立了一种不同于经济决定论的，"文化"的阶级学说："我说的阶级是一种历史现象，它把一批各各相异、看来完全不相干的事情结合在一起，它既包括在原始的经历中，又包括在思想觉悟里。"这种阶级观念指向的是一种历史现象，而不是被抽象理解的"一种'结构'、更不是一个'范畴'"，它是"在人与人的相互关系中确实发生（而且可以证明已经发生）的某种东西"。[②]

另外，在"长期革命"论争之后，汤普森对"文化"概念的思考也更为谨慎，并且尝试用一些新的概念区分来吸收从这场论争中收获的东西。他把此后近30年所写的数篇论文整理成书，取名《共有的习惯》。在该书导言中，汤普森首先重申了《长期革命》中的批判性观点："我早年曾批评使用'文化'一词，因为它具有促使我们倾向于完全为双方同意的整体性的概念。"[③] 但此时汤普森的反思已经不限于此，他进一步指出"文化"的含混性："'文化'是一个笨重的词汇，它把如此多的属性纳入一个平常的包裹，实际上可能混淆了或掩饰了应该在它们之间加以辨别的东西。我们需要打开这个包裹，更加仔细地考察其成分：仪式、具有象征性的风尚、霸主权的文化属性、历史上特别的劳动形式和社会关系中习惯的传递和习惯的代际演化。"[④] 我们可以很明显地发现这是从对威廉斯文化观念的批评中延伸出来的一种思路，汤普森在此基础上将他所重视的"平民文化"的研究转换为对"共有的习惯"的研究。在他的研究中，"习惯"一词比出身高贵的"文化"一词更能直观地体现阶级和阶级冲突的存在。虽

---

① 参见张亮《阶级、文化与民族传统：爱德华·P. 汤普森的历史唯物主义思想研究》，第50页。

② 参见〔英〕E.P. 汤普森《英国工人阶级的形成·前言》，第1页。

③ 〔英〕爱德华·汤普森：《共有的习惯》，沈汉、王加丰译，上海：上海人民出版社，2002年版，第11页。

④ 〔英〕爱德华·汤普森：《共有的习惯》，第11页。

然在弗兰西斯·培根的时代，习惯还和教育一样是贵族和精英的专属词，但一个世纪以后，习惯就从此成为专门描述劳动阶层以及劳动阶层自我描述的词语了，它的涵盖面从仪式、风俗、节庆到劳作方式、用工制度直至约定俗成的"普通法"，几乎囊括了贫民的所有的日常生活和工作的细节①，事实上也正好对应了汤普森在《英国工人阶级的形成》中确立的劳工阶级的文化这一对象，因此汤普森提出"习惯，在18世纪和进入19世纪时表现为劳动人民的文化"。② 但"习惯"不同于"文化"之处在于它几乎没有任何高贵的光环，仅仅被看作在低贱的人群当中自发传承演化的某种"传统"，这种贫民的传统往往被认为顽固、陈腐、愚昧、无知，似乎特别需要高贵的"文化"施以恩泽来改造："研究16和17世纪的历史学家曾倾向于把18世纪看作一个伴随着巫术、妖术和类似迷信的行为、习惯使用权处于衰落的时期。人民迫于压力，自上而下地'改革'民众文化，读写取代了口耳相传，并且（假设）启蒙运动从地位优越的等级向从属等级渗透。"③ 汤普森坚决反对这种典型的启蒙精英的文化观，认为"习惯意识和习惯用法在18世纪表现得特别强烈，实际上某些'习惯'是晚近创造的，并且实际上是在要求新的'权利'"；而且精英的启蒙也远不像他们想象的那么有成效，这些"改革"遭到了顽强的抵抗，造成的显著结果是"贵族文化和贫民文化之间拉开了极大的距离，相互间极为疏远"。④ 汤普森进一步强调，这些不断形成和改变的"习惯"是劳工阶级自下而上抗争的结果，"几乎是对任何权利的要求、使用和实施的合法性的辩解"，是口耳相传、约定俗成或者记录在案的劳动者的法典，是"一个变动的充满争论的领域，是对立的利益提出冲突的要求的竞争场所"。⑤ 对于启蒙论者的想象而言非常讽刺的是，"捍卫习惯的是人民自己，而他们中某些人事实上是以晚近在实践中坚持的东西为基础的"，习惯的捍卫者们真正反对的不是"统治者、商人或雇主寻求实施的经济理性主义和创新"，而是在这个创新的资本主义过程中愈演愈烈的"剥削形式，或者是剥夺其习惯

---

① 参见〔英〕爱德华·汤普森《共有的习惯》，第2~3页。
② 〔英〕爱德华·汤普森：《共有的习惯》，第1页。
③ 〔英〕爱德华·汤普森：《共有的习惯》，第1页。
④ 〔英〕爱德华·汤普森：《共有的习惯》，第1页。
⑤ 参见〔英〕爱德华·汤普森《共有的习惯》，第4~5页。

使用权，或者是猛烈地破坏其受到尊重的劳动和闲暇的方式"①；更为讽刺的是，不断升级的剥削和两种文化的日趋分裂，导致的非但不是上层群体对下层群体进行文化改造，反而是下层群体对上层群体在"上层建筑"当中展开争夺："当人民为抗议寻求合法性时，他们时常顾盼一个更加独裁化的家长制社会的规章，并且从某些部分是故意用来保卫他们目前利益的那些规章中选择一些。"② 由此也促使劳工阶层直接参与到英国的宪政改革历史当中以发挥重要的作用。汤普森的这些强调现在听来已经非常熟悉，因为它们正是从对威廉斯的批评当中衍生而来。他强调习惯所体现的对抗，是因为"在这些对抗中，很可能看到作为结果而产生的阶级形成和阶级意识的预兆；而老的结构残缺不全的碎片在复原并且在这种新生的阶级意识中重新复原"③；他提议用"共有的习惯"来取代或许更为笼统的"共同文化"，因为"正是'文化'这个词及它动辄乞求一致，可以用来把注意力从社会和文化矛盾、从整体中的裂痕和对抗中引开去"。④

汤普森这里对"文化"概念提出的批评，其实并非意在否定这个词的价值，更不是在否定新左派早期的文化分析的意义；恰恰相反，当他提出应当不再过于笼统地使用"文化"一词时，恰恰表明新左派所倡导的整体性的文化观念已经成为普遍的共识，即文化与社会的紧密而复杂的关系已经得到了重新建立。汤普森认为："如果我们把'文化'作为一个松散的描述性的词汇来使用，可能没有大的问题。但终究还有其他通用的描述性词汇，诸如'社会'、'政治'和'经济'，毫无疑问，值得时时对这些词提出质询，但是，如果在每个使用它们的场合我们都不得不忙于辩论其严格的定义，对知识的谈论恐怕真的会变得十分累赘。"⑤ 可以发现，讨论"文化"的基础已经由早先的恢复文化与其他因素的整体联系转变成为更深入地研究其中的复杂性问题，而这就要求研究者要在之前的基础上获得一种对象的相对明晰性。比汤普森更为年轻，并且受到《英国工人阶级的形成》的影响而去研究"大众文化"的英国历史学家彼得·伯克，在1988年为自

---

① 参见〔英〕爱德华·汤普森《共有的习惯》，第8页。
② 〔英〕爱德华·汤普森：《共有的习惯》，第8页。
③ 〔英〕爱德华·汤普森：《共有的习惯》，第10页。
④ 〔英〕爱德华·汤普森：《共有的习惯》，第5页。
⑤ 〔英〕爱德华·汤普森：《共有的习惯》，第11页。

己十年前的《欧洲近代早期的大众文化》写重印前言时也曾提道："把'文化'概念区分于'社会'概念，而不是用它来泛指一切东西，这样的做法是有益的，但这种区分不应因循守旧。"① 这无疑是一次螺旋式的上升，充分显示了新左派的文化观念将关于文化的研究推到了一个新的高度。

二 威廉斯的文化观念与文学研究

"长期革命"论争的另一个受益者无疑是威廉斯，他对汤普森批评的部分的接受和部分的回应，为他后来的研究带来了深刻的影响。汤普森在针对霍加特、霍尔和威廉斯的批评当中试图强调的是马克思主义对于新左派的意义，是将批判斯大林主义与将马克思主义理论英国化区别开来并同时推进的必要。威廉斯对汤普森以阶级斗争来重新定义文化的积极回应，表明他正从四五十年代对马克思主义者文化观念的整体性怀疑转向将马克思主义整合到自己的理论和批评研究当中，并将其作为他的"文化唯物主义"的核心。由此也构成了威廉斯鲜明的思想轨迹，正如伊格尔顿所概括的那样，与很多人从年轻时的激进走向中年之后的保守不同，"威廉斯一生的突出特征是他稳步不断地走向政治左派"，"不是他最终被马克思主义所占有，反倒是他冷静地占有了马克思主义"。② 基尔南和汤普森等历史学家对威廉斯早期作品中"历史化"程度不足的批评显然得到了威廉斯充分的重视，他在后来的写作当中就非常注意贯彻这一马克思主义核心的理论方法。我们可以以威廉斯对布鲁姆斯伯里团体的研究为例。将这份写于70年代末的研究与较为类似的《文化与社会》进行比较便会发现，在分析这样一个由作家和精英知识分子组成的团体时，威廉斯大大加强了历史语境化的研究。与当年一致的是，威廉斯依旧强调"可以从不同的角度分析意识形态的和由意识形态派生而来的'知识贵族'概念并得出不同的结论，"③ 但与《文化与社会》中常常可见的思想史式的书写不同的是，此时

---

① 〔英〕彼得·伯克："修订重印版前言"，《欧洲近代早期的大众文化》，杨豫、王海良等译，上海：上海人民出版社，2005年版，第13页。

② 〔英〕特里·伊格尔顿：《历史中的政治、哲学、爱欲》，马海良译，北京：中国社会科学出版社，1999年版，第260、261页。

③ 〔英〕雷蒙德·威廉斯：《布鲁姆兹伯里派》，载〔英〕弗兰西斯·马尔赫恩编《当代马克思主义文学批评》，刘象愚、陈永国、马海良译，第139页。

的威廉斯拥有了更为明确的理论立场："任何成熟的社会文化分析，不仅要集中关注显现的理念和活动，而且要注意隐含的乃至习以为常的立场和观念。"① 因此，布鲁姆斯伯里团体的那种"群体"观念，那种"剑桥大学"与"外界"二分的特殊的感知形式，就不能仅仅被限制在自身的话语脉络和单一的历史继承关系当中来分析，而应扩展到更为广泛且不断变化的历史与社会关系当中，"其社会和文化之根必定会追溯到一种确切的社会立场和构成"。② 为此，威廉斯详细考察了该团体形成的历史过程，并且着重分析了该团体的社会构成。他特别强调了这些成员的阶级出身，同时强调他们与整个阶级的观念和制度之间的矛盾因素，并重点提出"要在总体上强调整个阶级在表面上稳定而实际上处于社会、政治、文化以及思想危机时期的内部需要和冲突，尤其是受过良好教育的职业阶层的内部需要和冲突"。③ 通过这种自觉而明确的历史化分析，威廉斯既肯定了布鲁姆斯伯里团体的积极历史意义，即最大限度地包含了资产阶级启蒙运动中的古典价值观，如反对虚伪迷信、反对无知、贫困、歧视、军国主义和帝国主义等④，又有力地指出"他们无法意识到自己是社会范围内的个体构成，这种特定的社会构成使他们成为表面上的小组，暗中的阶级宗派"⑤，而实际情况恰恰是"布鲁姆斯伯里团体聚拢在一起并作为有知识的现代文明个体的精神内涵而有效地播撒的不同立场实际上都是某种总体理论的替代"。⑥ 可以看到，相较于《文化与社会》，威廉斯对文化精英主义者的批评和肯定都通过更为历史化的分析而与他的共同文化观念联系得更为紧密。

威廉斯的另一部重要著作《关键词：文化与社会的词汇》也体现了他对历史化地研究文化问题的进一步推进。早在《文化与社会》中，提炼"关键词"并围绕其展开论述就已经成了威廉斯代表性的研究方法，只不过当时这样做的主要目的还是在于为研究思想家提供线索和框架性的帮

---

① 〔英〕雷蒙德·威廉斯：《布鲁姆兹伯里派》，《当代马克思主义文学批评》，第138页。
② 〔英〕雷蒙德·威廉斯：《布鲁姆兹伯里派》，《当代马克思主义文学批评》，第138页。
③ 〔英〕雷蒙德·威廉斯：《布鲁姆兹伯里派》，《当代马克思主义文学批评》，第150页。
④ 参见〔英〕雷蒙德·威廉斯《布鲁姆兹伯里派》，《当代马克思主义文学批评》，第152页。
⑤ 〔英〕雷蒙德·威廉斯：《布鲁姆兹伯里派》，《当代马克思主义文学批评》，第156页。
⑥ 〔英〕雷蒙德·威廉斯：《布鲁姆兹伯里派》，《当代马克思主义文学批评》，第154页。

助。但是随着研究的深入，威廉斯发现理解诸如"文化"这类词汇的当代意义实际上具有相当大的困难，因此在写作《文化与社会》时拟定的一系列重要的词汇便成为他后来重要的研究对象之一，并且通过这项研究工作，威廉斯成功地将他的关键词研究从一种辅助性的方法提升为一种一般性的理论方法，即历史语义学的研究。① 威廉斯对语言的关注自然也使得他与当时兴盛的结构主义语言学研究发生了关系，对此他这样描述："我当时在读的多数语言学作品（特别是 1960 年代的作品）在倾向上是结构主义的，偏离了意义中的历史发展这一观念。我认为我有某些对其作出反应的冲动，我强烈地感到不但需要结构分析，还需要一种历史语义学。"② 不难看出，威廉斯虽然承认结构主义确实能够提供一种有用的分析工具，但并不满足于它的基本理论预设。在他看来，历史语义学的理论核心就是要坚持这一事实："就其动态意义而言，语言是一种持续性的社会产物……在与任何一种社会产物同样的意义上，它是各种各样的变化、利益和关系争夺支配地位的竞技场。"③ 这种理论立场显然和早期新左派论争当中受到特别强调的马克思主义的历史唯物主义立场是一致的。在《关键词：文化与社会的词汇》当中，威廉斯努力将语言研究的特殊性与社会历史分析的方法论协调起来，提出"意义存在于日常实际的关系中"和"在特殊的社会秩序结构里以及社会、历史变迁的过程中，意义与关系通常是多样化与多变性的"两个重要观点，以此反驳来自结构主义和庸俗马克思主义的任何一种简单决定论。他对语言给出的辩证观点是：语言不仅"映照社会、历史过程，相反地，这本书的主要目的是要指出一些重要的社会、历史过程是发生在语言内部，并且说明意义与关系的问题是构成这些过程的一部分"。④ 这一观点很好地体现了威廉斯对文化的分析与对马克思主义基本理论问题的研究之间的相互结合。如果说汤普森等人是通过充分发掘工人阶级自下而上的斗争历史来实践历史唯物主义的话，威廉斯则是在另一个方向上推进着马克思的唯物主义，即在那些看似缺乏历史清晰度或者一向被抽象化理解的对象当中发现历史，发现社会关系和阶级斗争的存在与变

① 参见〔英〕雷蒙德·威廉斯《政治与文学》，第 166 页。
② 〔英〕雷蒙德·威廉斯：《政治与文学》，第 166～167 页。
③ 〔英〕雷蒙德·威廉斯：《政治与文学》，第 167 页。
④ 〔英〕雷蒙德·威廉斯：《关键词：文化与社会的词汇》，第 15 页。

迁。显然，正如威廉斯自己概括的那样，这些模糊不清的对象总体而言就是"文化"，它长久以来都被作为社会的对立物，从历史当中抽离出来单独供奉，与此同时也造成了历史将自身从文化当中抽离出来单独论述的相应后果。正是在这层意义上，威廉斯后来明确提出的"文化唯物主义"非但不是对马克思主义的"历史唯物主义"的替代，相反，是通过将文化交还历史和将历史扩展到文化的方式对历史唯物主义在广度和深度上的推进。

　　熟悉《文化与社会》的读者对此必定不会感到意外，在精英文化的大本营里火中取栗早已是威廉斯的惯常思路。汤普森略显不妥的讥讽并未动摇威廉斯的这种思路，但他提出的强调斗争与冲突的存在的观点，却深刻地影响到了威廉斯，并且一定程度上改写了威廉斯此后在"共同文化"视角下进行的文学批评和文学研究。借助从"长期革命"论争中收获的"冲突"概念，威廉斯可以在出版于 1973 年的《乡村与城市》中将文学与历史和社会之间的关系建立得更加牢固和紧密。正如有人指出的，威廉斯在批评和历史方面所做的工作是对整个研究对象的根本性重建，而由于认识到"英国文学在涵盖乡村与城市的主题方面或许比任何其他事物都要更为丰富"[1]，威廉斯的《乡村与城市》所进行的正是这样一种重建。[2] 它将对英国田园诗的理解从对乡村生活的感性描述和关于对立于工业化城市的"有机社会"的想象中解放出来，复原了涉及乡村和城市的文学作品当中隐藏的或遮蔽的现实冲突与建构过程，并以此来重新讨论乡村与城市在文化与空间意义上的相互关系。伊格尔顿就曾指出，在威廉斯看来，"文化并不是一个怀旧问题，并不是要回过头去看那些河谷和山坡：《乡村与城市》谈到了'有机社会'的幻象，然后坚决断然地破除了这一幻象"。[3]英国文学提供的这种将乡村视作"有机共同体"的文化想象，其实是在地理空间和生活方式的不断变化过程中逐步形成的意识形态建构，但也正是这种意识形态的幻象遮蔽了其过程中真实存在的压迫与抵抗，转而将其处理为单一的文化上的怀旧诉求。在这个过程当中，类似乡村的有机、健康

① Raymond Williams, *The Country and the City* (Oxford University Press, 1973), p. 291.

② 参见〔英〕雷蒙德·威廉斯《关键词：文化与社会的词汇》，第 69~70 页。

③ 〔英〕特里·伊格尔顿：《历史中的政治、哲学、爱欲》，第 260 页。

和落后、粗野，城市的机械、病态和先进、文明这样的相互矛盾的观念是同步形成的，它们相互缠绕不断转变，反复刷新浪漫主义时代以来奠定的某些基调，却并未跳出其限制。威廉斯充分认识到文学本身的丰富性，这种源于经验体认的丰富性使得作家们在他所勾勒的乡村与城市的文学空间版图上表现出极大的复杂性和矛盾性。威廉斯正是通过这种复杂与矛盾，揭去了笼罩于其上的种种狭窄化的观念外衣，将文学文本与历史和社会中的变迁以及作为真实动力的冲突之间的关系呈现了出来。这项工作的最终成果是否定了传统意义上的乡村与城市的二分法，从中重新发现了汤普森所强调的"阶级冲突"的普遍存在，并在此基础上提出了以阶级的斗争的观念取代乡村与城市的斗争的观念。这显然也和威廉斯强调的"共同文化"相一致，用他自己的话来描述就是："出生于抗议与绝望中的被剥削的劳动者与城市工人，他们相异的社会意识不得不通过一种新的方式形成一个有共同责任感的社会。城市救不了乡村，乡村也救不了城市。相反，两者之间漫长的斗争将会变成一场普遍的斗争。"[1] 这种核心问题的转换实际上很好地体现了汤普森在《长期革命》中提出的"革命观"，即"革命"就是"向社会主义过渡"，也即"通过在共同利益的普遍策略中不屈不挠地积极争取，在实践中找到资本主义的断裂点"。[2] 我们可以看到，共同文化已经与普遍斗争深刻地联系在了一起。

---

[1] Raymond Willliams, *The Country and City*, p. 301.

[2] E. P. Thompson, "The Long Revolution," *New Left Review* 9, 1961, p. 30.

第七章

两代新左派的论争与"文化唯物主义"

第一节　第二代新左派的挑战

一　新左派的新老交替与角色转换

关于 60 年代初期的新左派，研究者德沃金这样描述道："在最高峰时期，新左派是一个政治的和学术的网络或环境，用来出版杂志、书籍、时事小册子和时事通讯，并被组织成民族社团团体。"① 这一时期的新左派既拥有《新左派评论》这样的思想论坛，也有《超越冷漠》（*Out of Apathy*）这样的论文集和系列丛书，还有党派咖啡馆和民族社团之类的活动社团，并且也在核裁军运动和工党运动当中扮演重要的角色。此时的"新左派"称号对于参与者们来说，既意味着一种立场，也意味着具体的学术和政治生活。但由于各种原因，新左派团体的这种复合的身份并未得到合理的调适整合，这既表现在内部的主导思想未曾真正统一——"社团的宗旨从来没有被明确规定"② ——也表现在这些内部矛盾频频带给他们的身份危机，正如迈克尔·肯尼所说："新左派到底是一种思想运动，还是一场独立政治运动，或者是一个工党的游说组织？……这场运动根本无法对这些问题做出不存争议的解答。"③ 肯尼也因此将新左派未能有效解决内部矛盾视作

---

① 〔美〕丹尼斯·德沃金：《文化马克思主义在战后英国》，第 95 页。
② 〔美〕丹尼斯·德沃金：《文化马克思主义在战后英国》，第 97 页。
③ 〔英〕迈克尔·肯尼：《第一代英国新左派》，第 42 页。

其政治运动的活力迅速衰退的主要原因之一。德沃金一定程度上同意肯尼的观点，他也认为新左派团体的自我定位正如《新左派评论》所描述的"社会主义论证的地方，碎裂的团体感和团结感重新汇集起来的地方，而这种碎裂感曾是社会主义运动的一部分"那样过于模糊，不利于明确行动的方向。① 但德沃金也较为同情地理解了新左派团体既不致力于成为党派政治的基础又不希望成为纯粹的讨论团体的初衷。他用编委之一萨维尔的话解释道，这样做是为了避免越来越被卷入统治机构中，进而因为直接政治的局限无法实现他们的主要目标，即观念的澄清、发展和扩展。② 同时他还特别注意到，汤普森虽然在《新左派评论》合刊后便一直扮演一个尖锐到几乎起到分裂效果的批评者，但在新左派运动中汤普森却因为"对权威主义的官僚主义记忆犹新"③，所以既有意在新左派内部保持一定的多元性，又有意避免让这个新的团体成为某种明确的领导者。另一位研究者林春也就此专门提出："一方面，新左派的经验告诉我们回避党派官僚政治是对古典政治学的挑战；另一方面，我们也必须承认它是社会主义运动的一个重大收获，它突破了将'政党'视作能够为有效的政治教育和动员创造条件的唯一渠道这一传统框架。"④

颇为讽刺的是，汤普森对家长专制作风的否定和威廉斯对直接政治的厌恶，似乎都被他们的激烈批评者——更为年轻的第二代新左派的领袖人物佩里·安德森"继承"了。当1962年安德森接手了身陷一系列困境打击中的《新左派评论》之后，他引领的思路便与早期新左派的思路产生了明显的矛盾；而从霍尔担任主编时期便对年轻一代十分不满的汤普森也由最初的编委会成员转而成为《新左派评论》长期的坚定批评者。汤普森与安德森这两位旗帜性人物之间的争论跨越了此后近三十年的时间，虽然重点和语境不断发生转变，但他们之间的分歧往往被后人概括为第一代新左派与第二代新左派之间的分歧，这场争论也往往通过提炼出来的理论核心词而被命名为"经验"与"理论"之争，或是"文化马克思主义"与

① 参见〔美〕丹尼斯·德沃金《文化马克思主义在战后英国》，第97页。
② 〔美〕丹尼斯·德沃金：《文化马克思主义在战后英国》，第97~98页。
③ 〔美〕丹尼斯·德沃金：《文化马克思主义在战后英国》，第97页。
④ Lin Chun, "Introduction," in *The British New Left* (Edinburgh: Edinburgh University Press, 1993), p. 17.

"结构主义马克思主义"之争。在最初的争论中，关于《新左派评论》和新左派究竟应该做什么是争议的焦点。与老一辈新左派的不同之处在于，安德森等人对工党政治和其他一些当时的社会政治议题并不感兴趣，认为这些运动根本无助于理解和解决真正的现实困境，在他们的设计之下，《新左派评论》"更关注建立理论优先性，而不是处理政治组织的日常琐事"。① 与之相应的是，他们对新左派的各种社团和公共组织的运作也并不关心，甚至毫无好感，因此这些本就近况不佳的外围的活动便在内外交困当中逐渐没落。安德森将杂志和群体逐渐转变为"观察者"和"思考者"的做法激怒了汤普森，他曾抱怨安德森的设想是要将《新左派评论》"还原为某种一致性，在这种一致性中，学术上杰出的或者富有经验的马克思主义者，将代替其他方式，以及其他的感知方式，还有社会主义的人道主义所固有的重要的价值观和态度"。②

如果说汤普森这一代人是出于谨慎而选择在政治实践当中走走停停的话，安德森这一代人则是出于对英国本土政治的深刻的不信任而大幅度地否定当前政治活动的意义和根本有效性。不论是由于什么原因，新左派的政治实践在 60 年代前期走向顶峰，但也在随后迅速走向衰落，最终变成了各自的单独行动。这样的结局显然不会是汤普森和威廉斯愿意看到的，尤其对于威廉斯而言，"文化"这一新的平台纵然成功搭建，却没有顺理成章地支撑起一种持久的政治斗争，相反却不断受到冲击和动摇，他的"文化政治学"似乎也在这种反复的争辩当中停留在了"学说"的层面上。作为新左派的同路人，霍布斯鲍姆在其自传中也对这些老朋友给出过很不客气的评论："就事论事来看，这些'新左派'尽管具备可观的知识创造力，却依然无足轻重。他们未能改革工党（他们对之仍怀有矛盾情结），也无法改革共产党（如同瑞典的做法），他们没有发展出一个新的左派政党（像丹麦那般），或者至少创造出一个能够持续运作的重要组织，更遑论是全国性的领袖人物。"③ 他甚至还对汤普森在阿尔都塞问题上的纠缠不放感到不解，认为这完全是在浪费汤普森的才华。④ 霍布斯鲍姆的批评实际上

---

① 〔美〕丹尼斯·德沃金：《文化马克思主义在战后英国》，第 180 页。
② 〔美〕丹尼斯·德沃金：《文化马克思主义在战后英国》，第 156 页，译文略有改动。
③ 〔英〕艾瑞克·霍布斯鲍姆：《趣味横生的时光：我的 20 世纪人生》，第 256～257 页。
④ 参见〔英〕艾瑞克·霍布斯鲍姆《趣味横生的时光：我的 20 世纪人生》，第 260～261 页。

展现出了来自"新理性者"传统的一种声音，他们对于新左派的期望既包括在英国本土语境中改造受到污染的马克思主义，更包括将这种改造应用到实际的政治斗争当中，实现英国的"革命"。霍布斯鲍姆显然认为这些理想在新左派的历史当中被逐渐模糊乃至被彻底取代，从而使得新左派成了没有基石的"无足轻重"的理论知识分子。霍布斯鲍姆的批评虽然显得有些不太顾及历史的细微处，但在他所列举的北欧左派事例的对比下，却又的确很有力量。

有趣的是，依然健在并对霍布斯鲍姆的回顾做出直接反击的恰恰是佩里·安德森。在 2002 年发表于《伦敦书评》上的针对《趣味横生的时光：我的 20 世纪人生》的评论中，安德森虽然对霍布斯鲍姆表示了敬意，但最终将其概括为"被征服的左翼"。被什么征服了呢？斯大林主义、文化马克思主义还是后现代主义？显然都不是。安德森认为征服了霍布斯鲍姆的是其为之奉献了一生的政治传统，而这部自传在很大程度上是为这种政治传统所唱的挽歌。① 这种政治传统自然是与同为共产主义历史小组成员的"新理性者"们的理想内在相通的，是对一种曾经的共产主义事业和革命传统的坚信与留念。如同批评当年的第一代新左派一样，安德森同样批评霍布斯鲍姆的回顾——后来扩展到他著名的"年代三部曲"——缺乏对新的历史危机的认识。仅从这一点来看，安德森对霍布斯鲍姆的批评与他对汤普森的批评是基本一致的，看起来像是两代新左派之争的新千年重现。但仔细阅读却会发现，安德森的批评中有一部分是为了维护新左派的历史价值，其中包括汤普森这一代的历史价值。通过细数霍布斯鲍姆所略过的历史细节，安德森反击了作者对新左派的评价："这部酸溜溜的回忆录很少有哪件事经得起仔细的推敲。20 世纪 50 年代末的'新左翼'积极参加了核裁军运动，尽管没有实现目标，但与尚未经过改造的英国共产党相比，却是一股更不容小觑的变革力量。"② 此外，虽然霍布斯鲍姆敏锐地指出了新保守主义之后工党的左翼基础早已沦丧，但安德森更强调自己这一代新左派在工党问题上的先知先觉："正是这种在 60 年代末和 70 年代一

---

① 参见〔英〕佩里·安德森《被征服的左翼：艾瑞克·霍布斯鲍姆》，《思想的谱系：西方思潮左与右》，袁银传、曹荣湘等译，北京：社会科学文献出版社，2010 年版，第 340 页。

② 〔英〕佩里·安德森：《被征服的左翼：艾瑞克·霍布斯鲍姆》，《思想的谱系：西方思潮左与右》，第 342 页。

步步走入死胡同的传统工党理论的衰微，才导致了持本原立场的左翼的兴起。"① 安德森认为霍布斯鲍姆过分夸大了他所代表的传统在类似的历史关键时期所起的作用，而新左派——不仅指英国的新老两代新左派，也同时指世界范围内的新左派——所代表的批判性的力量同样是重要的历史推动因素。

在霍布斯鲍姆的攻击和安德森的反击之间，我们可以获得某种提示：应当在两代新左派的争论当中发现一些复杂而又具有阐释力的东西。它们可以帮助我们充实研究者们提炼的诸多命题，避免将双方进行"文化的"和"理论的"，重"实践"的和重"思想"的之类的简单划分；它们也可以帮助我们绕过过于笼统和想当然的"代际之争"的概括理解，发现新左派群体内部对话与分歧的基础。由此我们才能去理解这场论争对于新左派文化观念的深刻影响。

二 "可疑的英国传统"

我们不妨仍旧先从"代际"的角度切入。根据霍布斯鲍姆的描述，《新左派评论》在经过一番波折之后，"从 20 世纪 60 年代初开始，由一个全新的编辑小组加以接管。其成员为牛津大学已脱离共产党的年轻马克思主义者……其领袖为能力惊人的佩里·安德森（时年 22 岁），而且他也是主要的出资者。新编辑群……兴趣显然更加国际化、更具理论性，而且比较不自限于劳工运动和社会主义政策"。② 一批年轻的成员加入新左派群体当中，这原本既是新左派运动影响力的体现，也有助于进一步推广这种影响力。但实际情况是这些新人很快便对汤普森的马克思主义提出了挑战，德沃金将之称为"来自欧洲传统"的"更严格的、有哲学根基的马克思主义的挑战"。③ 这一代人的国际化视野也与其所处的时代变化相关。20 世纪 50 年代后期开始，世界范围内的抗争浪潮此起彼伏，这一格局变动导致汤普森等人对本国"革命"的期盼，但在更为年轻的安德森等人眼中，这一系列动荡展现的是欧洲深陷的结构性困境，真正能让人看到革命的突破

---

① 〔英〕佩里·安德森：《被征服的左翼：艾瑞克·霍布斯鲍姆》，《思想的谱系：西方思潮左与右》，第 343 页。

② 〔英〕艾瑞克·霍布斯鲍姆：《趣味横生的时光：我的 20 世纪人生》，第 256 页。

③ 〔美〕丹尼斯·德沃金：《文化马克思主义在战后英国》，第 149 页。

性希望的反倒是第三世界的政治。正如安德森自己所说："我们以同情的态度观察了东欧 1956 年的动乱，却没有结局。1959 年的古巴革命对于我们来说似乎对未来更重要并更有希望。"[1] 这种关注重点与理解方向的不同很好地揭示了两代人之间的巨大差异：虽然都信仰马克思主义并反对斯大林主义教条，但第二代人并不认可第一代人的本土化策略。更具体地说，安德森等人不信任汤普森等人高举的"英国社会主义传统"，同样地，也不认可"社会主义人道主义"以及与之相关的文化观念的价值。相反，他们提倡开阔理论视野，转变在马克思主义理论研究和现实问题分析当中的经验式的肤浅方法，因而很快便开始在杂志中引入列维 – 施特劳斯、恩内斯特·曼德尔等人的社会理论，直至后来对各种西方马克思主义理论的大规模引介和讨论。

可以看出，第二代新左派的自我阐发是在对第一代的"文化马克思主义"的全面否定中完成的。当汤普森于 1963 年出版了《英国工人阶级的形成》后，安德森和汤姆·奈恩等人便对其开始了批判性的研究，并且于 1964 年至 1966 年写下了一系列论文来讨论第一代新左派、英国资本主义的历史轨迹、工党意识形态以及英国工人阶级等问题，并最终汇集成"当前危机的起源"这样一个主题。[2] 该名称来自安德森 1964 年发表于《新左派评论》的长文《当前危机的起源》。在这篇文章中，安德森将当代英国的历史进程视作与马克思主义假设的一般的历史进程不同的一个例外，概括而言即"16 世纪英国农业资本主义的过早发展产生了 17 世纪不完整的资产阶级革命，它是'一次崇高的、成功的资本主义革命'，这次革命改变了英国社会的基础而不是上层建筑"。[3] 安德森所说的正是历史上著名的英国"光荣革命"，在他看来，这次革命的结果正如君主立宪制度的确立和延续那样，是使贵族和资产阶级融合成一个团体。安德森在此借用葛兰西的"霸权"理论，指出这一过程恰恰对英国的工人阶级运动产生了致命

---

[1] Perry Anderson, *Arguments Within English Marxism* (London: Verso, 1980), p. 151. 《新左派评论》在 1961 年刊发了 5 篇文章讨论古巴革命的问题，而此前 1960 年的 6 期当中讨论欧洲政治（如瑞典、丹麦、南斯拉夫等）的文章数量要远远多于讨论其他地区（如美洲、阿尔及利亚和中国）的文章数量。

[2] 参见〔美〕丹尼斯·德沃金《文化马克思主义在战后英国》，第 150 页。

[3] 〔美〕丹尼斯·德沃金：《文化马克思主义在战后英国》，第 152 页。

的影响。他分析认为，统治阶级的意识形态是"整个社会的意识、特征和风俗的主要决定因素"①，工人阶级在特定的结构当中只能处于"合作"的地位，他们只能通过挪用资产阶级革命传统，部分地建构表面上属于自己的意识形态。由于"光荣革命"中贵族与资产阶级的握手言和很好地实现了封建贵族意识形态与资产阶级意识形态的融合和延续，这就使得英国的"传统"显得格外强大："彻底僵化的保守主义、厚重且令人生厌的庸俗观念、故弄玄虚的直觉传承犹如幕布一般遮盖住整个社会，英格兰也因此理所当然地赢得了世界的尊敬。"② 这种"光荣的传统"显然也不可避免地影响到了英国的无产阶级，使得他们的阶级意识当中充满了保守、落后的偏狭因子，缺少法国无产阶级在一系列革命斗争当中铸就的那种具有革命意识的阶级意识。在安德森看来，"惰性十足的英国资产阶级形成了依附性十足的英国无产阶级，后者没有传承自由的冲动，革命的价值观和通用的语言"③，有的只是被处于霸权地位的资产阶级意识形态所局限的阶级意识，因此也就有了自19世纪以来持续至今的社会主义危机，即真正能够挑战传统意识形态的社会理论，如马克思主义，很难有效地改造工人阶级的意识形态，相反，保守的工党意识形态却总是能渗透像马克思主义这样的激进理论。④

安德森所代表的观点对第一代新左派来说无疑是颠覆性的，因为他们怀疑的并不仅仅是"传统"，而是工人阶级的革命意识，是所谓自下而上的阶级斗争的历史，换句话说，是汤普森、威廉斯等人通过文化所讨论的全部的基础。安德森对此也毫不掩饰，他在《50年代的左派》一文中直接表达了自己对第一代新左派的失望，认为他们"几乎完全不能对英国社会提供任何结构性分析"，所提供的社会主义人道主义不过是在精神和知识上遭受重大失败后给出的"民粹主义的"和"前社会主义的"方案。⑤ 安德森的批评显然是在借鉴欧洲大陆特别是法国的理论和历史的基础上形成的，这其中隐含着将法国历史看成"标准"模式，而将英国历史看成"例

---

① Perry Anderson, "Origin of the Present Crisis," *New Left Review* 23, 1964, p. 37.

② Perry Anderson, "Origin of the Present Crisis," *New Left Review* 23, 1964, p. 40.

③ Perry Anderson, "Origin of the Present Crisis," *New Left Review* 23, 1964, p. 43.

④ 〔美〕丹尼斯·德沃金：《文化马克思主义在战后英国》，第152~153页。

⑤ 参见 Perry Anderson "The Left in the Fifties," *New Left Review* 29, 1965, p. 17.

外"模式的对比，事实上否定了历史小组长期的观察结论，因此被德沃金称作"对共产主义编史学传统的整体拒绝"。①

针对安德森和奈恩等人的批评，汤普森迅速以《英格兰的独特性》一文进行回击。这篇文章的标题告诉我们，汤普森首先承认了英国革命和英国历史的独特性，但他却修改了安德森的定义，将这种特殊性视作英国社会主义革命的主要动力。通过英法两国历史的阶段性比较，汤普森得出结论：英国历史的特殊性并没有改变英国资本主义的本质，因此并不存在绝对意义上的"例外"和"特殊"；相反，这种独特性恰恰要求我们不能挪用其他的历史和革命形式来衡量甚至评判英国的革命历史，不能用大陆理性主义的理论眼光来看待英国的"革命遗产"以及新左派对"经验"的重视。② 就拿1688年的"光荣革命"来说，汤普森认为，它"并不意味着某种'封建主义'和'资本主义'的折中，也并非顽固的封建上层建筑与萌芽期的资本主义基础之间利益的调节，而是一次精妙的排布，为的是适应当时社会力量的平衡。这种设计是如此精巧、复杂和灵活，以至于它既能够经受此后100年的相对的社会停滞，又能够经受接下来50年的双重革命"。③ 对于论争对手将他们的研究归结为"英国意识形态"的批评，汤普森认为这是因为第二代新左派们"无法想象资产阶级文化构建起的那个巨大的拱顶"，他们所能看到的仅仅是"启蒙运动和马克思主义到来的那个时刻"。④ 汤普森将这种缺陷概括为以下几个方面："①忽视新教和资产阶级民主传统的重要性；②忽略'作为本真的、清晰的意识形态'的资本主义政治经济学的重要性；③忽视英国三个多世纪以来的自然科学贡献；④混淆了'经验'和'意识形态'。"⑤ 汤普森的回击很明显是指责安德森等人对英国历史缺乏真正深入细致的了解和分析，当然我们也可以用

① 〔美〕丹尼斯·德沃金：《文化马克思主义在战后英国》，第155页。
② E. P. Thompson, "The Peculiarities of the English," in *The Poverty of Theory & Other Essays* (London: Merlin, 1978), pp. 267 – 271.
③ E. P. Thompson, "The Peculiarities of the English," in *The Poverty of Theory & Other Essays*, p. 252.
④ E. P. Thompson, "The Peculiarities of the English," in *The Poverty of Theory & Other Essays*, p. 266 – 267.
⑤ E. P. Thompson, "The Peculiarities of the English," in *The Poverty of Theory & Other Essays*, pp. 267.

德沃金更为中立的语言加以概括，即"安德森从宽泛的历史视野的角度看待历史事件，而汤普森研究了小部分时段，从而了解更一般的社会和历史过程"。[①]

三　充满争议的"理论"

汤普森与安德森的分歧在某种程度上似乎的确可以被概括为"经验"与"理论"之争，而这种分歧也事实上造成了此后新左派成员在方向上的区分。老一代新左派的两位代表人物中，威廉斯其实始终处于比较外围的位置，汤普森在退出《新左派评论》编辑委员会后也实际上脱离了这个群体，前者更为集中地进行着文学和文化问题的分析研究，后者将更多的精力投入核裁军运动和英国工人阶级历史的研究当中。全面接管新左派群体的年轻一代则更进一步地推进他们的理论研究工作。有鉴于英国思想资源的"先天不足"，《新左派评论》的新编辑群开始有计划地大规模引介和评述来自其他西方世界的马克思主义思想理论。从 1966 年安德雷·戈尔茨发表在《新左派评论》第 37 期上的《萨特与马克思主义》开始，新左派成员陆续在《新左派评论》和《社会主义年鉴》等杂志上大量翻译和讨论西方马克思主义的重要思想家及其理论，并且于 1978 年对这些文章进行了编选，出版了《西方马克思主义批判文选》。[②] 在所有这些文章中具有代表性的是佩里·安德森的《安东尼奥·葛兰西的二律背反》（1976 年，《新左派评论》第 100 期）、诺曼·杰拉斯的《评阿尔都塞的马克思主义》（1972年，《新左派评论》第 71 期）以及瓦伦迪诺·杰拉塔纳的《阿尔都塞和斯大林主义》（1976 年，《新左派评论》第 101 期），它们指向了 60 年代后期以来对英国左翼思想界产生冲击性影响的阿尔都塞和葛兰西这两股思想潮流。这股潮流有明显的试图用"意识形态"来取代"文化"成为当时左翼研究核心的倾向，其中阿尔都塞的"科学的与意识形态的"认识论划分方式显然为这种倾向提供了有效的理论支持，因此 70 年代的英国左翼思想界掀起了一股"阿尔都塞热"："阿尔都塞的观点对 20 世纪 70 年代的文化

---

① 〔美〕丹尼斯·德沃金：《文化马克思主义在战后英国》，第 157 页。

② 参见 NLR 编《西方马克思主义批判文选》，徐平译，台北：远流出版事业股份有限公司，1994 年版。

理论产生了巨大的影响。翻阅一下当时的主要期刊，你很快就会得出这样的看法。《文化研究论文集》《银幕》《新左派评论》等全部都登载了关于阿尔都塞主义的文章、阿尔都塞派的文化和反对阿尔都塞主义的文章。"①另一方面，对第一代新左派的批评也没有停止，除了批评"顽固的汤普森"之外，威廉斯的弟子特里·伊格尔顿于 1976 年在《新左派评论》上发表了《批评与政治：雷蒙德·威廉斯的著作》，对威廉斯进行了整体性的批评，并随后出版了《批评与意识形态》一书，试图用阿尔都塞的科学理论来清理威廉斯的文化观念在文学研究和文学批评领域遗留的含混不清之处。与此同时，相关的结构主义、后结构主义和后现代主义理论也成为文化研究中心和《银幕》杂志等文化研究主要阵地讨论的重点。一时间，早期新左派围绕"文化"建立起来的理论观点不仅几乎要被新的理论思潮全盘取代，甚至还被定性为"文化主义"而受到了来自四面八方的围攻。

当这种实际上是出于对马克思主义的不同理解而产生的矛盾激化到被明确地称为"结构主义马克思主义"与"文化马克思主义"之争的时候，双方的对立便往往会成为一方对另一方的绝对否定，正如安德森的盟友 P. Q. 赫斯特得出的那种结论："虽然历史专业具有经验主义的主张，但历史的现实对象对认识来说却是难以认识的……作为一种理论实践和一种政治实践，马克思主义在与历史学著作和历史学研究的联合中一无所获。历史学研究不管在科学上还是在政治上都毫无价值"。②汤普森的回击也毫不客气，他在 1978 年用雄文《理论的贫困或一个错误的太阳仪》，将新思潮的教主阿尔都塞的理论批驳为唯心主义和斯大林主义，认为阿尔都塞及其追随者们集中质疑的是历史唯物主义本身，他们实际上给出的是一种非历史的理论体系，归根到底不过是用类似于马克思所讽刺的蒲鲁东的那种形而上学取代而非改进历史唯物主义；安德森则在两年后出版《英国马克思主义的内部论争》，意在证明第二代新左派的思考是基于现实的对马克思的主要理论基础的推进，而这些问题与工作是汤普森无法认识到也无力做到的。

---

① 〔英〕约翰·斯道雷：《文化理论与通俗文化导论》，杨竹山等译，南京：南京大学出版社，2001 年版，第 157 页。

② 转引自张亮《阶级、文化与民族传统：爱德华·P. 汤普森的历史唯物主义思想研究》，第 161~162 页。

　　有趣的是，作为亲身经历者和旁观者的霍布斯鲍姆却在回忆录中给这段热火朝天的历史泼了盆冷水。在他看来，即使就当时而言，阿尔都塞在英国也不过是个撑不过十年便会过时的思想家，才华横溢的汤普森花费如此多的时间来批判阿尔都塞的理论，是一件得不偿失的事情。霍布斯鲍姆对这场论争的潜在因素做了一点勾勒，他认为汤普森其实一直迫切希望与新一代年轻知识分子保持联系，然而这些人几乎都对汤普森和威廉斯这一代人看重的"英国工人阶级的道德力量"不感兴趣，他们感兴趣的恰恰是被汤普森驳斥为"非理性主义""令人作呕的资产阶级作风"的侧重理论的欧陆马克思主义。也正是这一点促使汤普森花费了大量时间和精力来向启发了这一代人的法国理论家阿尔都塞开火。① 霍布斯鲍姆看似还是在用"代际之争"来看待这场争论，但其实他提示了一个重要的信息，即这场争论就其本身而言在很大程度上是"隔空对战"，双方的落脚点都在批判对方，但实际操作中却往往是将对方简单等同于自己批判的那种理论形态。这一点我们可以从安德森 1977 年的《西方马克思主义探讨》中得到印证。在这本书中安德森得出了对西方马克思主义的整体性看法。他之所以致力于引介和评判西方马克思主义，当然是因为认识到"只有当历史唯物主义摆脱了任何形式的地方狭隘性，它才能发挥其全部威力，这种威力尚有待历史唯物主义来加以恢复"②，但他这里所说的"地方狭隘性"并不仅仅指向英国本土，而是同样指向西方马克思主义自身，因此他在这一结论之前的话是："缺乏普遍性，说明真理尚有欠缺之处。西方马克思主义正因为是西方的，所以必然比不上马克思主义。"③ 换言之，安德森并不认为他所讨论的对象是可靠的理论武器，而只不过是帮助新左派开阔视野，发掘普遍的历史唯物主义理论的工具而已。实际上安德森本人对西方马克思主义做出过强烈的批判："西方马克思主义首要的最根本特点就是：它在结构上与政治实践相脱离。"④ 无论是卢卡奇、法兰克福学派还是德拉·沃尔佩和科莱蒂，他们都"不断地从经济学和政治学转回到哲学——放弃

① 参见〔英〕艾瑞克·霍布斯鲍姆《趣味横生的时光：我的 20 世纪人生》，第 260～261 页。
② 〔英〕佩里·安德森：《西方马克思主义探讨》，高铦、文贯中、魏章玲译，北京：人民出版社，1981 年版，第 120 页。
③ 〔英〕佩里·安德森：《西方马克思主义探讨》，第 120 页。
④ 〔英〕佩里·安德森：《西方马克思主义探讨》，第 41 页。

了直接涉及成熟马克思所极为关切的问题，几乎同马克思放弃直接追求他青年时期所推论的问题一样彻底"。① 相较而言，安德森认为葛兰西和阿尔都塞对这一传统有所改进，因为他们没有像其他西方马克思主义者那样"故意闭口不谈那些历史唯物主义经典传统最核心的问题：如详尽研究资本主义生产方式的经济运动规律，认真分析资产阶级国家的政治机器以及推翻这种国家机器所必须的阶级斗争战略"②，葛兰西的"霸权理论"和"阵地战"学说，阿尔都塞对"意识形态国家机器"的分析，都在一定程度上体现了对这些传统核心的回归。因此，由葛兰西—阿尔都塞共同构建的意识形态理论，虽然自身依然难以摆脱那种尴尬的"二律背反"，但依然不失为对早期新左派的"文化政治学"而言更为先进的理论武器。

理解了上面这些内容，我们就会发现，这场论争当中充满了双方彼此间的有意或无意的误读。阿尔都塞的理论诞生于对西方世界的人道主义马克思主义的反击，这其实成了被用来批判汤普森的"社会主义人道主义"的一个潜在理由。但无论是理论资源还是具体形态以及形成时间上，人道主义马克思主义和汤普森的社会主义人道主义两者之间都存在巨大的差别，在它们之间寻找共同点无疑是缘木求鱼；另外，如果说四五十年代人道主义马克思主义的兴起也有反对斯大林主义的内在动力的话，阿尔都塞理论的反击所要捍卫的也并非斯大林主义，而是真正意义上的正统马克思主义，这一点可以在阿尔都塞对列宁的研究当中看到。然而阿尔都塞理论的哲学化特征以及对于基础和上层建筑问题的过于绝对化（表现为另一种形态的"决定论"）的结论，似乎引发了汤普森过分的警觉，以至于不容置辩地将其设定为自己一贯的敌人。这也正如德沃金在分析50年代的汤普森时就给出的判断："无论汤普森什么时候面对强调决定论或人类意志约束论的马克思主义思想模式，他都将其置于参照框架之下，将其看成是斯大林主义的余波。"③ 如果相对跳出双方的具体言说来看的话，不难发现二者之间实际上存在一些共同的立场，如对斯大林主义的批判和对抽象、局限的理论的摈弃，以及对于现实政治重要性的认识。即使是被很多研究者

---

① 〔英〕佩里·安德森：《西方马克思主义探讨》，第69页。
② 〔英〕佩里·安德森：《西方马克思主义探讨》，第61页。
③ 〔美〕丹尼斯·德沃金：《文化马克思主义在战后英国》，第74页。

认为代表所谓"结构主义马克思主义"应战的《英国马克思主义的内部论争》，在其作者安德森看来所要表达的仍然是这样一种观点："采纳汤普森的方法似乎比采纳阿尔都塞的方法更重要。"① 我们甚至能够从中看到某种愈发明晰的新左派的一贯的问题意识，即在新的历史形势下阐释马克思主义的历史唯物主义。

联系上文讨论的汤普森用"阶级斗争"来修改威廉斯的文化定义，我们就会发现第一代新左派的文化观念本身就包含了对马克思主义历史唯物主义的发展。第二代新左派对他们的批评，其实部分涉及了他们已经开始认识到的一些不足——如威廉斯在面对《新左派评论》新编辑们的访谈时就承认他的《政治与文学》杂志缺乏政治和经济方面的文章，内容上严重倾向于文学，并且也承认《文化与社会》将视角限定在英国本土造成了许多的麻烦和局限②——同时，这些批评和随之引入的理论资源，也引发了早期新左派在原有基础上对一些基本问题的进一步思考，这些思考对"文化唯物主义"的提出有重要的作用。

第二节　意识形态理论与"基础/上层建筑"模式批判

第二代新左派用来攻击第一代的最为集中的理论武器是"意识形态"，他们的意识形态学说的主要理论来源是葛兰西和阿尔都塞。不难发现，这一经过西方马克思主义改造的意识形态理论在第二代新左派眼中具有比第一代的"文化"理论更为系统、更为哲学化的特征，或者借用阿尔都塞的术语，是更为"科学"的知识。因此，年轻的左翼知识分子倾向于用意识形态理论来替代或者至少是修正"经验主义"的早期文化理论，并以此来分析和应对当前的时代危机。这项工作首先由安德森和奈恩等人开展，随后扩展到文化研究和文学批评领域。特里·伊格尔顿于1976年出版了《批评与意识形态》，将阿尔都塞的意识形态理论和"科学的方法"批判性地应用于对文学批评的研究当中；霍尔也先后发表了《文化研究：两种范

---

① 〔英〕佩里·安德森：《纪念：爱德华·汤普森》，《思想的谱系：西方思潮左与右》，第216页。
② 参见〔英〕雷蒙德·威廉斯《政治与文学》，第59页，第96~97页。

式》和《"意识形态"的再发现：媒介研究中被压抑者的回归》两篇文章，展现了意识形态理论在英国文化研究的本土传统与欧洲大陆各种新兴理论资源之间所起到的桥梁作用。在这场轰轰烈烈的振兴意识形态学说运动中，起初最为耀眼的偶像无疑是阿尔都塞。亲历者马尔赫恩在综合了霍尔（同时也是伯明翰文化研究中心）、伊格尔顿、托尼·本尼特等人以及《银幕》等刊物的工作后指出，在整个 70 年代，阿尔都塞都是英国文学研究和文化研究的一种智慧参考。① 然而他随即也指出，"在这个引人注目的过程当中，持续强烈的话语流通掩盖了概念意义的流失"，其原因既有理论传播过程中的平庸化和阿尔都塞的英国支持者们对其理论的过分强调而导致的"自我毁灭"，也有英国马克思主义扎根于现实政治这一传统所带来的挑战和自我反思。② 马尔赫恩的总结一方面印证了上文所论述的一个观点，即所谓的英国"结构主义马克思主义"其实并不像后人认为的那样与阿尔都塞的理论如此亲密无间；另一方面也昭示了霍布斯鲍姆的预测，即阿尔都塞的影响力将会很快衰退。相较而言，更早被引入英国新左派视野中的葛兰西则表现出更为持久和稳定的影响力：他的理论在最初交锋的两篇文章《当前危机的起源》和《英格兰的独特性》当中成了争论的焦点；而后又在威廉斯那里成为重新审视基础和上层建筑模式的重要参考；当"意识形态"被确立为新的文化研究核心的时候，霍尔的《文化研究：两种范式》和本尼特的《通俗文化与"葛兰西转向"》则非常明确地将 70 年代末以来的这种文化研究范式的转变称为"葛兰西转向"。如果我们粗略地将这段历史概括为"葛兰西—阿尔都塞—葛兰西"这样一个循环的话，其实就可以发现所谓"文化"与"意识形态"之争，结果并非后者取代前者，而是后者深化了前者。

一　文化中的"意识形态"与"冲突"

上文曾提及，在经历了斯大林主义教条的侵袭后，英国新左派的内在核心问题之一便是如何重新阐释马克思主义的历史唯物主义。安德森的

---

① 参见〔英〕弗兰西斯·马尔赫恩《瓶中信：文学研究中的阿尔都塞》，孟登迎译，《中外文化与文论》2009 第 2 期，第 255～265 页。

② 参见〔英〕弗兰西斯·马尔赫恩《瓶中信：文学研究中的阿尔都塞》，孟登迎译，《中外文化与文论》2009 第 2 期，第 265 页。

《当前危机的起源》正是通过借助葛兰西关于意识形态的霸权理论来攻击早期新左派的文化观点，认为后者没有认识到自己抓住不放的英国文化传统中的革命因子其实终究难逃统治阶级处于霸权地位的意识形态的掌控。安德森的批评并非抽象的概念推导，而是基于他对英国历史的考察，而当他的历史研究与汤普森这一代人的历史研究发生如此根本性的冲突时，被推到台前的问题就并不是历史细节的掌握和阐释，而是如何将意识形态理论纳入历史唯物主义的重新建构当中，也即如何重新看待基础和上层建筑这一命题。汤普森的回应也正是从这个角度入手，试图将葛兰西的理论与自己的"文化是整体的斗争方式"的理论结合起来。

在阶级斗争的观念中理解文化，这是汤普森在对威廉斯的批评中确立起来的基本观点。如果考察在此之前共产主义历史小组对阶级斗争的阐释，就会发现这一观点从一开始就与对基础和上层建筑模式的反思联系在一起。正如德沃金指出的，历史小组在反对斯大林教条模式的过程中，提出了阶级包括"客观的"和"主观的"两方面的因素。客观因素指的是阶级关系的结构性基础；主观因素则是指阶级意识成长的过程，在这个过程中被剥削阶级或团体开始主观地或者经验地意识到客观形势并去抵抗甚至推翻这些形势。历史小组描述的"自下而上的历史"，显然更为强调这种主观因素在阶级斗争历史当中的重要性。这样的强调对思考基础和上层建筑模式具有重要的意义，因为在这种解释框架下，"关注阶级斗争暗示了另一种理论，这种理论是对生产主义模式的严格决定论的代替。这种对阶级斗争的关注使强调意识、经验、观念和文化成为可能；它放大了历史形成过程中人类动力的作用；并且通过把历史结局看成由社会存在和社会意识共同塑造，它逃避了决定论束缚"。①

在对威廉斯的批评中，汤普森将文化、阶级斗争与基础/上层建筑模式的关系再度深化。他既肯定了新左派的文化观念对机械决定论的消解，又提示不能让这种反击过了头："如果威廉斯先生放弃'体系'和'因素'这些词汇以及他那散漫的多元论，同时如果马克思主义者放弃基础/上层建筑的机械隐喻和关于'定律'的决定论定义……那么双方都能在一

---

① 参见〔美〕丹尼斯·德沃金《文化马克思主义在战后英国》，第40～41页。

个划时代的意义上接受生产方式和生产关系决定文化过程这一观点。"① 说到底，汤普森是将他的文化观念用作对历史唯物主义的澄清而非替代，是对单一决定论的否定而非对马克思主义基本命题的否定："在时代范围内，存在典型的冲突和矛盾，我们无法超越它们，除非我们超越时代本身：存在经济逻辑和道德逻辑，争论我们应当赋予其中哪个以优先性是很愚蠢的，因为它们是人类关系的相同核心的不同表现。"②

基于同样的理由，汤普森显然不能同意安德森和奈恩等人认为他过分强调文化因素而导致否定经济基础的指责。他在 1976 年的一次会议上再次重申了当年在《长期革命》中表达过的观点："阶级是经济的，同时也是'文化'的结构：要在理论上强调一个方面对另一个方面具有优先的地位是不可能的。因此我们可以得出结论，'最后的'起作用的决定因素在文化中，也在经济形式中。随着生产方式和生产关系的变革，男女们的经验也在发生变化。这种经验按照阶级的方式进行分类，分成社会生活和意识以及男女们的赞同、抵抗和选择。"③ 汤普森还特别强调，在他所研究的前工业化时期的英国工人阶级历史时期当中，经济与宗教、道德等意识形态因素是不可分离地结合在一起的，如果照搬经济基础的最终决定作用与上层建筑的相对自主性原理，则不仅不能解决问题，反而会使问题变得更加混乱。④

然而，虽然对安德森等人的批评以及他们所引用的阿尔都塞理论表示强烈不满，汤普森却对安德森提及的葛兰西的意识形态理论非常感兴趣。对他而言，虽然葛兰西的霸权理论成了安德森攻击他的传统财产的核心武器，但这种理论却实际上可以转而支持自己的文化观念，为此他在《英格兰的独特性》中与安德森展开了对葛兰西理论的争夺。汤普森认为，葛兰西在文化方面有深刻的原创性的洞见，然而安德森根据其霸权理论得出的"主导阶级可以成为霸权阶级，从属阶级则只能相应地成为合作阶级"的

---

① E. P. Thompson, "The Long Revolution," *New Left Review* 9, 1961, p. 38.

② E. P. Thompson, "The Long Revolution," *New Left Review* 9, 1961, p. 38.

③ 〔英〕汤普森：《民俗学、人类学与社会史》，蔡少卿主编《再现过去：社会史的理论视野》，杭州：浙江人民出版社，1988 年版，第 204 页。

④ 参见张亮《阶级、文化与民族传统：爱德华·P. 汤普森的历史唯物主义思想研究》，第 68 页。

结论实际上非常不幸地偏离了这些洞见。① 擅长辩论的汤普森首先抓住了安德森措辞上的漏洞："葛兰西写的不是霸权阶级，而是一个阶级的霸权——'一个社会群体凌驾于整个民族国家社会之上的霸权，它通过诸如教堂、辖区、学校等所谓的非官方组织而得以实施'。"② 如此一来，葛兰西的霸权概念实际上突破了列宁在《国家与革命》中限定的国家理论的模型，将这一模型转变为"更加灵活和更加具有文化共鸣"的形式，因此葛兰西理论带给新左派文化观念的不是否定而是启示："阶级权力不应当仅仅被理解为赤裸裸的专制，而应当被理解为更为精致、更加遍布四周并且也因此更具有强制性的形式。"③ 这也正好印证了 60 年代以来早期新左派对"文化"概念在范围和斗争方式两个方面的扩展。另外，正是由于将葛兰西的"霸权"局限为"附属于某一个阶级的专有物"，安德森等人才意识不到在葛兰西的霸权理论中存在这样一层意识："通过在教育机构中不断增强对知识生活和道德生活的影响，通过对地方政府机构的控制，从属阶级能够为霸权做准备，能够实现对霸权的超越。"总而言之，他们没有认识到"从属阶级有可能展现一种萌芽中的霸权，或者是存在于社会生活的有限领域当中的一种霸权"。④ 这也是安德森等人会轻视英国革命的社会动力及其成果的原因。汤普森通过将葛兰西的理论转变为对自己关于文化与阶级斗争的阐释的呼应，既实现了新左派文化观念的进一步理论化，同时也完成了对论争对手的反驳。

不仅如此，汤普森还通过具体的历史研究来验证葛兰西的启示，验证他所提出的"从属阶级有可能展现一种萌芽中的霸权"的观点。如果说《英国工人阶级的形成》可以被理解为与葛兰西的不谋而合的话，那么 70 年代汤普森所研究的英国 18 世纪的"道德经济学"无疑是一种对霸权理论的明确实践。在《共有的习惯》的导言章节中，汤普森专门论及了葛兰

---

① 参见 E. P. Thompson "The Peculiarities of the English," in *The Poverty of Theory & Other Essays*, p. 283。

② E. P. Thompson, "The Peculiarities of the English," in *The Poverty of Theory & Other Essays*, p. 283.

③ E. P. Thompson, "The Peculiarities of the English," in *The Poverty of Theory & Other Essays*, p. 283.

④ E. P. Thompson, "The Peculiarities of the English," in *The Poverty of Theory & Other Essays*, p. 284.

西。他指出，葛兰西将自己的意识形态学说视作依赖"自发性的适合于每个人的哲学"。绝大多数西方知识分子更为重视从"哲学"的角度来看待其霸权学说，然而却忽略了其"自发性"所暗示的"常识"和"实践"的含义。汤普森认为葛兰西的哲学"不只是为个人专用，而且来自劳动和社会关系中共有的经验，并且'隐含在现实世界的实际转变中，把他与所有他同时代的劳动者联合在一起的他的活动中'"。① 因此霸权理论非但不能用来否定英国工人阶级在历史当中的自发性的反抗斗争，相反能够帮助我们认识到这些自下而上的文化实践当中包含的斗争与冲突因素的价值。汤普森将这一见解运用到对 18 世纪英国劳工阶层因饥饿和分配不均等问题而引发的"骚动"的研究当中。他认为"骚动"这个词实际上是在否定普通人民作为历史的推动者的身份，将其反抗行为局限在受到刺激后的直接反应的层面上。然而真实的情况是"这些抱怨对民众形成一致意见起了作用，以致引出了在市场销售、碾磨、烘烤面包等等行业中，关于什么是合法的以及什么是非法的实践的问题"。② 这些问题涉及面十分宽广，包括社会规范和义务、团体中不同部分应有的经济功能等，汤普森将它们共同构成的这样一种连续的传统观念称之为"贫民的道德经济学"。这种道德经济学实际上是一种"非经济学"，因为它其实是将非经济的习惯行为置于优先地位，而将直接对金钱的承认、交换和动机等因素置于相对次要的位置，由此构成的是"在富于创新精神的市场经济和平民所习惯的道德经济之间接连发生的对抗"，而在这种对抗中"很可能看到作为结果而产生的阶级形成和阶级意识的预兆"。③ 因此，贫民的道德经济学虽然无法被承认是一种"政治的"学说，但它却一定程度上突破了当时的政治经济学将粮食骚动描绘为对饥饿的直接的、阵发性的、无理性反应的简单图解，将精英与官方的政治和经济学说逼到一个尴尬的境地，正如汤普森所说的那样，"人们用以响亮地回答的另一种观点认为，当局在某种程度上成了人民的囚徒"。④ 另外，这种冲击绝非昙花一现，虽然民众的道德经济学最终会走向消亡，但在具体的斗争过程中产生了某些有胆识、谨慎且正当的行

① 参见〔英〕爱德华·汤普森《共有的习惯》，第 9 页。
② 〔英〕爱德华·汤普森：《共有的习惯》，第 198 页。
③ 〔英〕爱德华·汤普森：《共有的习惯》，第 10 页。
④ 〔英〕爱德华·汤普森：《共有的习惯》，第 199 页。

为，这些行为正"坚定地朝着他们宣布要达到的目的前进"①，换句话说，文化或曰习惯中那些萌芽的阶级意识和无产阶级霸权将在不断的斗争当中继续成长。正是在这类历史研究当中，汤普森将葛兰西的霸权理论与自己原有的作为整体斗争方式的文化观点结合到了一起，将第二代新左派强调的意识形态理论与自己坚持的历史唯物主义有机地融合在一起。

二 "霸权"与共同文化中的"主导、残余和新兴"

威廉斯同样注意到了葛兰西的理论对自己的文化理论的意义。他曾经专门指出："我认为，为了理解文化的霸权地位，并将其看作发达资本主义自战后出现的至关重要的发展，必须与我直接继承的理论遗产——主流马克思主义，甚至更重要的是社会民主、自由主义和费边主义等理论相决裂。"② 威廉斯的表述显得有些过于急切，事实上霸权理论带给他的不是彻底的决裂，而是对既有观点的重新阐发。正如上文已经论述过的，他的早期著作都表达过《文化是普通的》当中的一个基本观点，即"不能说当今的文化就是资产阶级文化——这是从保守主义者到马克思主义者都会犯的一个错误"。③ 因为"文化是全体人民创造的共同的意义，并被赋予每一个人忠实的个人的和社会的经验所创造的个体意义"④，所以无论是文学还是文化，都不能被置于一个简单抽象的基础/上层建筑的模型之下进行归纳，而是应该在共同文化经验的框架下进行细致的分析。然而这些在批判斯大林主义时期提出的正确的观点，却一直面临几个方面的困难。首先，提倡经验式的研究并不能完全取代理论性的结构与方法的阐释，而这种理论化的诉求其实也是新左派文化观念形成过程中的一种内在冲动，它虽然在早期因为各种原因而被忽视或者有意的压制，但从 60 年代中期开始，尤其是在第二代新左派的挑战之下，其必要性和迫切性表现得愈发明显。其次，无论是 60 年代初汤普森以忽视冲突和斗争而提出的批评，还是 70 年代后期安德森等人就早期作品中"共同体"等概念的含混不清提出的疑问，两代新左派对威廉斯的批评涉及的是一个共同的问题，即如何在"共同文

---

① 〔英〕爱德华·汤普森：《共有的习惯》，第 256 页。
② 〔英〕迈克尔·肯尼：《第一代英国新左派》，第 135 页。
③ Raymond Williams, "Culture is ordinary," in *Resources of Hopes*, p. 8.
④ Raymond Williams, "Culture is ordinary," in *Resources of Hopes*, p. 8.

化"的框架下理解阶级斗争，或者说如何处理阶级、斗争和冲突这些历史
唯物主义的核心概念在"共同文化"理论当中的位置——显然，如果不能
解决这些问题，那么威廉斯早期提出的"共同文化"依然是一个充满矛
盾，甚至存在沦为空谈危险的概念。最后，"文化"的现实状况也同样迫
使"共同文化"概念急需得到进一步的深化。在与第二代新左派的访谈中
回应汤普森当年的批评时，威廉斯曾提及"1950年代是一个非常卑微的时
期，人们呼吁的许多有组织的斗争似乎被压制和收编了"①，正是这种历史
语境使威廉斯更愿意使用"冲突"而非"斗争"来描述新左派崛起的时
代。然而制度对斗争形势的压制和收编显然不是50年代的专利，它在消费
社会甚至激进的红色浪潮时代同样表现得非常强劲，而且更加多样化。在
此期间第二代新左派重视的"意识形态"概念表现出强大的生命力也就不
足为怪了。虽然有复杂而冷酷的理论外表，但正如"霸权"和"意识形态
国家机器"这些概念凸显的那样，"安德森对权力的关心，根源于对更为
经典的马克思主义国家理论的兴趣……它不是向1956年以前的年代的回
归，而是向1968年以后的时代的展望"。②威廉斯显然意识到了这些年轻
人引入的理论武器的生命力，并且有意识地与其展开对话，并将其与自己
的"共同文化"的理论结合起来，这其中最为集中也最为重要的便是1973
年发表于《新左派评论》的《马克思主义文化理论中的基础与上层建筑》。

　　简要地观察一下威廉斯自《文化与社会》以来的论著，便会发现这篇
文章鲜明地体现了威廉斯在具体的批评分析的同时向根本性的理论问题的
回归。考虑到最终确立其文化理论的《马克思主义与文学》正是从1972
年开始写作，这篇文章实际上也体现了威廉斯关于"文化唯物主义"最先
总结出的成熟思考。文章开篇第一句话首先强调了探讨基本问题的必要
性："任何现代马克思主义文化理论研究必然始于考察决定性的基础和被
决定的上层建筑这个命题。"③但威廉斯立刻提出了汤普森曾经论及的观
点，即基础和上层建筑这个命题更多的是一个隐喻，并进而提出为了回避
这一隐喻暗示的"固定而明确的空间关系"，应当将问题还原为这个隐喻

① 〔英〕雷蒙德·威廉斯：《政治与文学》，第123页。
② 〔美〕丹尼斯·德沃金：《文化马克思主义在战后英国》，第159页。
③ 〔英〕雷蒙德·威廉斯：《马克思主义文化理论中的基础和上层建筑》，付德根译，《马克
　　思主义美学研究》第2辑，第327页。

的本体，即"社会存在决定意识这个命题"。① 威廉斯通过"决定"这个术语自身的复杂性反观"上层建筑"和"基础"这两个概念，认为传统的马克思主义虽然为上层建筑的"被决定"加上了各种修正和限制，但因为忽视了"基础"的复杂性而依然无法规避机械的决定论。在讨论"基础"的核心概念"生产力"时，威廉斯指出，我们应当摆脱那种对马克思论述的狭隘化理解，将基础和第一生产力的概念从"资本主义经济关系领域"扩展到"社会和人本身的主要生产，即现实生活的物质生产和再生产"。显然，威廉斯在这里为自己先前的文化观念提供了理论性的阐释：他的文化理论是将许多过去被认为属于上层建筑范畴的东西重新定义为生产力，并强调"那些生产力从一开始就是基础性的"。②

在修改了"基础"和"上层建筑"的内涵之后，下一步便是如何重新理解二者之间的关系，也即如何理解"社会存在决定意识"这一命题。在这一过程中，葛兰西的霸权理论扮演了一个关键性的角色。威廉斯指出，如果用卢卡奇式的"总体性"概念替代基础/上层建筑的命题，虽然能够避免那种僵化的内在预设，但这种表面上不那么粗糙的模式因为"排除了社会意图的真相、特定社会的阶级特征等等"，实际上也就"抛弃了存在着任何决定性过程的主张"，因此"很容易使它的本质内容失去原来的马克思主义观点"。③ 不难发现，威廉斯对卢卡奇的批评非常类似于当年汤普森对他的批评，他认为卢卡奇那与黑格尔哲学有深厚渊源的"总体性"理论缺乏对"斗争"的深刻理解。但不可否认的是，这种理论提供了这样一种可能：除了进行经济斗争之外，还必须与机构和观念——它们一般被认为属于被动的上层建筑——进行斗争。因此，它可以被用来指向一种对文化过程的总体性描述，只是要想恰当地运用这一总体性概念（实际上也包括威廉斯自己的共同文化的概念），就必须把它与葛兰西的"霸权"概念结合起来。威廉斯对葛兰西的霸权概念给予了高度评价："霸权设定了某

---

① 〔英〕雷蒙德·威廉斯：《马克思主义文化理论中的基础和上层建筑》，付德根译，《马克思主义美学研究》第 2 辑，第 327 页。
② 参见〔英〕雷蒙德·威廉斯《马克思主义文化理论中的基础和上层建筑》，付德根译，《马克思主义美学研究》第 2 辑，第 331 页。
③ 参见〔英〕雷蒙德·威廉斯《马克思主义文化理论中的基础和上层建筑》，付德根译，《马克思主义美学研究》第 2 辑，第 332 页。

种真正总体性的东西，它不是（如脆弱的意识形态观念那样）次要的或上层建筑性的东西，而是存在于深处，广泛地渗透于社会中，诚如葛兰西指出的那样，它甚至构成了在它的影响下的大多数人的常识的内容和局限，因此，它比源于基础和上层建筑这个公式的任何概念都更明显地对应于社会经验的本质。"① 但是，霸权概念，尤其是对霸权概念的理解和运用绝非尽善尽美。一方面，它依然有可能"被扯回到一般用法的'上层建筑'所陷入的那种相对简单、划一和静态的观念中去"②，它对主导性的意识形态的统治地位的强调，依然有可能被用来支持那种重视区分历史时期而轻视细致分析真正历史过程的马克思主义文化分析传统；另一方面，如果忽视了主导意识形态对包含在其内部的替代性的和对立性的价值、观念和态度的限定，那么我们又会不可避免地在面对复杂问题时陷入对意识形态冲突的中立化理解，从而看不到"限制"与"选择性传统"的存在。我们可以看到，威廉斯列举的霸权理论的误用正好对应了针对新左派文化理论的两种质疑，前者是安德森等人以霸权意识形态的统治性来质疑早期新左派重视英国文化传统的合法性，后者则认为工人阶级文化可以外在对立于传统文化的观点。为了避免类似对霸权理论的误用，同时也为了更好地将霸权理论对自己的"共同文化"形成有效的阐释，威廉斯对葛兰西的霸权理论进行了发挥，提出了著名的"主导、残余与新兴"的文化体系。

威廉斯认为，要讨论现实的社会形式，就必须在考虑霸权当中真实而频繁的变化因素的基础上对霸权做出极其复杂的解释，这就包括：第一，霸权并非铁板一块，它的内部结构是非常复杂的，必须不断地得到更新、再造和辩护；第二，这些结构也会不断地受到挑战并在某些方面得到修正。③ 因此，理解霸权概念必须首先正确理解整体性框架下的各种不同文化体系之间的关系，理解冲突及其形式在其中受到的限制和存在的可能性。威廉斯将处于霸权地位的主流文化称之为主导文化，强调其主导性和

① 〔英〕雷蒙德·威廉斯：《马克思主义文化理论中的基础和上层建筑》，付德根译，《马克思主义美学研究》第 2 辑，第 333 页。

② 〔英〕雷蒙德·威廉斯：《马克思主义文化理论中的基础和上层建筑》，付德根译，《马克思主义美学研究》第 2 辑，第 334 页。

③ 〔英〕雷蒙德·威廉斯：《马克思主义文化理论中的基础和上层建筑》，付德根译，《马克思主义美学研究》第 2 辑，第 334 页。

限定性的力量，但同时也强调其边界的存在。霸权之所以会呈现复杂而不断变动的内部结构，是因为存在"并不是实际的主流文化的组成部分的实践、经验、意义和价值的源泉"，它们往往被称作实际的主流文化形式的"替代形式"或"对立形式"。① 威廉斯将它们分别命名为"残余文化"和"新兴文化"。关于二者的定义，我们不妨参照《马克思主义与文学》当中更为简洁明晰的表述：残余"是有效地形成于过去，但却一直活跃在文化过程中的事物。它们不仅是（也常常全然不是）过去的某种因素，同时也是现在的有效因素"；新兴则是不断地被创造出来的"新的意义和价值、新的实践、新的关系以及关系类型"，它的一大特点便是人们很难把它与"那些实质上只是取代或对立于主导文化的因素相互区别开来"。② 可以看到，威廉斯后来的定义更加强调了"残余"和"新兴"不是所谓"替代"和"对立"的重新命名，它们恰恰是要取消后者暗示的那种狭隘的严格区分的可能，体现一种深刻交织在一起的共存状态，同时又保留冲突的含义。威廉斯进一步解释了这种"共存"关系：一方面，虽然残余文化总是某种程度地远离实际的主流文化，但后者想要在前者的领域内获得意义的话，就必须吸纳前者的某些部分、某些变化形式；另一方面，被不断创造出来的新兴文化本身就是实际的当代实践的尚不明确的组成部分，因而"合并它们的企图早就存在"——说到底，"主流文化不可能允许过多的这类实践和经验处于自身之外"。③ 这种对于不同文化体系之间关系的理解显然优于从外在对立和铁板一块的预设出发的理解，因为它既凸显了主流文化或曰主导意识形态的统治性的存在，又为在这种整体的支配性关系内部寻找突破性的力量保留了可能性。

在进一步解释这种结构关系时，威廉斯引入了马克思主义的"阶级"和"实践"概念。葛兰西的霸权概念之所以可以衍生出"阵地战"这样的概念，正是源于上面论述的这种主流文化对其他文化的吸纳，源于不同文

---

① 参见〔英〕雷蒙德·威廉斯《马克思主义文化理论中的基础和上层建筑》，付德根译，《马克思主义美学研究》第 2 辑，第 334 页。

② 参见〔英〕雷蒙德·威廉斯《马克思主义与文学》，王尔勃、周莉译，开封：河南大学出版社，2008 年版，第 130、132 页。

③ 参见〔英〕雷蒙德·威廉斯《马克思主义文化理论中的基础和上层建筑》，付德根译，《马克思主义美学研究》第 2 辑，第 337 页。

化体系之间的交织共存，因而"葛兰西的全部目的在于通过机构以理解和创立能够挑战资产阶级霸权的无产阶级霸权"。① 威廉斯则将这一命题阐释得更为复杂。他通过"人类实践"这一概念揭示了主流文化（当然也包括残余文化和新兴文化）无法掩盖的边界。所谓人类实践，指的是"那些惊人的、既是实践中的又是想象出来的变化形式，人类应该能够理解这些变化形式，并且已经显示出了这种能力"。在威廉斯的理论版图中，这个意义的人类实践显然等同于最为广泛的文化的含义。相较如此广阔的范围而言，"实际上，任何生产方式、主流社会或社会秩序、主流文化都没有穷尽所有的人类实践、人类力量、人类目的"。这就意味着，霸权理论所揭示的主流文化或曰主导意识形态试图通过"吸纳"来跳脱或掩盖自身边界的做法是行不通的，因为其真实状况是"从全部显示的和可能的人类实践中进行选择，而后却加以排斥"。② 主导模式固然可以进行有意识的选择和组织，但是"主导模式所否定或排除的现实的人类实践的源泉始终存在。这些源泉可能本质上不同于上升阶级发展中的、明确的利益……它们有可能包括其他阶级的替代性观点，人们可能有限度地把这些新的观念付诸实施"。③ 换句话说，主导意识形态越是努力地编织起一张无所不包的网来试图巩固自身有限的人类实践的主导地位时，它却不得不越来越多地面临其他人类实践所带来的挑战，而那些原本处于边缘地位的人类实践也因此获得了在这种结构关系中进行争夺的机会。威廉斯以典型的文化产物"文学"为例展开了解释。文学从一开始就是一种社会实践，它自身的不断变化其实是各种社会实践相互作用的体现。作为文化过程的一个组成部分，它和其他因素一起促成了实际的主流文化的形成，而它常常表现的残余的和新兴的意义与价值也随之部分地被主流文化所吸纳。然而在主流文化极力试图转变它们的过程中，主流文化本身也发生了变化。尽管这些变化在一定时期内仅仅表现为某些特征，而不是发生在主要形式中，但"在现代

社会里，如果主流文化想要保持主导性，如果它还想要让我们真正地觉得它是我们众多的活动和利益的中心的话，它就必须以这种方式发生变化"。① 威廉斯借此向我们揭示了资产阶级意识形态的一个重大悖论：它越是要将自身描述为普世的价值，便越是要去忍受不断变化的人类实践所引发的冲击。

威廉斯对霸权理论的上述思考在《马克思主义与文学》当中得到了进一步的补充。在相关章节里威廉斯结合"阶级"和"基础"等关键概念，着重考察了"新兴"因素的独特性。如果说在"一些相互取代甚至彼此对立的表述中，能动的残余的种种意义和价值才能抵御住收编过程的诸多压力而保持不变"的话，新兴则并不必须借助这种对立来实现有效的区分，因为"在任何一种现实的社会结构中（尤其是在这种社会的阶级结构中）总是存在某种适应于文化过程中那些要取代主导的或与主导对立的因素的社会基础"，那便是新兴阶级的形成和新阶级意识的觉醒。毫无疑问，新兴的文化实践的发源地通常都是新兴阶级，但它当前的相对从属地位决定了这种文化实践总是显得不那么平衡和完美，并且始终处于主导因素的收编过程当中。由于实质性的对抗和斗争的普遍存在，"新兴过程于是就成了一种不断的反复，成了一种总在进行更新的、超出了实际收编阶段的运动"。② 威廉斯的论证始终围绕英国工人阶级的具体历史来展开，因此不难发现由借鉴霸权理论而来的"主导、残余、新兴"的文化体系已经成为他自《文化与社会》以来始终强调的"共同文化"观念的新的，同时也是阐释得更为详尽的支撑性理论。与此同时，威廉斯也借助对基础与上层建筑命题的重新阐释，将他的文化理论与社会基础之间的关系论述得更加充分，这一点很好地体现在下面这段总括性的文字当中：

> 在发达的资本主义条件下，由于劳动的社会特点、交流传播的社会特点以及形成决策的社会特点等方面都发生了变化，因而这一阶段上的主导文化比起以往任何时候的资本主义社会主导文化来，都更加

---

① 〔英〕雷蒙德·威廉斯：《马克思主义文化理论中的基础和上层建筑》，付德根译，《马克思主义美学研究》第 2 辑，第 342 页。
② 参见〔英〕雷蒙德·威廉斯《马克思主义与文学》，第 133 页。

深入到那些迄今为止还"隐蔽"着的或已被"舍弃"了的经验领域、实践领域和意义领域之中。这样，主导秩序对整个社会过程和文化过程进行有效渗透的领域如今便出现了重大扩展。这种扩展反过来又使得新兴（因素）的基本问题愈发尖锐，并且使取代性因素同对立因素二者之间更加接近。①

这段文字展现了"主导、残余、新兴"理论的现实基础，同时也体现了威廉斯突破基础/上层建筑模式而对"文化"进行的历史唯物主义的分析，这些分析实际上构成了他提出"文化唯物主义"的基础。

第三节　"经验"与"感觉结构"

一　"经验"的意义与危险

对新老两代新左派论争的概括性描述除了"文化"与"意识形态"之争以外，还有"经验"与"理论"之争。其实就这类概括的具体指向和自身的简略性而言，"文化""经验"与"意识形态""理论"是两组完全可以内部互换的术语。"经验"在早期新左派的"文化"概念当中显然扮演极为核心的角色。他们的批评者霍尔对"经验"的这种关键性的表述非常到位，他指出汤普森和威廉斯在各自的文化分析中都给"经验"安排了坚实可靠的位置，"所有不同实践在'经验'中相互交叉，不同实践在'文化'之内相互作用——即使建立在一种不均衡的相互决定基础之上"。② 实际上，无论是霍加特对工人阶级文化的经验式体认，还是汤普森坚持的自下而上的历史学研究，抑或威廉斯围绕其文化概念而扩展的"历史语义学"和"文化人类学"，"经验"都是构建其理论和方法的基石。将目光放到新左派形成的历史语境之中的话，我们就会发现，早期新左派对经验的强调有深刻的历史动力。四五十年代的英国左翼思想界面临的是两种权威模式的压迫，一种是精英主义，另一种是斯大林主义。正如上文反复论

---

① 〔英〕雷蒙德·威廉斯：《马克思主义与文学》，第 134～135 页。
② 〔英〕斯图亚特·霍尔：《文化研究：两种范式》，载罗钢、刘象愚编《文化研究读本》，北京：中国社会科学出版社，2000 年版，第 57 页。

述的那样，这两种看似大相径庭的模式有一个共通之处，那就是用抽象的教条割裂文化的整体性，取代甚至否定经验的意义。也正因为如此，汤普森和威廉斯等人才会格外重视经验的价值，从经验入手来反对这两种权威模式。汤普森对英国工人阶级形成的历史研究，为流行的精英主义文化观念所蔑视和遮蔽的劳工阶层的经验及其文化恢复了合理的价值。威廉斯则通过对经验式研究的深度推进而将其反作用于利维斯主义——后者一贯被认为是经验分析与研究的倡导者，但威廉斯证明了他们对经验的局限和对教条的追捧——从而将经验的文化内涵扩展到共同经验的层面，并且从中恢复文化传统中的整体性因素。二者的研究又都将矛头指向了斯大林主义推崇的基础/上层建筑公式，通过对经验——活生生的传统和实践——的研究来恢复社会存在与社会意识之间的辩证关系，否定机械决定论。因此，经验为早期新左派提供的既是研究分析的对象，又是一种反抗的理论资源。就此意义而言，霍尔将经验研究概括为这一阶段的文化研究的主导范式①无疑是正确的。

然而第二代新左派的攻击也同样从一开始就抓住了"经验"这个命题。在 60 年代中期对早期的文化观念进行批判的时候，年轻一代就将前辈对经验的信仰归结为英国式的"经验主义"。安德森称这种英国式的传统为"浓厚的英格兰迷雾"，认为它由两个基本的成分组成，"一个是'传统主义'，另一个是'经验主义'：在它中间，我们对任何社会或历史现实的能见度总是零"。② 另一位批评者奈恩则将英格兰的这种经验主义与英国自身的保守落后、偏安一隅和对理性的本能怀疑联系到一起，认为这些都是英国传统当中的糟粕。③ 安德森和奈恩的批评显然是将早期新左派的经验研究与英国哲学传统中由洛克和休谟奠定的经验主义哲学联系在了一起，他们将所有这些关于经验的论述统一归结为一种英国式的落后的思想特性。威廉斯在《关键词：文化与社会的词汇》中"经验的"词条的末尾引用的"英国人的经验论倾向"和"恶名昭彰的盎格鲁－撒克逊的经验主义"，其实正是对安德森等人这种观点不无讽刺地化用。④ 第二代新左派的

---

① 参见〔英〕斯图亚特·霍尔《文化研究：两种范式》，《文化研究读本》，第 56 页。

② Perry Anderson, "Origin of the Present Crisis," *New Left Review* 23, 1964, p. 40.

③ Tom Nairn, "The English Working Class," *New Left Review* 24, 1964, p. 48.

④ 参见〔英〕雷蒙德·威廉斯《关键词：文化与社会的词汇》，第 151 页。

这种批评自然也与他们深受欧洲大陆理性主义哲学的影响有关，他们如此尖锐地使用民族和国别的修饰词其实更为根本的还是源于两种不同的哲学渊源之间的对立。这种哲学立场上的倾向性随着大陆理论资源的陆续引进而表现得越来越清晰，并且最终在结构主义与马克思主义的结合体受到广泛重视之后，演变为霍尔眼中的"文化主义"与"结构主义"之间的剧烈冲突。在《文化研究：两种范式》中，霍尔明确地将第一代新左派的早期著作称为"文化主义"。① 这个明显含有负面意义的概称在过去的一段时期内是属于《文化与社会》所批评的文化保守主义者的，现在霍尔用它来反击《识字的用途》《文化与社会》《长期革命》和《英国工人阶级的形成》这一系列早期文化研究的奠基之作。霍尔承认这些著作并不是简单地为早就存在的命题提供一个战后的现代版本，相反，它们既有与自己置身于其中的思想传统的连续性，又存在与这种传统"断裂"的深刻冲动，这两个方面都非常重要。然而，这种冲动的目标乃是"试图使具有完全经验主义和个别主义的思维习惯传统'理论化'"，因而所带来的"断裂"必然是不彻底的，与"传统"纠缠不清的，并且还"带上了某种技术进化论、经济还原论和组织决定论的色彩"。② 霍尔之所以得出如此评价，仍然是根据他对早期文化观念当中经验概念的深究。他借用威廉斯的论述，将这一时期的文化理论总结为"对整个生活方式中各个因素之间关系的研究"，具体而言就是"以不同方式论证文化与所有社会实践相交织；而那些社会实践，反过来又被认为是人类感性实践的共通方式，男人们和女人们通过这些活动创造历史"。③ 这样的研究显然有利于纠正基础/上层建筑公式带来的局限，甚至在一定程度上具备了霍尔所认为的"结构主义"的某些优点。但霍尔又指出，无论是用"文化"还是"经验"，无论是在哪种意义上使用这些术语，汤普森和威廉斯的观点"均倾向于将关系结构看作与'生活'与'经验'方式相关的东西……这是在此分析中赋予文化——意

---

① 值得注意的是，正如上文也曾提到的那样，在德沃金的研究当中，当年《大学与新左派评论》的成员在与其他社会主义者的论辩当中往往被称为"文化主义者"，参见〔美〕丹尼斯·德沃金《文化马克思主义在战后英国》，第85页。霍尔此处的这种表述显然也意味着某种与过去观点的"断裂"，这种"断裂"既是新左派文化论争的结果，也是历史语境变化的结果。

② 参见〔英〕斯图亚特·霍尔《文化研究：两种范式》，《文化研究读本》，第51~52页。

③ 〔英〕斯图亚特·霍尔：《文化研究：两种范式》，《文化研究读本》，第53、56页。

识和经验以核心地位的必然结果"。① 在他看来，这就导致汤普森和威廉斯过分夸张地使用了"文化"和"经验"这两个概念，特别是当完全吸收了经验的定义的"生活方式"事实上取消了"文化"与"非文化"的差别，或者对经验的重视被等同于对创造力和历史主体的重视的时候。霍尔所谓的"文化主义"，显然针对的是这里的对文化和经验的漫无边际的使用。更为糟糕的是，这种文化理论使得所有的结构关系都处于"思想上"的总体化运动当中："文化总体性的意义——作为整体历史过程的意义——取消了任何要保持事例和因素独特性的努力。"② 这一批评乍听上去有点类似汤普森对威廉斯的批评，但霍尔所参照的并非"具体的斗争"，而是更为哲学化的"意识形态"概念。他认为早期新左派的"文化主义"缺乏意识形态概念的参照，因而无法对经验问题进行更为深入的反思，而结构主义的介入正是从这方面入手。由于融合了结构主义、语言学和符号学等西方现代理论在"文化"等问题上的研究成果，结构主义马克思主义不仅同样对基础/上层建筑公式提出了有力的批判，甚至还复活了更为纯正更为经典的马克思主义主题，那就是意识形态问题。③ 随着意识形态理论的介入，结构主义对"经验"的解中心化和文化主义对"经验"的深信不疑之间形成了根本的对立。

仔细阅读霍尔这篇写于 80 年代初的文章，我们其实能够感受到霍尔在批评中把握的一种尺度。一方面他并非完全取消早期文化理论的意义，相反，他特别提出结构主义和意识形态的作用是调节性的而非根源性的，文化研究中的文化主义范式和结构主义范式自身都存在问题，只有通过葛兰西的意识形态理论的再度调适后，这两种范式的活力才能被再次激活并有机地融合起来；另一方面，霍尔对早期新左派的批评也并非盖棺定论，而是牢牢限制在他们的早期著述当中，这说明他并没有完全忽视早期新左派对其文化理论的不断调整——其实就霍尔关注的"葛兰西转向"而言，早期新左派对葛兰西意识形态理论的吸纳本身就是其重要组成部分。但不得不说的是，正如其他很多年轻的新左派一样，霍尔未能对汤普森和威廉斯

---

① 〔英〕斯图亚特·霍尔：《文化研究：两种范式》，《文化研究读本》，第 57 页。
② 〔英〕斯图亚特·霍尔：《文化研究：两种范式》，《文化研究读本》，第 57 页。
③ 参见〔英〕斯图亚特·霍尔《文化研究：两种范式》，《文化研究读本》，第 57~58 页。

的“经验”概念，尤其是威廉斯后来对此概念的补充与调整工作给予恰当的认识。

二　“经验”与“左派利维斯主义”

某种意义上说，威廉斯因为“经验主义”和“文化主义”受到攻击的情形要比汤普森的情形来得更为复杂。汤普森在遭到“安德森—奈恩命题”和阿尔都塞主义的攻击时，分别用《英格兰的独特性》和《理论的贫困》加以反击。在第一轮反击中，汤普森将经验问题转化为对英国传统当中的斗争因素的捍卫；在第二轮反击中，他并未在对手的思路上将自己对经验重视表述为一种哲学思辨式的语言表达，而是嘲讽了对手哲学化、理论化的概念和观点自身的空洞，从而以具体“经验”作为对抗空洞“理论”的武器来捍卫自己心目中的马克思主义的历史唯物主义。相较于汤普森共产主义历史学家的出身，威廉斯的左翼文学研究者的身份实际上使他更容易在这场论争当中受到攻击，同时也正是这种压力使威廉斯对于“经验”有更多的话要说。

在第二代人的批评当中存在这样一种观点：“经验主义和文学感觉的结合，是新左派作家的典型特征，是总体的英国社会主义和思想传统的表现，这种结合没能创造英国社会的总体图景。”[①] 应当说这种批评当中的事实描述是正确的，第一代新左派当中无论是霍加特和威廉斯这样的英国文学专业出身的文学、文化研究者，还是汤普森等一批来自共产主义历史小组的历史研究者，他们在个人兴趣和观念来源方面都与文学、文学带来的感性认识和经验认识有深刻的联系，这一点上文已经论及。就这一点而言，后来继续从事文学研究（并且其中很大部分是对所谓“精英文学”的研究）的威廉斯似乎更加难以逃脱这种批评，我们甚至从当年汤普森的批评当中已经能够发现这种倾向。然而年轻的新左派们反对的并非文学和文学研究本身，他们当中很多人同样对文学、文学批评非常感兴趣，甚至不乏马尔赫恩和伊格尔顿这样的文学研究者。他们真正反对的是威廉斯在文学研究当中对经验的过度重视，认为威廉斯对他所继承的这种经验研究缺乏必要的反思。在与威廉斯讨论《文化与社会》时，年轻一代们指出威廉

[①] 〔美〕丹尼斯·德沃金：《文化马克思主义在战后英国》，第 157 页。

斯在同情性地理解保守派思想时常常将"它是真实的吗"和"它的意义是什么"这两个问题融合在一起，并且提出批评认为其中存在滑入非理性主义的危险。这一质疑成功地逼问出了威廉斯对当时的经验研究的思考。威廉斯承认在进行这些论述时他更多的还是依靠了自己所受的文学训练，采用的也往往是阐释诗歌的常用术语。对此他解释道："读者的首要责任是对诗歌中清晰呈现出来的经验或事件做出反应，那些经验或事件比能够在诗歌中发现的观念或信念要重要得多——关于这些观念是否真实或者它们有什么其他意义的问题完全是次要的。"[①] 威廉斯当然从一开始就意识到这种诗歌研究的方法并不一定就适用于其他思想和文化领域的研究，但他一方面客观地承认这是当时他唯一可以借助的方法，另一方面也强调"我艰苦习得的文学判断程序是面对经验时采取某种延续决定的状态"[②]，当这种"延迟判断"的态度被用于思考"那些敌对思维模式"的时候，就可以避免那种急于迅速做出否定性回答的态度，而更好地去深入理解和分析来自对立面的观念。

威廉斯从文学研究中继承的这种经验研究方法，显然正符合他在写作《文化与社会》时试图对当时左翼文学和文化分析状况进行挑战的需要。他在《文化与社会》的"马克思主义与文化"章节和后来的《文化是普通的》当中集中批评了受到"正统马克思主义"影响的英国左翼文学研究存在的诸多问题。这些批评构成了早期新左派反对斯大林主义教条的重要组成部分。在这一过程中，"经验"被视为对抗理论教条的最有力武器，而经验研究则成了突破机械决定论并构筑自身文化分析的核心方法。威廉斯认为英国左翼文学研究真正缺乏的正是对"经验"的重视，以及对英国文学经验式研究的有效的批判与继承。他不止一次地批评英国左翼要么干脆忽视文学，要么简单地将文学分析偷换成社会学分析，从而导致在面对利维斯主义和实用批评等来自对立立场的文学研究方法时节节败退，最后只能用一些武断的理由来为自身开脱。威廉斯的这种批评可以说是丝毫不留情面，在早期论著中更是表现得似乎过于苛刻，甚至引发了汤普森的不满。虽然后来对诸如考德威尔等左翼批评家的态度有所缓和，威廉斯一直

---

① 〔英〕雷蒙德·威廉斯：《政治与文学》，第106页。
② 〔英〕雷蒙德·威廉斯：《政治与文学》，第106页。

坚持自己的这一基本观点,并将改变这一局面作为自己的文学批评和文化分析的出发点。到1971年在纪念吕西安·戈德曼的讲座上,威廉斯再次明确重申了自己的一个观点,即在30年代,利维斯主义者的《细察》在文学批评方面实际上完全胜过了包括马克思主义者在内的其他论争对手,因为它提供的"并不只是一个泛泛而谈的方案,而是切实的著述,这些著述包含着丰富的、重要的且具体的经验"。① 这一次,轮到第二代新左派对他提出新的挑战了。

对威廉斯正面发难的是他昔日的学生,新左派文学研究者中的后起之秀特里·伊格尔顿。早在1968年伊格尔顿便在与别人合作编集的《从文化到革命》中通过《共同文化的观念》一文向威廉斯提出了挑战②,他本人更为集中的批评则收录在1976年相继出版的《马克思主义与文学批评》和《批评与意识形态》当中。这些文字的面世方式更能体现其中的论战气息:在两部著作出版之前,《批评与意识形态》的第一章"批评意识形态的诸变体"便发表在《新左派评论》1976年的第一期上,而当时的标题则是针对性更强的《批评与政治:雷蒙德·威廉斯的工作》。杂志的编辑将这篇文章放在第一篇的位置上,并且在编辑语中提示读者这是伊格尔顿对威廉斯纪念戈德曼讲话(这篇讲话此前也发表在该杂志上)的回应,而"这份对威廉斯理论的和政治的发展的争议性全面考察,必将为今后开启持续的相关论争"。③ 在这篇文章中,伊格尔顿抓住了威廉斯对"活生生的""经验"的念念不忘,认为这种对经验的坚持"为威廉斯的工作既带来了巨大的力量又带来了极端的限制"。④ 这种限制表现为常常被用来称呼威廉斯及其同代人那种自由人道主义倾向的一个术语——"左派利维斯主义"。伊格尔顿认为这个称呼自有其道理,因为"上文所引的(威廉斯)

---

① Raymond Williams, "Literature and Sociology," in *Problems in Materialism and Culture* (London: Verso, 1980), p. 19.

② 参见〔英〕雷蒙德·威廉斯《政治与文学》,第22页,以及该页注释1。不仅如此,如果我们对照这篇文章和后来出版的《批评与意识形态》中第一章的文字的话,便会发现前者无论是在小节的划分、小标题的使用还是一些词句细节上的不同,都表现出更加明显的针对性和论战性。

③ NLR, "Themes," *New Left Review* 95, 1976, p. 1.

④ Terry Eagleton, "Criticism and Politics: The Work of Raymond Williams," *New Left Review* 95, 1976, p. 8.

关于马克思主义的消极判断是如此明显地凝结在那些拐弯抹角的利维斯主义的术语当中"。① 就此而言，威廉斯其实和他批评的考德威尔很有几分相像。在《马克思主义与文学批评》中，伊格尔顿认为威廉斯曾准确地指出考德威尔的混乱，即"似乎既赞成艺术是被动地'反映'经济基础这种机械观点，又赞成浪漫主义的看法，把艺术当作鼓励人们去寻找新的价值的理想世界"。② 威廉斯在《文化与社会》中将这种混乱的根源描述为缺失了英国思想当中文化与社会紧密关联的传统。然而伊格尔顿却并不认为威廉斯的工作就是对这一传统的有效恢复，他甚至反唇相讥道："如果说考德威尔缺失了一种传统的话，威廉斯倒不完全如此：他紧握在手的是《细察》的工作。"③ 换句话说，如果说考德威尔在"文学倾向与英国马克思主义"（这是伊格尔顿在《马克思主义与文学批评》当中为英国左翼文学批评提炼的一对矛盾关系）之间过分倒向了后者的话，那么威廉斯则是通过向"文学倾向"，实际上也就是"文化主义"或"利维斯主义"的倾斜来实现对英国马克思主义某些错误的抵御。伊格尔顿还分析道，威廉斯对"传统"的格外强调，很大程度上源自他的乡村生活经验与城市生活经验之间的巨大反差，以及他的工人阶级的身份背景与后来的剑桥大学的精英文化背景之间的巨大反差。这些反差使得威廉斯自觉或不自觉地借助一些传统的要素——如经验——组织起属于他自己的一套文化社会学，这种文化社会学虽然可以用来对抗基础/上层建筑之类的教条，但无法将自身与浸透了资产阶级意识形态的传统文化观念进行有效的切分，从而不可避免地陷入另一种混乱当中。伊格尔顿还特别指出，威廉斯的这种社会主义批评与他评述过的卢卡奇、戈德曼和本雅明等西方马克思主义者的思想有内在的联系，正是后者的"总体性"概念为威廉斯掩盖自身的这种混乱提供了理论上的支持。

结合年轻一代新左派的理论背景不难发现，伊格尔顿的批评有鲜明的

---

① Terry Eagleton, "Criticism and Politics: The Work of Raymond Williams," *New Left Review* 95, 1976, p. 8.

② 〔英〕特里·伊格尔顿：《马克思主义与文学批评》，文宝译，北京：人民文学出版社，1980 年版，第 59 页。

③ Terry Eagleton, "Criticism and Politics: The Work of Raymond Williams," *New Left Review* 95, 1976, p. 9.

“结构主义马克思主义”的特征。虽然在这篇文章中“意识形态”并不是关键词，但综合《批评与意识形态》全书来看，伊格尔顿的批评是用意识形态概念来攻击共同文化概念的经典范例。他的基本观点和霍尔类似，都认为早期新左派的论述没有充分意识到意识形态的结构性存在，过于简单地相信了经验的“真实性”以及传统的抗争能力。尽管《批评与意识形态》也有对结构主义和阿尔都塞学派的批判，但不可否认的是，阿尔都塞的确是伊格尔顿此书的理论英雄。阿尔都塞的意识形态理论启发了伊格尔顿对英国文学批评传统的基本要素的重新审视，而他对知识的“意识形态”和“科学”的划分，也促使伊格尔顿尝试跳出早期新左派划定的研究范式，建立一种全新的、更为科学的文学批评。在这样一种除旧布新的雄心壮志的对比下，包括威廉斯在内的许多过去的英国马克思主义者提供的只能算是一种“既不专门是马克思主义，也不专门是批评”的“经过适当冲淡，掐头去尾的马克思主义批评”。[①] 然而，与霍尔的分寸感相比较，我们便能发现这里存在伊格尔顿本人后来也检讨过的一种以偏概全。[②] 这篇文章涉及威廉斯的著作包括从 1950 年的《阅读与批评》到 1976 年的《关键词：文化与社会的词汇》和《马克思主义与文学》（后者当时尚未付梓）在内整整十五本，完全涵盖了威廉斯最为主要的著述和思考的历程，然而伊格尔顿对威廉斯的评价似乎从一开始就限定在“左派利维斯主义”的框架之内，对于威廉斯的文化理论的发展变化并未给予应有的重视。这种观点与当时第二代新左派批评第一代新左派时常常采用的态度类似，即认为对方总体上是在原地踏步，没能够真正理解他们所引入的新的理论资源和研究范式。伊格尔顿的偏颇也很快受到了批评，九个月之后，《新左派评论》刊登了安东尼·巴内特的《雷蒙德·威廉斯与马克思主义：对特里·伊格尔顿的反驳》。巴内特强调应当将威廉斯的早期思想放归具体的情境当中加以考察，并且特别强调威廉斯即将出版的《马克思主义与文

---

① 〔英〕特里·伊格尔顿：《马克思主义与文学批评》，第 6 页。

② 参见〔英〕特里·伊格尔顿《希望之旅的资源：雷蒙德·威廉斯》，《历史中的政治、哲学、爱欲》，马海良编译，第 255～266 页。在这篇写于威廉斯身后的回忆文章中，伊格尔顿重新评价了威廉斯的贡献。

学》代表了一种新的突破，具有"一种理论上的信心和国际化的视野"。①
他所提出的威廉斯应当得到重新评价的几个方面，很好地显示了威廉斯在
文化问题上的持续思考对于早期文化观念与新兴的理论资源相互整合的重
要贡献和意义。

（一）"经验"的保守主义传统

现在的问题是，为何第二代新左派的攻击会紧紧抓住"经验"不放，
以至于几乎无视威廉斯对经验的不断深入的阐释。一个似乎合理的解释
是，经验和意识形态的对立其实是其背后两种不同哲学渊源的对立，很显
然就是英国的经验论哲学和法国、德国的大陆理性主义哲学之间的对立。
然而这样的解释不仅显得大而无当，而且也追溯得过于久远。结合两代新
左派之争的另一个关键词"理论"，我们便会发现，威廉斯其实在他的
《关键词：文化与社会的词汇》中已经对这种对立进行了分析。在"经验
的"词条中，他提出关于"经验"的"现代的普遍用法与其说是跟哲学论
点的细节有关，倒不如说是跟下述这两种知识的普遍区分有关：（一）根
据观察——经验与实验——所得来的知识；（二）将指导原则或观念（通
过推理而得到的或由理智所掌控的）实际应用而得到的知识……这种意涵
与这种较普遍的区别——存在于 Practical（实际的）与 Theoretical（理论
的）的区别——产生互动"。这种区别也正体现在"经验"一词由正面意
义的"直接观察"转变为负面意义的"纯粹"或"随意"的观察的过程
中，而后者实际意味着"缺乏指导原则或理论"。② 显然这种梳理恰好暗示
了新左派内部论争中出现的所谓"经验"与"理论"之争，年轻一代坚持
认为早期新左派对经验的过分强调是出于理论的先天不足和对理论意义的
轻视。然而威廉斯的历史语义学研究恰恰证明"经验"包含了丰富的意
涵，这种丰富性不仅体现在词语意指的历史性变迁当中，也同样体现在围
绕这个词所出现的重大争议当中。与这种实际的丰富性相对立的当下情形
是，"empirical 与 empiricism 的现代普遍用法，已经被简化为正面与负面意
涵。这种用法并没有将这些争议厘清，反而使它们变得模糊不清了"。当

---

① Anthony Barnentt，"Raymond Williams and Marxism：A Rejoinder to Terry Eagleton，"*New Left Review* 99，1976，p. 54.

② 参见〔英〕雷蒙德·威廉斯《关键词：文化与社会的词汇》，第 150 页。

这种用法进一步被归结为国别特性——如"英国人的经验论倾向"——时，所有涉及的概念自然变得更加难以把握①——这很明显是威廉斯的春秋笔法。

除去这种略显抽象的哲学和理论层面的论争，"经验"令威廉斯成为众矢之的还有更为具体的历史原因。一个不争的事实是，"经验"长期以来都是英国的保守主义者用以自证清白的最佳武器。伊格尔顿就曾讥讽道："为了对抗'意识形态'，《细察》指向了'经验'——就好像经验真的不是意识形态的故土似的。"② 美国学者马丁·杰伊在分析伊格尔顿的这种批评时指出，它"或者仅指通常被标明为右派的人通过利用经验教训来将其立场合法化的惯常手法；或者是指那些主张政治进步的人在使用同样的经验教训来捍卫自己的立场时无意间造成的保守后果"，而70年代英国马克思主义者之间的争论，显然更多地体现为第二个方面。③ 然而要理解马克思主义者对经验有可能带来的这种保守后果的紧张感，还得先从保守主义者对经验的使用入手。马丁·杰伊为现代英国的这一传统寻找到的源头是大名鼎鼎的保守派政治哲学家迈克尔·奥克肖特。对于英国当代的马克思主义者来说，奥克肖特这个名字足够引起十足的警惕。安德森就曾回忆说，当晚年的汤普森间接听说他正在写保守主义方面的一些东西的时候，给出的回答是："奥克肖特是个无赖。告诉安德森清掉他的流毒。"④ 汤普森的愤怒并非没有道理，奥克肖特的思想在二战之后的英国政治与社会当中迸发出活力，并且为撒切尔主义的兴起提供了重要的思想支持，某种意义上说也是迫使英国新左派逐渐淡出历史舞台的重要力量之一。这也是安德森为何会撰文将其与施特劳斯、施密特和哈耶克一同并称为"顽固的右翼"的原因。⑤ 然而恰恰是这位奥克肖特用他的《经验及其模式》和《政治中的理性主义》为"经验"提供了来自20世纪英国政治哲学的第一

---

① 参见〔英〕雷蒙德·威廉斯《关键词：文化与社会的词汇》，第151页。

② Terry Eagleton, "Criticism and Politics: The Work of Raymond Williams," *New Left Review* 95, 1976, p. 6.

③ 参见 Martin Jay *Songs of Experience* (Berkeley: University of California Press, 2005), p. 170.

④ 〔英〕佩里·安德森：《纪念：爱德华·汤普森》，《思想的谱系：西方思潮左与右》，第226页。

⑤ 参见〔英〕佩里·安德森《顽固的右翼：奥克肖特、施特劳斯、施密特与哈耶克》，《思想的谱系：西方思潮左与右》，第3~34页。

枚掌声。简要言之，奥克肖特将自己的著述定义为"关于无所保留和限制的经验的哲学"，在他的定义当中，"经验自始至终是最关键的，不会受到次要的、部分的和抽象的因素的阻碍"，因此，"哲学知识就应该是那些能够证明经验自身的完整性的知识"。①

表面上看起来新左派要拒绝奥克肖特的言论似乎并不难，然而实际情况恰恰是，奥克肖特的一些主张——如，经验和理性应当统一于一种连贯的、有意义的生活方式当中，这种生活方式应当是一种道德共同体，而非抽象的道德理想主义，等等——却实实在在地在英国马克思主义人道主义者那里得到了精神和术语两方面的体现。② 历史地来看，早期新左派当时建构的文化政治观点会将右翼思想家的某些概念甚至理念包含进来其实并不奇怪，并且正如威廉斯在《文化与社会》中体现的那种"宽宏大量"一样，当时的新左派不仅的确留意到了奥克肖特，而且还对其部分观点给予过正面的评价。如柯林·法尔科便在《新左派评论》上称赞奥克肖特对具体历史传统的强调"事实上非常接近任何的严肃社会主义思想的基础"。③这些在当时并不算夸张的论述随着历史语境的改变和观察角度的转换而产生了完全不同的效果。在第二代新左派的"意识形态"理论的参照下，这种复杂继承关系下的传统就变得十分可疑：它看上去与其说是批判性地挪用和继承，不如说是霸权意识形态效果和主体询唤效果的体现，是左派附和右派的"共识性"的产物。

杰伊准确地指出，我们不能轻率地认定奥克肖特对马克思主义人道主义有多少直接的影响，他们之间还需要某些中介来实现间接的关联，这其中最为关键的中介就是利维斯和他的《细察》杂志，然而也正是因为有了这层中介，早期新左派与"经验"的这一使用传统之间的关系也变得更加复杂。④ 利维斯是在文学的范畴内使用经验概念的，他将文学作为"具体的人类经验"的记录，并且认为"我们从表述中看到的病症，如文字使用上的不足，都可以追溯到文字背后的一种经验上的不当"。这显然源自奥

---

① Martin Jay, *Songs of Experience* (Berkeley: University of California Press, 2005), pp. 185 – 186.

② Martin Jay, *Songs of Experience*, p. 190.

③ Colin Falck, "Romanticism in Politics," *New Left Review* 18, 1963, p. 68.

④ Martin Jay, *Songs of Experience*, p. 190.

克肖特的批评性观点，即认为表述的不足源于经验模式的孤立。利维斯将这种观点应用于对 20 年代英国新丹蒂主义的批评，指出这种风格其实是将审美经验从道德中抽离，从而沦为抽象的价值和观念体系的附庸。利维斯所创立的文学批评，正是为了回避这种抽象的体系，重新唤起人们对生活的丰富多样性的重视，恢复人道主义整体性的有机隐喻的生命力。① 马尔赫恩认识到这种批评的基础是"对具体的文学文字的内在事物的认知与认同"，并且将其总结为"某种形式的直觉主义：具体而言，它存在于对文学经验中的道德价值的直觉"。② 在这种直觉主义的批评当中，"经验"一词显然是被选取了威廉斯所概括的正面的意义而加以使用。

之所以说利维斯的存在会使得早期新左派与保守主义之间的关系更加错综复杂，主要还是因为他与威廉斯和霍加特等人的关系。利维斯在三四十年代英国文学批评当中的影响力是首屈一指的，韦勒克在《近代文学批评史》当中将其与阿诺德和艾略特并称③，就连威廉斯和霍加特这样的左翼青年学子也对利维斯的文学批评的技艺深感折服。杰伊干脆称威廉斯是利维斯"在剑桥文学部的继承者"。④ 事实上正如上文多次提及的那样，威廉斯始终坚持应当客观评价利维斯的价值，特别是在与三四十年代左翼文学批评自身的粗糙机械做对比的时候，更应当看到利维斯的方法当中可资借鉴甚至是启发性的东西。或许正是因为这种坚持，威廉斯长期以来总会被批评者认为是游走在利维斯主义边缘的人物，因此才会有"左派利维斯主义"之说。这种批评也并非毫无根据，像《政治与文学》这样的刊物当时秉承的宗旨正是将利维斯式的实用批评与社会主义文化立场结合起来，而这种想法正如威廉斯自己在访谈中承认的那样"有点愚蠢"。⑤ 但是这种批评显然忽视了《文化与社会》对于威廉斯的转折性的作用，轻视了威廉斯对利维斯的严肃的批评和对其关键思想的创造性转化。

（二）威廉斯对"经验"传统的转化

新左派内部的多次争论有一个共同的特点，就是论争双方除了观点上

---

① Martin Jay, *Songs of Experience*, p. 191.

② 参见 Francis Mulhern *The Moment of Scrutiny*（London：New Left Books, 1979），p. 171。

③ 参见〔美〕雷纳·韦勒克《近代文学批评史》第 5 卷，第 373、391 页。

④ Martin Jay, *Songs of Experience*, p. 191.

⑤ 参见〔英〕雷蒙德·威廉斯《政治与文学》，第 49 页。

的分歧外，往往还带有立场、态度甚至情绪方面的因素，对威廉斯的"左派利维斯主义"的指控也不例外。伊格尔顿以偏概全的批评令我们忍不住怀疑威廉斯遭到质疑是否仅仅因为他和利维斯的部分继承的关系。对于这种试图将他与利维斯主义混同的做法，威廉斯给予了回应。他尝试在历史化的评述中对利维斯和利维斯主义以及"细察"团体做细致切分。威廉斯提出，利维斯自身的丰富性"阻止了把利维斯简化为程式化的利维斯主义，使他成为一个比利维斯主义这一字眼复杂得多的人物"；相较而言，作为"一份水泼不进的期刊"的《细察》反倒更像是程式化的利维斯主义的大本营，"像现在人们所做的那样把二者等同是错误的"。① 威廉斯这番话显然是说给将他定义为"细察"外援的伊格尔顿听的。其实更为关键的是，威廉斯对利维斯的继承是批判性地继承，这一点在他对"经验"概念的继承与转化上表现得最为鲜明。对于威廉斯而言，利维斯的经验式批评之所以有吸引力，是因为它能对许多文化现象——"学院派、布鲁姆斯伯里团体、都市文学文化、商业出版和广告"——提供强有力的批判，表现出一种"文化激进主义"的倾向。② 利维斯赋予经验的"有机性""完整性""丰富性"等内涵，既是对"文化与社会"传统的一种认识，又为"共同经验"的提出提供了基础。正如杰伊所说："通过向他们（指威廉斯等人）强调具体经验的重要性——借由'文化'、'传统'、'教育'、'共同体'和'传播'——利维斯使他们重新接触到大众性的反抗政治压迫和市场专制的本土传统，而无须乞援于外来理论的灵感，同时也重新了解那些处于政治光谱两端的知识前辈们。"③ 当然，在许多论述中威廉斯都提到利维斯的"经验"与"传统"的观念依旧没有摆脱浪漫主义圈定的范围。他将认识并守护宝贵的经验遗产的任务划分给少数精英批评家的做法，恰恰体现了自身难以克服的悖论：既强调经验又限制经验，既试图恢复经验的完整与有机又不可避免地令经验再度沦为抽象和教条。在《文化与社会》中，威廉斯正是从利维斯止步的地方出发，将后者限定的经验概念扩展为更为普遍的"共同体的经验"，将经验的解释权从精英手中传递到大

---

① 〔英〕雷蒙德·威廉斯：《政治与文学》，第51、53、76页。
② 〔英〕雷蒙德·威廉斯：《政治与文学》，第49页。
③ Martin Jay, *Songs of Experience*, p. 192.

众手中。这种转变并不仅仅是一种范围的扩大，而是一种基础的根本性转变——经验的合法性并非来自精英们的深刻认识与提炼，而是来自它在大众交流传播当中的普遍性。因此当威廉斯再度谈论经验的完整与有机时，并非承认它符合某些"高级"的观念或体现某些永恒的理想，而是关注经验如何在真实的共同生活当中像奥克肖特说的那样"无所保留和限制"。可见，威廉斯的经验概念相对于利维斯来说是一个从少数到多数，从抽象到具体的反转，这一点也被后来的新左派所认识到。马尔赫恩就指出过利维斯与威廉斯在经验概念上的主要区别：对利维斯而言，"权威式的经验具有独一无二的普遍性"，但是"威廉斯在基本逻辑上不会如此认识'经验'。他对创造性的分析是一种激进的反本质主义，假定经验是一种主体性的历史构造，它会在不同的社会之间及其内部产生变化，而不是一种不变的感知上的常量"。①

然而，仅仅解释清楚这种批判性的和反转性的概念继承并不足以取消第二代新左派的质疑，他们批评的最大生命力还是来自对这种经验观念缺乏意识形态审视的指认。在他们看来，早期新左派的经验概念不仅没有在其含混和意识形态陷阱等方面得到足够深入细致的反思，反而在对抗斯大林主义和抵制外来理论的过程中愈发走向极端，甚至衍生出一种对经验的拜物教式的崇拜。面对年轻一代用新的理论武器展开的批评，威廉斯的态度与汤普森斥之为自大狂的态度有所不同，他虽然并不完全接受这些批评，但在两代人的争论过程中，威廉斯却一直在持续不断地吸收新的理论资源，利用它们来改造自己的理论，使各种不同的资源都得到了创造性的转化。或许年轻人对早期新左派的批评在威廉斯听来并不新鲜，因为当年汤普森对自己的批评已经揭示出一些类似的问题。汤普森认为威廉斯的"共同文化"概念因为忽视了真实的阶级斗争的存在而显得大而无当，甚至会因此失去自身的批判性和基本的立场。威廉斯对这一批评是基本接受的，但随之而来的问题是，如果说汤普森在他的历史研究当中可以通过对自下而上的斗争历史的发现来复原这种斗争的话，在以语言文字来传递感性经验的文学领域如何实现这种复原？更具体地说，如何在纯粹的审美分析和单一的社会研究之间找到一个合理的位置，实现对丰富而有机的整体

---

① Francis Mulhern, *Culture/ Metaculture* (London, New York: Routledge, 2000), p. 90.

经验的有效阐释？在这种追问下，意识形态理论无疑为威廉斯拓宽了思路。我们不妨先来看看伊格尔顿是如何借助意识形态理论来阐释文学的。他说道："像宗教一样，文学主要依靠情感和经验发挥作用，因而它非常宜于完成宗教留下的意识形态任务。的确，在我们这个时代，文学实际上已经等于分析性思想和概念性探究的对立物；当科学家、哲学家和政治理论家被困于这些枯燥乏味的论述性活动时，文学研究者却占据了更可贵的感情和经验领域。至于谁的经验，哪类情感，那又是另外一个问题了。从阿诺德起，文学就成了'意识形态教条'的敌人。"① 这番话表达了这样一种观点，即文学以情感和经验使自身对立于抽象思辨的哲学、科学等事物，乃至于自认为是意识形态的对立物，然而却由此掩盖了情感和经验本身也属于意识形态范畴这一事实。相应地，文学研究和文学教育对道德价值标准的传播实际上也是一项意识形态工程："'英国文学研究'的兴起几乎是与'道德'一词本身的意义的历史转变同步的……旧的宗教意识形态已经丧失力量，因此一种更精微的传达道德价值标准的方式，一种不靠讨厌的抽象而借'戏剧性的体现'来发挥作用的方式，就适逢其时了……文学就是现代的道德意识形态。"② 伊格尔顿对"情感"、"道德"和"经验"的纯洁表象的消解，看上去似乎能够宣判早期新左派文化观念的死刑了，但实际并非如此。第一代人的工作从来就不是以这种经验的纯洁表象为基础展开的，相反，在早期的内部论辩当中经验问题的复杂性就已经被提了出来。在汤普森看来，第二代新左派的意识形态理论恰恰压抑了经验的这种复杂性，从而使自身陷入另一种理论教条当中。而威廉斯恰恰是从他和汤普森共同欣赏的葛兰西那里获得了突破，这种突破不是对经验价值的否定，而是寻找到更为有效的阐释和分析经验的方法，那就是"感觉结构"分析。

三 "感觉结构"

在讨论"感觉结构"之前，我们需要再度考察威廉斯对葛兰西霸权理论的接受。在《马克思主义文化理论中的基础与上层建筑》当中威廉斯已

① 〔英〕特里·伊格尔顿：《二十世纪西方文学理论》，第25页。
② 〔英〕特里·伊格尔顿：《二十世纪西方文学理论》，第26页。

经展现了葛兰西对他从"文化唯物主义"角度澄清社会存在与社会意识关系这一基本问题的意义。在《关键词：文化与社会的词汇》的"霸权"词条中，威廉斯则用精练的语言表达了这一概念自身的复杂性以及它对以经验分析为基础的文化分析的重要启示。他首先指出霸权这个词具有复杂且变化不定的意义，"在它的简单用法里，'政治支配'的观念可以从国家之间的关系延伸到社会阶级的关系"，并且它并不局限在直接的政治事务当中，"相反地它试图描绘一种广义上的支配；这种支配包含其中一个主要特色：就是洞察世界、人性及关系的一种特殊方法"，因此"霸权"既不同于"世界观"（局限于智能的层面），也不同于"意识形态"（未能体现出支配如何通过"一般事实"或"常识"起作用）。最为重要的是，霸权概念启发了我们对"革命"的重新思考："革命不仅强调政治、经济权力的转移，而且强调推翻某一种特别霸权——易言之，所推翻的是某一种完整的阶级统治形式；这种阶级统治的形式不仅存在于政治、经济的制度与关系里，而且存在于生动活泼的经验、意识形式中。"因此，在像革命这样的激烈变化当中，"霸权的斗争仍然被视为一个必要的或是决定性的因素"，"只有借着创造出另外一种霸权——一种崭新、优势的实践与意识——革命才可以达成"。[①] 通过上述分析，威廉斯一方面再次论证了文化唯物主义的基本立场——文化并非被动的上层建筑，它同样是社会变革的基础——另一方面也凸显了经验的开放式结构：经验并不完全受制于一个封闭的意识形态结构，相反，它是一个主导、残余和新兴因素相互斗争的场域，在它的内部存在剧烈的霸权斗争。所以，意识形态理论带来的启示不应当是放弃对经验的关注，而应当是在一种整体性的结构关系中考察经验，发现其中新兴文化进行的霸权斗争并寻找将其扩展的途径。

正是借助这样的思路，威廉斯在自己的文化分析当中逐步建构起了"感觉结构"的分析方法。"感觉结构"并非威廉斯为这一思路专门设立的理论术语，而是很早就存在于他论述当中的一个概念。[②] 在《文化与社会》当中感觉结构一词就曾多次出现，如"浪漫派艺术家"一章就曾提到"习

---

① 参见〔英〕雷蒙德·威廉斯《关键词：文化与社会的词汇》，第202页。

② 威廉斯最早使用"感觉结构"一词是在1954年与他人合著的《电影序言》中，参见刘进《文学与"文化革命"：雷蒙德·威廉斯的文学批评研究》，第385页。

俗的改变只出现于普遍的感觉结构发生根本改变的时候"，此外"工业小说"一章的末尾也提到"对以上的几部小说的分析，不但可以清晰地论证对工业主义批评传统的共同之处，也可以论证那个具有同等决定性的普遍感觉结构"。① 这几处对感觉结构的使用有相同之处，就是都出现在对文学经验的分析当中。表面上看威廉斯在此并未赋予感觉结构什么特别的含义，仅仅将其作为在以感性经验为主的文学范畴内描述共同经验时的一个替代性词汇，但事实上这个概念能够很好地解释威廉斯为何会像很多人批评的那样赋予文学艺术如此大的特殊性和优先性。威廉斯曾专门强调："感觉结构……深深地埋置于我们的生活之中；它不能被简单地提炼和概括；它或许只能存在于可以作为一种整体经验被认识和交流的艺术中，而这就是艺术的重要性。"这番话听上去很有点安德森嘲讽的"英国式的神秘兮兮"的味道，但威廉斯对感觉结构的具体解释足以打消这种疑虑："我们考察作为积淀物的每一种因素，但在时代的活生生的经验中，每一种因素都处于溶解状态，是复杂整体的一个不可分割的组成部分……艺术家所描绘的正是这样一种总体性；从根本上讲，正是在艺术中，总体性的影响、支配性感觉结构的影响才得以表现和呈现……在分析中，即使人们防止可分离的部分而进行了估量，仍然保留着一些不具有外在对应物的因素，这是一种共同的认识经验。我认为这一因素就是我所谓的一个时期的感觉结构，并且只有通过作为一种整体的艺术作品本身的经验，它才能够被认识。"② 可以看到，威廉斯使用感觉结构概念非但不是要将艺术和艺术批评推向精神的神秘世界，反而是为后者接上了地气：感觉结构指向的其实是在整体性指引下的历史化的经验分析。

在此后的研究当中，感觉结构很快成为威廉斯讨论文学艺术时使用最多的一个关键词。不过在早期的使用中，感觉结构更多的是用来提示一种普遍性、整体性的经验的存在及其价值，以及精英化的、商业化的和意识形态教条化的文化批评对这种经验的忽视。在《文化是普通的》一文中，威廉斯表达了恢复文学艺术与整体经验关联的愿望："文化是普通的：这是首要的事实。任何人类社会都有它自己的形式，自己的目的，自己的意

① 〔英〕雷蒙德·威廉斯：《文化与社会》，第 69、153 页。
② 参见 John Higgins ed. *Raymond Williams Reader* (Blackwell, 2001), pp. 33, 40.

义。任何人类社会都在制度、艺术和知识中表达这些形式、目的和意义……我们在两方面意义上使用'文化'一词:一方面意指整体的生活方式(即共同意义),另一方面意指艺术和知识(即发现与创造的特殊过程)。一些著述者保留两者中的一种,而我则同时强调这两层含义。"① 正是这种强调形成了对精英文化立场、庸俗马克思主义立场和商业文化的多重批判和对大众传播条件下的大众文化的重新审视。它预示了威廉斯此后文学艺术批评工作中的两个主要方向,一个是对新兴的大众传播的形式和内容的研究,一个是对所谓精英文学在根本性地重构问题框架和对象的基础上的研究。而在威廉斯长久关注的戏剧领域,感觉结构不仅被应用得最为充分,而且在一定程度上有对上述两个方面的结合。威廉斯在50年代前期到60年代中期这段时间里陆续出版了4部专门讨论戏剧的著作,分别是1952年的《戏剧:从易卜生到艾略特》、1954年的《戏剧表演》、1964年的《现代悲剧》和1966年对第一部著作修订扩充后的《戏剧:从易卜生到布莱希特》,另外在1961年的《长期革命》中也有"戏剧形式的社会历史"章节。戏剧之所以成为威廉斯最早也是最为持久关注的文学艺术形式,很大程度上是因为它的复杂特性符合威廉斯乃至早期新左派在当时所关注的主要命题。正如威廉斯后来回顾所说,戏剧所涉及的是他在《文化与社会》和《长期革命》中加以扩展的"判断力共同体"问题,它包括了文学与戏剧的关系、文本与表演的关系以及文学与道德的关系②,总体而言,戏剧展现的正是艺术、艺术形式与共同经验之间的复杂关系。威廉斯带着与传统的戏剧批评者极为不同的眼光进入这一空间,因而对早已被奉为经典的戏剧家的阐释也与传统的审美和道德的阐释极为不同。在他看来,戏剧家通过特殊的艺术形式展现的价值与意义的思考,应当被放归一种时代性的共同经验当中。另外,这种恢复并非简单的"还原",而应当借助对文本和形式的细致分析来实现。威廉斯最先考察的易卜生就是一个很好的例子。易卜生之所以成为威廉斯分析戏剧的起点,首先是因为"作为一个作家,他所传达的东西最为接近我当时对身边环境的感受"。威廉

---

① Raymond Williams, "Culture is ordinary," in *Resources of Hopes*, p. 4.
② Raymond Williams, *Drama from Ibsen to Eliot* (London: Chatto & Windus, 1964), pp. 295 – 296.

斯认为易卜生"不是传统解释中所说的谈论原罪的戏剧家",因为尽管他的作品中"每个人都遭受了挫折,但挫折本身却根本没有否定促发行动的冲动的合法性……那种冲动既是个人的又是普遍的,它是正确的"。因此,"在易卜生的戏剧里,挫折的经验并不减损斗争的价值",威廉斯将这一判断概括为他个人"在 1945~1951 年体验到的深层'感觉结构'"。① 当然易卜生的价值不单单体现为威廉斯所带入的这种感觉结构,更在于他所代表的自然主义的戏剧风格本身及其变化所呈现的资产阶级社会当中个体经验与总体经验之间的矛盾关系,简言之,他的作品呈现了一种深陷矛盾之中的那个时代的感觉结构。威廉斯指出这种矛盾体现在自然主义的风格与形式的矛盾当中:"这种风格假设了一种稳定的、可认知的、可掌控的日常世界,然而与之相联系的形式却发现了一种正在被这个世界挫败和破坏的人性。"② 两者之间的紧张感很少被主流的自然主义者注意到,但易卜生的作品却包含了这种矛盾,并且将其体现为一种形式上的张力。威廉斯更进一步指出,自然主义通过把握外在世界的"真实"来体现内在世界的"真实"的方法不可避免地失败了,然而后起的反对者们却不约而同地走向另一个极端,即将问题导向了在个体的有限的内在世界中寻找"真实",通过将个人与社会,个体经验与整体经验进一步对立来回避这种矛盾。这样做的结果并非完全取消了感觉结构的存在,但是却提供了一种以排斥整体经验为基础的阉割过的感觉结构。在威廉斯的相关论述中,艾略特无疑是这一方面的代表。艾略特的保守精英主义的文化观点在《文化与社会》中受到了威廉斯的批评,而他在戏剧创作中的具体实践则被威廉斯通过文本和形式的细读加以分析。威廉斯向我们证明,尽管艾略特会将自己的悲剧作品的意义总结为"通过意识从不真实的日常生活中释放'人类';在死亡中接受另一种真实"③,但实际上他所提供的是"一种戏剧的套路:对传统和老套观察,以及默不作声的个人思考的令人怀疑的,充满讽刺的呈现"。④ 这种对所谓传统的回归,其实是基于对被限定的人类经验的考察而

---

① 参见〔英〕雷蒙德·威廉斯《政治与文学》,第 44~45 页。

② Raymond Williams, *Drama from Ibsen to Brecht* (New York: Oxford University Press, 1969), p. 337.

③ Raymond Williams, *Drama from Ibsen to Brecht*, p. 198.

④ Raymond Williams, *Drama from Ibsen to Brecht*, p. 174.

得出的抽象化的人类本质论述。

威廉斯的《现代悲剧》显然是对这样一种思路的进一步扩展。正如奥康纳指出的那样，威廉斯的戏剧批评"一开始的注意力就在作为一种文化形式的戏剧上，以及在历史中变化的戏剧形式的方式上"。[①] 在《长期革命》中威廉斯就专门强调戏剧的这种鲜明的社会性和历史性："戏剧是最具有社会性的艺术形式之一……虽然剧本与表演、文学作品与演出之间的关系往往在不同的社会和历史时期当中存在很大的不同，但从一种个体性创造活动向另一种社会性创造活动的扩展是清晰的……不仅在传播中，而且在接受和反应中，戏剧一般都在一个明显的社会语境中运作。"[②] 此时的威廉斯显然更为明显地受到他自己在《文化与社会》中对大众传播问题的探讨的影响，因而将戏剧放置在"文化扩展"的层面上进行思考。然而与这一事实相反的是，威廉斯面对的当时英国主流的悲剧研究恰恰是在切断这种关联与扩展，是在提供一个极度萎缩的感觉结构："《现代悲剧》这本书完全是我回到剑桥面对悲剧课程时所受震惊的回应，与我作为一个学生的时候相比，当时的悲剧课程呈现的是一种更为意识形态化的形式。"为此威廉斯专门设定了写作这本书的目的："《戏剧：从易卜生到艾略特》的许多内容关注的是戏剧的表现方法、与剧场演出的关系以及剧作家个人，而《现代悲剧》更加接近意识形态批判。"[③] 尽管此处的"意识形态"一词出现在70年代末的回顾当中，但当时的威廉斯显然已经在斗争与冲突的层面思考感觉结构与戏剧形式的变化问题。威廉斯首先指出，"悲剧"在英国文化当中既可以指芸芸众生不断遭遇的痛苦经历，也可以指某一特殊的戏剧艺术。然而在所谓的学者专家看来，将这两层意思混同起来是可耻的、无知的，因为"悲剧是一种特殊的事件，一种具有真正悲剧性并体现于漫长悲剧传统之中的特殊反应"。[④] 这样的定义意味着悲剧是一种可以脱离共同的整体经验而存在的一种奇怪的经验，它似乎更高级，属于某种神秘的传统并且为少数人和少数事件所独有。这种"古典化"的定义其实并

① Alan O'Connor, *Raymond Williams*: *Writing*, *Culture*, *Politics* (Oxford & New York: Basil Blackwell, 1989), p. 80.

② Raymond Williams, *The Long Revolution*, p. 271.

③ 〔英〕雷蒙德·威廉斯：《政治与文学》，第 203、204 页。

④ 〔英〕雷蒙德·威廉斯：《现代悲剧》，丁尔苏译，南京：译林出版社，2007 年版，第 4 页。

不陌生，它和类似的关于诗歌、文学等艺术门类的定义一样，都属于所谓"传统的"文化定义。在这种定义下，大众的情感与认知往往被视作无意义的、不值一提的，同理，整体性的经验也不在上述艺术形式的表达范围之内。然而，威廉斯对悲剧传统进行了一番新的梳理，他指出尽管在这一源头的早期，在社会异化的压力之下"悲剧的范围受到极大限制，冲突遭到排斥"①，但不断变化的历史与社会带来的共同经验的变化，也在不停地转移、改造着悲剧意识的兴趣点，不断地赋予悲剧新的内涵。这一过程并不如理想的那般美好，而且充满曲折反复，但是由此构建的悲剧传统绝非传统论者所认为的那样永恒和稳固。在此威廉斯使用了他从葛兰西那里获得的灵感："我们必须把这些来自当代意识形态和经验的压力与暂时占主导地位的悲剧观联系起来。"② 这一表述充分证明了威廉斯对共同经验和感觉结构中斗争与冲突问题的重视。伊格尔顿从威廉斯关注戈德曼的线索出发将其理论与卢卡奇的"总体性"概念联系在一起，显然一方面忽视了威廉斯在经验问题上的实质论述，有理论推导之嫌；另一方面也忽略了威廉斯对意识形态理论的引入。事实上，在《长期革命》中威廉斯就已经在文化扩展的意义上思考新兴文化的感觉结构问题："新的一代将会用自己的方式对其所继承的独特世界做出反应，他们吸收许多可以追溯的连续性，再生产可被单独描述的组织的许多内容，然而却是以不同的方式感觉他们的生活，将他们的创造性反应塑造成一种新的感觉结构。"③ 新的感觉结构不是旧感觉结构的延续，不是朝着某个给定的目标前进，也不是突然间就会获得，而是在不断地争夺较量中自我塑造。将这种意识投射到对当代悲剧观的反思当中，就会发现后者身上的一个明显悖论："最为清晰和重要的似乎是革命与悲剧之间的联系，它们存在于我们的经验之中，但没有在思想上得到承认。"④ 显然，这种一般性的悲剧观念对社会性的悲剧经验的特别排斥，反映的正是主导意识形态对革命经验的压抑，是对感觉结构的遮蔽与篡改。然而也正是从这个地方入手，威廉斯一方面分析了现代悲剧因为这种意识形态的遮蔽与篡改而陷入的困境，同时也在另一方面向我们

---

① 〔英〕雷蒙德·威廉斯：《现代悲剧》，第 14 页。
② 〔英〕雷蒙德·威廉斯：《现代悲剧》，第 36 页。
③ Raymond Williams, *The Long Revolution*, p. 65.
④ 〔英〕雷蒙德·威廉斯：《现代悲剧》，第 56 页。

展现了这种困境所体现的新的感觉结构与意识形态之间产生的冲突。对威廉斯而言,布莱希特彰显了这种冲突的突破性结果。布莱希特对传统意义上的悲剧持否定的态度,而威廉斯则从他的表述中"清楚地看到欧洲现代悲剧对深重苦难的意识。这不是夸张,而是准确和真实的描绘"。① 更为重要的是,布莱希特的戏剧不仅仅向观众呈现了压迫、革命与苦难共同造就的历史,也呈现了更为整体性的经验,而且还告诉观众:"对,由于这些原因,当下的现实是这样;但这一行动仍在不断被重演,它可以不是这样。"由此带来的效果是"这种情感正在扩散为一种普遍的立场,它是为现状感到震撼的所有人的新悲剧意识"。② 这里的新悲剧意识无疑是在感觉结构当中恢复对革命斗争的合理认识,通过这种对经验的唤醒,情感与认知有机会向新的感觉结构转化。如果要问这种经验与情感的转化对革命有何意义的话,威廉斯的回答是,革命斗争如果被当作一个过程而不是僵化的立场,它的严酷就可以承受和改变,而布莱希特的人物恰恰是把革命看成日常生活的一部分,并以人的声音对死亡和苦难做出回应,因此更好地做到了这一点。仔细阅读《现代悲剧》最后的文字,我们甚至能够从威廉斯对布莱希特的评价当中发现对经验的"基础性意义"的阐释:在前赴后继的革命斗争当中,抗争者首先实现的不是新的制度,而是"新的生活和新的情感",而新的生活方式与情感所构筑的感觉结构,则会成为理解革命和推动革命的动力。③

关于威廉斯在戏剧研究中对感觉结构的使用,还需要补充一点,就是威廉斯对戏剧自身的特殊表现形式的分析。作为一种以现场表演为主要呈现形式的艺术,戏剧拥有一个非常重要的物质媒介,那就是剧场。威廉斯非常认同布莱希特的见解,即剧场为戏剧提供的绝不仅仅是一个客观中立的空间,而是一种生产方式上的限定:"我们今天看到剧院而不是具体的戏剧被赋予绝对的优先地位。剧院设施的优先就是生产方式的优先。这种设施抵制任何向其他目的的转变,它的手段是立刻吸收和改造在这里上演的戏剧,使得它们不再代表剧院设施中的异体。剧院可以上演任何东西:

① 〔英〕雷蒙德·威廉斯:《现代悲剧》,第 197 页。
② 〔英〕雷蒙德·威廉斯:《现代悲剧》,第 209~210 页。
③ 〔英〕雷蒙德·威廉斯:《现代悲剧》,第 211 页。

它把这些东西剧院化了。"① 在威廉斯看来，剧场的这种限定机制同样是对观众的感觉结构的割裂和预先调整，因为"在现在的组织方式下，剧场的功能之一是要以切断其所有集体功能的方式重新合并作为一种模式的戏剧"，换言之，剧场的作用是使戏剧所传达的经验与共同经验脱离，并且让观众默认甚至自觉地压抑自身的感觉结构。如此一来，"在戏剧作为一种崭新模式或集体模式的潜能与妨碍或者控制了它的剧场特定结构之间，似乎始终存在某种冲突"，为此威廉斯特别强调"为了取得任何戏剧方面的进步，戏剧必须在每一个重要的时机与剧场决裂"。② 而布莱希特的"陌生化"观念和"社会表现主义戏剧"等理念所体现的打破剧场模式封锁的尝试，正是在这样的认识中被威廉斯所认同。

第四节 "文化唯物主义"与历史唯物主义

从以上论述中可以看到，威廉斯是在文学批评研究的实践当中通过吸纳意识形态理论来对感觉结构概念进行逐步完善的，而在《马克思主义与文学》当中，感觉结构更是被作为一个关键概念放在"文化理论"一章中，并被作为"主导、残余与新兴"之后要理解新兴的状况而必须加以讨论的章节。这意味着以理论的面貌出现的"文化唯物主义"其实是威廉斯在经过对历史唯物主义基本问题的重新理解之后，通过综合新左派文化论争当中的"经验""意识形态"以及"感觉结构"等关键概念建立起的属于英国新左派自己的更为全面的文化观念。出于将这种文化观念加以谨慎的普遍化的目的，威廉斯将文化探究的最终方向定义为一种"文化社会学"。我们有理由认为，伊格尔顿在《马克思主义与文学批评》中之所以用"文化社会学"作为对包括威廉斯在内的一部分左翼文学批评家的负面定义，很有可能与威廉斯的这一设想有关。然而，如何为自己的研究正名和下定义显然不是威廉斯所关心的。"文化社会学"这个名词的最大好处在于它很好地体现了"文化"与"社会"这对可以概括文化唯物主义的关键词。与那种受到被限制和被化约的社会性概念影响下的社会学不同，威

① 〔英〕雷蒙德·威廉斯：《现代悲剧》，第 199~200 页，注释 1。
② 参见〔英〕雷蒙德·威廉斯《政治与文学》，第 178~179 页。

廉斯探寻的文化社会学的特点是:"从这一维度出发,过程的任何方面都不会被排除。同时,在这种维度当中,某一过程的那些能动的、具有构成性的关系也正通过它那依然是能动的'产物',发生着具体的、结构性的关联。"①

对于这种观念,威廉斯的具体论述首先依然是围绕经验问题展开的。他提出一个现有的文化模式面临的难题,就是很难为"属于现在的、无法否认的经验寻觅到另外的术语,不仅要为时间上的现在(即对这种经验以及这一时刻的觉察)寻觅到术语,而且也要为正呈现于此的现时在场的特有性质(即这种无法否认的物质性存在)寻觅到术语"。② 威廉斯的这一提问源自他对社会存在与社会意识关系的思考。这个问题本身特别强调了当下经验的"无法否认的物质性存在",然而这种物质性并非意味着凝固不变的、明显可见的事物,如已知的关系、习俗、机构等——这些对象构成了一般而言的社会这个术语的范畴——它指向的是现时在场的、运动着的事物;当然另一方面,强调物质性本身就已经表明了对"观念"这一术语的传统意指的不满足。显然威廉斯希望他的文化理论能够达到的是一个更高的要求,他这样写道:"机制、构型和传统……所有这些事物都有效地在场显现出来,它们许多都是业已形成的、有意为之的,而且有些已经相当固定。但即使是在它们的身份全都被认定的时候,它们也不能构成一份关于社会意识的总目录(甚至仅就其最单纯的意义而言)。因为只有当它们积极能动地活跃在种种现实关系(而且这些关系又大于那些凝固不变的单位之间的系统性交换)当中的时候,它们才成为社会意识。"③ 在这段理论修辞意味十足的文字背后,我们可以清晰地看到包括汤普森在内的早期新左派的基本立场。由于社会存在对社会意识的决定是一个复杂的动态过程,因此无论是经验还是文化都不能被简单地视作被决定的——不管是在基础决定上层建筑还是在意识形态决定经验认知的意义上。这种复杂性不仅仅在于对象的范围,甚至还在于我们无法从单纯的意义上区分"意识"与"物质":"正因为所有的意识都是社会性的,所以它的种种过程就不仅

---

① 〔英〕雷蒙德·威廉斯:《马克思主义与文学》,第150页。
② 〔英〕雷蒙德·威廉斯:《马克思主义与文学》,第136~137页。
③ 〔英〕雷蒙德·威廉斯:《现代悲剧》,第139页。

发生在这些关系与其相关物之间，也发生在这些关系及其相关物之中。"①
由此可见，威廉斯试图提出的新的文化理论，某种意义上旨在彻底改写传统认识中对于物质与精神的刻板划分，当然这种改写不是在哲学分析的层面展开，而是在马克思主义的历史唯物主义的语境下进行。威廉斯强调的是，当我们认识到人们的经验以及对经验的认识与表达并非平行于人们与相关物质事物的关系，而是深刻植根于这种关系，并且其形成过程也对这种关系产生作用时，我们对唯物主义的理解也就实现了再一次的提升。威廉斯在《关键词：文化与社会的词汇》的"唯物主义"词条中曾指出，马克思将"历史唯物主义"区别于"机械唯物主义"的观点是前者视人类的活动为一种主要的力量。② 然而斯大林主义教条带给威廉斯和汤普森的教训是，在一般性的"主体能动性"的意义上来理解这种人类动力，似乎终究难以避免另一种形式的形而上学。历史唯物主义要做的不是将实际存在的各种关系加以简化归并来掌握，相反是要求在更为普遍的动态发展的关系过程当中把握"现时在场的，处于活跃着的、正相互关联着的连续性之中的实践意识"。③ 为此威廉斯将"感觉结构"作为之前那个问题的答案。感觉结构这个术语意味着把上述因素界定为一种有种种特定的既相互联结又彼此紧张的内部关系的"结构"，又将它们界定为一种依然处在过程当中的社会经验。对于在新左派文化观念之下被明显扩充了的作为研究对象的经验而言，感觉结构有明显的优势："的确，这种经验又常常不被认为是社会性的，而只被当作私人性的、个人特癖的甚至是孤立的经验。但通过分析，这种经验（虽然它另外不同的方面很少见）总显现出它的新兴性、联结性和主导性等特征，它的确也显现出其特定的层系组织。"经验与感觉结构由此形成的是一种辩证的相互关系：由于得到感觉结构的"认可"，经验被正规化、被分类和被建构到机制和构型当中；然而就在此时又通常会有一种新的感觉结构在真正的社会现时在场中开始形成。④ 这种关于经验的理解对于作为整体经验的文化而言十分重要，因为它恢复了威廉斯所归纳的马克思的文化学说的意义："作为对一种文化的社会过程的

---

① 〔英〕雷蒙德·威廉斯：《现代悲剧》，第 139 页。
② 〔英〕雷蒙德·威廉斯：《关键词：文化与社会的词汇》，第 294 页。
③ 〔英〕雷蒙德·威廉斯：《马克思主义与文学》，第 141 页。
④ 参见〔英〕雷蒙德·威廉斯《马克思主义与文学》，第 141~142 页。

基本要素的明确阐述，马克思主义的这种强调恢复了历史的整体性。"①

应当说，由威廉斯最终提出的文化唯物主义正是指向了这种历史的整体性。确切而言，文化唯物主义并非一整套清晰可见的理论模型，更不是历史唯物主义的替代性理论。它是在新左派围绕众多问题进行的讨论当中逐步形成的，是多方力量共同塑造的结果。产生文化唯物主义的直接动机无疑是关于基础/上层建筑，或者说社会存在与社会意识关系的反思性讨论，而这一过程是由汤普森和威廉斯等第一代新左派和安德森、霍尔等年轻一代在相互论辩中推进的。我们可以明确地看到，虽然各方观点存在明显差异，但都指向一个共同的目标，即阐释一种更为彻底的历史唯物主义。另外，作为一个在一般意义上与"唯物主义"长期保持距离的概念，文化的含义通过早期新左派的努力实现了向历史唯物主义的根本性转化。这个过程同样是在各方激辩和双方思想资源的碰撞融合当中完成的。如果我们用较为宽松的眼光来看待文化唯物主义这个概念，便可以将其看作对整个新左派文化观念与文化理论的总体性概括。就第一代新左派当年的目标而言，一方面，文化唯物主义的的确确实现了马克思主义与英国本土经验的结合，是一次成功的本土化转型；另一方面，它也大大发掘了马克思主义在文化领域的分析阐释能力，提供了一种特性鲜明的英国式的马克思主义文化批评与文化研究的范式。此外，新左派在文化论争的过程中大大推动了英国与国外思想理论的接触。伊格尔顿曾戏称英国的保守批评家们"就像一些负责知识移居的官员：他们的工作是在来自巴黎的种种新奇观念卸货时守在多弗尔港，从中检验出似乎多少能与本国批评传统方法调和的星星点点，并态度和蔼地放这些货物过关，但却把与之一同到货的那些更有爆炸性的思想（马克思主义，女权主义，弗洛伊德主义）挡在国门之外"。② 新左派的文化讨论和他们开辟的英国文化研究恰恰为这些激进的思想资源进入英国另辟了途径，并且使它们与英国的文化批评产生了丰富而奇妙的化学反应。如同当年的"文化与社会"传统一样，文化唯物主义同样预示着一个新的起点，当波诡云谲的 80 年代来临之后直到现在，英国的马克思主义者依然可以借助新左派运动所提供的这个坐标来看待眼前的世界。

---

① 〔英〕雷蒙德·威廉斯：《马克思主义与文学》，第 17 页。
② 〔英〕特里·伊格尔顿：《二十世纪西方文学理论》，第 120 页。

第八章

余论：遗产与失落

第一节 英国马克思主义的立场

根据德沃金的概括，英国新左派的文化讨论主要集中在历史学、文学和文化研究这三个领域。如果说英国文化研究可以被看作新左派运动自身开辟的一个崭新空间的话，历史学和文学领域则长期以来都是一个充满激烈争夺的场域。当20世纪70年代令人眼花缭乱的各种理论大量涌入之后，这些新左派曾经奋战过的阵地不可避免地随之发生重大的改变。不仅如此，新左派及其影响下的各种思考本身也在发生改变，女性主义成为80年代文化研究的一个新的关注点就是最好的例子。当然，这一系列的改变并不仅仅源于思想理论的变化，用新左派的术语来说，更为实质性的社会过程的变化才是决定性的因素。从某种意义上说，当80年代来临的时候，英国的左派知识分子仿佛又一次遇到了和50年代相仿的某些情形：一方面，全面复兴的保守党击败了工党，并且在一个很长的时期内执行着一种特殊的政治议程，在这个政治议程中左翼知识分子既丧失了许多原有的政治空间，也流失了大量的社会基础；另一方面，消费文化、大众传媒、全球化市场和新兴科学技术，这些当年曾经刺激新左派展开思考的飞速变化的因素，如今同样"重新定义了阶级关系、文化生活、政治学的语言和实质"。[1] 随着历史的推移，来自各个社会层面的变化越来越频繁和剧烈，并

---

[1] 〔美〕丹尼斯·德沃金：《文化马克思主义在战后英国》，第342页。

且对左翼来说越来越不利。在反复的变动和反复的"重新定义"之后，人们不免对曾经有效的答案产生怀疑，而这种怀疑甚至会逐渐转向问题本身，开始对一些基本的问题和提问方式缺乏信心。就当时复杂的时局和繁多的理论派别来说，寻找某种替代性观点几乎有可能成为一个英国左翼难以抵御的诱惑。

然而我们看到，正是在这样一个复杂的时刻，新左派文化观念展示了顽强的生命力和坚定的指导性力量。对于发生在80年代英国文化研究领域的变革，德沃金这样写道："总体上说，这些变革包括在不拒绝文化的物质基础的情况下，将阶级立场与文化表现之间的联系问题化，还包括主要研究语言和话语对主观性和文化特性的影响，虽然这些研究同时坚持认为，文化生活受到政治的和社会斗争的支撑。"① 换句话说，尽管社会现实及其表征发生了巨大的变化，尽管新的关注点和新的理论与思考方式不断地出现和被引入，新左派所提出的基本问题和核心方法并没有被放弃。与马克思主义者们再一次被视为"残余"的政治大环境相反，在诸如文化研究等一些领域，马克思主义在与其他激进资源的相互整合中表现出令人惊讶的"主导性"。霍尔对马克思主义理论和文化研究的关系做出过如下描述："在马克思主义周围进行研究，研究马克思主义，反对马克思主义，用马克思主义进行研究，试图发展马克思主义的研究。"② 现在看来这一描述依然有效。在面对整体性的危机时，英国的马克思主义者并没有失去原有的立场，相反，在当年新左派激烈论战留下的遗产之上，他们获得了一个属于自己的新的立足点。正如霍布斯鲍姆在面对工党的溃败时所说："作为马克思主义者，我们必须做马克思必然会去做的事情：去识别我们得以发现自身的新环境，去现实地和具体地分析这种环境，去分析劳工运动失败与成功的历史的和其他的原因，并且去阐述我们将想要做什么，我们能够做什么。"③ 拥有这样一种立场的并不仅限于霍布斯鲍姆这样的老牌共产党员，当时的实际情况是，"从来没有这么多左派知识分子公开运用马克思主义范畴来思考和写作"。④ 为这些思考和写作提供基础的正是新左

---

① 〔美〕丹尼斯·德沃金：《文化马克思主义在战后英国》，第339页。
② 〔美〕丹尼斯·德沃金：《文化马克思主义在战后英国》，第5页。
③ 〔美〕丹尼斯·德沃金：《文化马克思主义在战后英国》，第348~349页。
④ 〔美〕丹尼斯·德沃金：《文化马克思主义在战后英国》，第337页。

派在与广义的西方马克思主义和结构、后结构主义的交锋中建立起的范围空前的文化观念。

曾经尖锐批评过威廉斯的伊格尔顿就是英国马克思主义立场的一个代表。他对威廉斯态度的转变最先体现在 1981 年出版的《沃尔特·本雅明：或走向革命批评》当中。威廉斯对"文学批评的政治性"——"你们在评判这些诗人时，不仅是在谈论他们的文学实践，同时也是在论及你们自己在那个时候的文学实践"——的阐释成为伊格尔顿理解本雅明特殊的文本与研究方式的钥匙。① 对伊格尔顿而言，本雅明的意义在于摆脱了抽象的美学与庸俗马克思主义的俗套，将自己强调的形式的问题与威廉斯强调的历史与传统的问题结合到一起，而这种结合最终指向的正是书名中所说的"革命批评"。这本书以解读本雅明为入口，继而对西方马克思主义影响下的众多文学批评进行了讨论，而它最大的特点莫过于每每在论述的关键时刻现身的"英国的立场"。英国文学批评，特别是新左派的文学文化批评，实际上构成了伊格尔顿理解与反思上述讨论对象的"物质基础"。对于老一辈英国马克思主义文化批评建构者的贡献，伊格尔顿这样评价道："如果没有威廉斯必要地拒绝日丹诺夫的正统理论，如果他没有把英国本土题材同族地转化到无与伦比的丰富著作中，就不可能取得随后的成就。在相关领域里，历史学家 E. P. 汤普森的非凡工作同样如此。"② 而他后来的许多研究工作，如《审美意识形态》，似乎也是在以他自己的方式延续着威廉斯对文化唯物主义批评方式的期望——"既是一种'社会学'，同时又是一种'美学'"。③

伊格尔顿并没有完全放弃自己对早期新左派的批评，但这种批评与反思越来越不再局限于将威廉斯笼统地称为"英国的卢卡奇"这样的观点。④ 在多年以后的《文化的观念》中，虽然伊格尔顿依旧认为威廉斯的早期著作对"文化"的积极阐释是一种"无意识"的调用，但他也更加重视威廉斯的"文化政治学"的定义——"最重要的不是文化政治（cultural poli-

---

① 参见〔英〕特里·伊格尔顿《沃尔特·本雅明：或走向革命批评》，郭国良、陆汉臻译，南京：译林出版社，2005 年版，第 12~13 页。

② 〔英〕特里·伊格尔顿：《沃尔特·本雅明：或走向革命批评》，第 126~127 页。

③ 〔英〕雷蒙德·威廉斯：《马克思主义与文学》，第 150 页。

④ 参见〔英〕特里·伊格尔顿《沃尔特·本雅明：或走向革命批评》，第 127 页。

tics），而是文化的政治（the politics of culture）。政治是条件，文化是这些条件的基础"——与他的"主导、残余、新兴"的文化区分相互结合的意义。伊格尔顿强调，在威廉斯逐步发展起来的这一系列文化观念之中，文化摆脱了被决定的地位并获得了"物质"的身份，但同时也并没有被视为天生就是政治的，文化的意义最终必须在社会过程中，在斗争与反抗当中获得。① 这一根本性的见解在《文化的观念》面对的新的历史语境当中再次发挥了重要的作用。如果说从《沃尔特·本雅明：或走向革命批评》一书开始伊格尔顿就已经展开了对后现代主义的批判的话，那么出版于1997年的《后现代主义的幻象》和2000年的《文化的观念》所要批判的后现代主义则已经失去了其产生的背景，并且因此逐渐沦为丧失批判性的锋芒的另一种俗套和主导意识形态的附庸。在这种整体语境之下，新左派的文化观念提供了一种有效的抵制：与当年拓宽"文化"的方向不同，它现在的作用是限制在相对和虚无当中无限扩张的"文化"，所起到的作用是"在承认其重要性的同时，让文化回归其原有的位置"。② 伊格尔顿的批判最终在三年后出版的《理论之后》中汇聚成站在新的历史语境下对西方文化理论的一次全面清算。他指出，以后现代主义为代表的当代西方理论通过打破真理的客观性观念而释放的革命能量已经耗尽，其自身的激进性已经被引向了另一个危险的极端，重新成了压抑革命动力的意识形态。伊格尔顿不仅坚持了英国马克思主义的基本立场，甚至在论述方法上也借用了威廉斯惯用的在被推向极端的知识的对立论辩面前后退一步的方式，并且显现了这种表面的"折中"所包含的突破性。他强调"客观性并不意味着不带立场的评判。相反，只有身处可能了解的局面，你才能知道局面的真相。只有站在现实的某个角度，你才可能领悟现实"。因此，早期新左派曾思考过的那种革命的动力依然存在，因为"在只可意会和非正式认识的层面上，穷人比他们的统治者要更懂得历史是怎么回事"。当代理论对"客观性"的消解不过是沿用了"自由派人士审慎的不偏不倚的态度"③，

---

① 参见〔英〕特里·伊格尔顿《文化的观念》，方杰译，南京：南京大学出版社，2006年版，第101~102页。

② 〔英〕特里·伊格尔顿：《文化的观念》，第108页。

③ 参见〔英〕特里·伊格尔顿《理论之后》，商正译，北京：商务印书馆，2009年版，第131页。

然而当我们跳脱这一限定框架之后便会发现，诸如"道德"这类被视作缺乏"历史根据"的事物，恰恰因为浸透了历史过程中的权力和欲望的生产与对抗，反而蕴含了某种"客观性"。在激进的文化理论试图遮蔽的真实存在的领域当中，我们依然可以发现革命的基础。

更为有趣的是，伊格尔顿甚至将这种对后现代主义的批判应用到了被他称为"杰出的美国马克思主义批评家，英语世界一流的文学理论家之一"① 的弗雷德里克·杰姆逊身上。对这位试图在"总体性"的框架下用马克思主义全面整合后现代主义理论资源的同路人，伊格尔顿不依不饶地提出这样的问题："对巴尔扎克少数小说的马克思主义—结构主义的分析如何有助于动摇资本主义的基础？"伊格尔顿以威廉斯提示的马克思主义文化批评的迫切任务，即"有计划地探索至关重要的政治文化应当是什么和做什么"来对照杰姆逊的著作，认为后者恰恰是在教导读者放弃这种期望。② 正如这段文字的小节标题"马克思主义批评与阶级斗争"显示的那样，伊格尔顿怀疑的是杰姆逊是否有能力冲破后现代主义构筑起的复杂的"语言的牢笼"，在文学和文化的批评当中寻找到与现实变革的动力真正可靠的结合。伊格尔顿的批评对象既包括了杰姆逊的文风，也包括了他的理论基础。他认为杰姆逊"热衷于隐喻的句子"③ 所呈现的独特的婉转曲折的风格其实是一种内在的虚弱，这种虚弱自然是其理论基础的内在问题的外显。杰姆逊的理论基础首先是源自卢卡奇的黑格尔式的"总体性"，而在他出版最具代表性的著作《政治无意识》中，已经被英国思想界熟知的阿尔都塞理论又融入了进来。也恰恰是在这一点上，伊格尔顿再度提出了自己的怀疑。当威廉·C. 道林在 1984 年用题为《杰姆逊、阿尔都塞、马克思》的著作向英国读者介绍《政治无意识》的时候，伊格尔顿不无刻薄地问道："阿尔都塞与之有何干系？"他认为杰姆逊终究是一位阿尔都塞反对的黑格尔派的马克思主义者或"历史决定论"者，与阿尔都塞所提供的理路貌合神离，二者在话语层面的编织组合正是杰姆逊坚持认为是马克思

① Terry Eagleton, "The Idealism of American Criticism," *New Left Review* 127, 1981, p. 60.

② Terry Eagleton, "The Idealism of American Criticism," *New Left Review* 127, 1981, pp. 64 – 65.

③ Terry Eagleton, "Fredric Jameson: The Politics of Style," *Diacritics*, Vol. 12, No. 3, 1982, pp. 14 – 15.

主义核心范畴的"总体性"自身的含混性的体现。① 伊格尔顿似乎认为，杰姆逊其实是在用一种含混的辩证法来将马克思主义与各种激进的理论资源进行结合，这种做法固然能够扩大马克思主义的阐释范围，但负面效果则是有丧失对根本问题的追问，陷入语言游戏的危险。伊格尔顿对杰姆逊的批评或许仍将是一段难解的公案，但在这些争论中，一种鲜明的英国马克思主义的立场清晰可见。

第二节　"文化政治"的失落

英国新左派运动的研究者迈克尔·肯尼提出过这样一个问题："新左派强调通过市民社会建构共同体并重建一种进步政治文化，是否表明他们已经抛弃为工党设计一种进步政策的任务？新左派的这种方法是否有助于以新的观念与思维方式推动工党的思想发展？"② 以这个问题反思新左派的历史是合理的，因为威廉斯就将自己努力的最终方向定义为"一种崭新的文化政治"③，这也是新左派作为一个具体的历史运动曾经拟定的努力方向。然而不幸的是，这一目标并未随着新左派文化理论的发展而被逐步接近，相反，就整体而言，它以一种异乎寻常的速度流失了。

围绕"文化"建立新的政治主张，曾经是凝聚新左派成员的主要动力所在，而在新左派运动的早期，它也确确实实在一定程度上得以实现。两份刊物的合并、不同的新左派团体的建立，以及在相对外围的文化研究、成人教育和核裁军运动等诸多领域的成就，都显示出新左派在英国当时的社会政治生活当中的影响与贡献。但正如肯尼指出的，"第一代新左派作为一项富有意义的政治事业在1962年走向终结"，由此也导致有人认为"与其说第一代新左派是一场政治运动，倒不如说其创造了一种社会氛围"。④ 虽然肯尼认为这种评价不够全面，但不可否认的是，第一代新左派

---

① Terry Eagleton, "Review on Jameson, Althusser, Marx: An Introduction to The Political Unconscious by William C. Dowling," *The Review of English Studies*, *New Series*, Vol. 37, No. 146, 1986, p. 308.

② 〔英〕迈克尔·肯尼：《第一代英国新左派·中文版序言》，第9页。

③ 〔英〕雷蒙德·威廉斯：《政治与文学》，第48页。

④ 〔英〕迈克尔·肯尼：《第一代英国新左派·中文版序言》，第6页。

在将其文化观念推进为文化政治的过程中确实存在一些障碍和缺陷。对新左派的政治实践来说第一个不利的因素是缺乏能够有效组织起来的社会基础。包括霍布斯鲍姆在内的许多人都曾指出新左派在当时英国的边缘地位，的确，在 20 世纪五六十年代之交的英国政治光谱当中，新左派相对于基础雄厚的英国工党和英国共产党而言，显得有些微不足道。新左派的思想主张虽然在不同的社会阶层和职业阶层当中，特别是在青年人和自由社会主义者当中产生了很大的影响，但这些群体明显缺乏足够的统一性，很难全面地将新左派推行的文化讨论和文化实践转变为对政治的直接介入。同时，早期新左派自身组织上的松散和决策上的犹疑也使他们无法更有效地扩大自己的基础。新左派从诞生之初就表现出思想与立场的多元性，其成员往往有各自不同的关注点和不同的投身领域，这一方面为新左派扩大影响提供了良好的条件，另一方面也使得他们难以确立一个整体性的方针策略。作为早期的领导者，汤普森等人又因为斯大林主义和英共的官僚专制作风留下的深刻印象而对具体的组织与统一工作心存疑虑，这也进一步强化了新左派的分散特性。另一个不利的因素就是新左派内部不断产生的论争冲突。这些论争无疑对文化讨论的深入是有益的，但在实际的发展过程中，它们也导致了新左派成员之间的尖锐对立。特别是在第一代人与第二代人的论争当中，双方的对立最终发展到水火不容的地步，进而导致了新左派实质性的分裂。

在肯尼的提问中，"1962"这个年份的出现也可谓微言大义。客观地说，第二代新左派取代第一代新左派占据主导位置是导致新左派的"文化政治"未能进一步推进的一个重要因素。安德森对西方马克思主义的批评是后者"打开了一个全新的思想领域，但是代价是它远离了革命政治"。[①]需要说明的是，安德森这里所说的"远离革命政治"似乎更多的是指远离了马克思所关注的与革命政治紧密相关的基本问题而转向哲学的沉思。安德森自然知道政治实践的意义所在——"马克思主义理论同群众实践之间政治统一的破裂，造成了两者之间应有的联系纽带不可抗拒地转向另一轴心"[②]——但在当时他显然认为廓清认识是首要任务，而这一点在"迷雾

① 〔美〕丹尼斯·德沃金：《文化马克思主义在战后英国》，第 188 页。
② 〔英〕佩里·安德森：《西方马克思主义探讨》，第 72 页。

重重"的英国尤为必要。如果说"极度闭塞，对邻国的理论文化一无所知"的西方马克思主义群体当中"不曾有过一位理论家对另一位主要理论家的著作进行过认真的评价或持久的批评"① 的话，英国的情况显然更糟，这里充斥着左派民族主义者，他们索性对岛外的启发性观点充耳不闻，仅仅在乞灵于不可靠的本土社会主义传统的基础上低级而冒失地进行各种社会政治活动。在这种对比当中，西方马克思主义从被批判者反而转变成了有力的批判者，而安德森的用意也正如有论者所言，不是简单地哀叹英国思想家对经验主义形式的关注，而是提供一种自己的思维方式来取而代之。② 然而，他所批判的西方马克思主义的某些形式特征似乎也因此不可避免地被带到第二代新左派的思考与行动中来。相较于汤普森和威廉斯等人与工人阶级文化和运动的长期接触，安德森这一代新左派身上带有更为明显的脱离上述实践的知识分子特性，他们不仅对重拾工党政治不抱任何希望，而且对早期新左派从事的各种日常琐碎的政治和社会事务非常厌烦。对于那些被视作工人阶级文化与阶级意识建构的活动，他们自认为有足够的理论依据加以排斥，因为在他们的霸权理论分析当中，恰恰是"工人阶级深刻感受到的阶级意识成了构建它自己霸权的主要障碍"。这里起作用的就是如今众人熟知的"共识"与"合作意识"，而要克服"合作意识"的局限，就必须依靠像安德森他们这样的知识分子来创造革命意识，而不是敝帚自珍地到传统里淘金。③

第二代的这种知识分子启蒙者思路极为深刻地影响了新左派运动。一方面两代人之间的工作依然有不容忽视的连续性，并且在诸如对"1968"这个特殊年份的关注当中表现出在具体实践层面的某些一致性；但另一方面，由于基本思路上的巨大差异，新左派的实际分裂已经不可避免，这种分裂造成的影响虽然未必如双方言辞表现得那般激烈，但"文化政治"这个最初将许多人联合起来的梦想也就此打住。新的一代显然更希望进行"高质量"的思想交流与探讨，而不是给混乱不堪的政治势力角逐敲边鼓，这一点在改弦更张后的《新左派评论》上表现得最为明显。有批评者在

---

① 〔英〕佩里·安德森：《西方马克思主义探讨》，第89页。
② 〔美〕丹尼斯·德沃金：《文化马克思主义在战后英国》，第185页。
③ 参见〔美〕丹尼斯·德沃金《文化马克思主义在战后英国》，第153页。

1975 年时这样谈论这个曾经以工人阶级文化为主题的论坛："隐藏于分析的明显复杂性之下的，是这样一种格外傲慢的信念，即知识分子的作用创造了理论，工人的工作制造了革命，还有这一信念，即在英国错误的东西是，工人太落后而不能理解知识分子的指导。"① 对这种知识分子的傲慢提出批评的远不止这一例，在回顾《新左派评论》创刊 50 年来的历程时，剑桥大学的斯蒂芬·科里尼就毫不客气地指出这份杂志"有段时间曾一味强调狭隘的纯粹性，理性的奴性以及刻意的不透明性"，而这种情况的出现多半跟其编委会"每天都陶醉在从巴黎传来的新闻中"有关。②

其实认为第二代新左派总是沉溺于"高级思维活动"而对现实的急迫性没有意识有些言过其实。在整个 20 世纪 70 年代，《新左派评论》上关于现实政治和政治理论的探讨绝不在少数，并且这些探讨也带有明显的危机意识。安德森重新思考葛兰西的长文《安东尼奥·葛兰西的二律背反》其实就包含了对欧洲革命动力逐渐衰退的反思。差不多与此同时，两代新左派之间也出现了新的互动，安德森等人对威廉斯和汤普森的工作进行了回顾，由此产生了与威廉斯的访谈录《政治与文学》，以及尝试从整体上把握与汤普森分歧的《英国马克思主义的内部论争》。这些举动和著述的出现实际上也是新左派对日渐不利的英国乃至世界环境的一种回应。然而仅仅是这些主动的出击并不足以带来扭转的效果，正如安德森自己回忆时所说的那样，在思想史中蹒跚前行并反思葛兰西的时候，他写出的恰恰是"一篇与革命的马克思主义传统分道扬镳的告别词"。③

此外，即使是早期新左派本身的"文化政治"理想，似乎也并非那么尽如人意。林春在其著作的导言中分析过由于构成来源的不同而产生的英国新左派发展的三个主要趋势——持不同意见的共产主义、独立的社会主义、理论的马克思主义——和诸如革命的基督教思想、社会主义女性思潮以及亚文化或反文化的美学等其他趋势。她一方面承认新左派较好地避免了这些趋势间的差异对其根本任务的影响，但同时也隐晦地提到，这种

---

① 〔英〕佩里·安德森：《西方马克思主义探讨》，第 181 页。

② 参见〔英〕斯蒂芬·科里尼《政治生涯:〈新左翼评论〉创刊五十周年》，肖辉译，《国外理论动态》2011 年第 11 期，第 94～95 页。

③ 参见〔英〕佩里·安德森《交锋地带·作者前言》，载〔英〕佩里·安德森《交锋地带》，郭英剑、郝素玲等译，北京：中国社会科学出版社，2008 年版，第 3～4 页。

"共同的倾向"所代表的立场"在其他时间其他场合也被相信'第三条道路'可能性的人所重申"。① 显然，林春十分怀疑取得这种共同倾向的基础究竟是对根本问题的进一步揭示还是回避。因此，早期新左派强调的"文化"之所以未能有效转变为一种政治能量，除去外因导致是否还有内因使然就值得深思了。在林春的研究中，1968 年的学生运动是一个很好的案例。以"对抗的文化"或"反文化"来彰显自身与主导的权力和意识形态之冲突的年轻人，看起来理应与第一代新左派一拍即合，然而实际的情况却是："1968 一代中的许多活跃分子对业已存在的'国货'（indigenous）新左派知之甚少，并且此前也未曾参与其中。"② 纷纷攘攘的青年文化尊奉的理论英雄恰恰是卢卡奇和马尔库塞，是此时正令英国新左派争论不休的西方马克思主义。对于眼前的这场文化运动，早期新左派中既有人对其敬而远之，如已经对"文化"产生警惕的汤普森，也有人积极投身其中试图加以引导，如萨维尔、霍尔、米利班德和威廉斯等。然而同为老一辈人的基尔南最终的总结是："当历史正在做出一个大胆的跃进时，它却发现无法在身处任何阶级中的具体的人之间找到其动力，而只能去身处边缘的散兵游勇——年轻人、冒险者、理想主义者、妇女、知识分子——当中寻找。"这也预示了这场声势浩大的青年运动的必然失败，因为"我们很快就意识到，无论它如何深远地揭示和激发了西方社会民主价值的内部危机，'1968'依然不具有与任何真正的革命相比较的价值，真正的革命是改变一种社会—经济的制度或一种文化机制"。③ 威廉斯等人对"文化政治"的期望未尝不是如后者那般，在《1968 五一宣言》中，他们认为这场运动包含着替代性的政治方案，并且专门提出："我们极其迫切的兴趣并不限于反抗一系列的经济与财政机制，而是要反对整个政治制度。"④ 然而结果似乎是，对文化斗争的兴趣取代了对其他斗争形式的兴趣，所谓替代性的方案看上去最终不过是各种等待在耗尽激情之后被收编的亚文化诉求。"生产方式"和"阶级"等关键词在这场战后最具冲击力的文化斗争

① Lin Chun，"Introduction," in *The British New Left*，p. 13.
② Lin Chun，*The British New Left*，p. 94.
③ Lin Chun，*The British New Left*，p. 98.
④ Raymond Williams, ed.，*May Day Manifesto* 1968（Harmondsworth：Penguin Books，1968），p. 138.

当中不是越贴越紧，而是渐行渐远。

历史的转变似乎总是在不知不觉中进行，然而又以惊心动魄的方式显现。当汤普森辗转于核裁军运动与和平运动的时候，当威廉斯还在"周四投工党，周五反工党"①的时候，当霍尔不得不寄希望于工党的对抗姿态的时候②，当安德森正忙于将杂志改造成为"改革"做准备的理论阵地的时候，一些可能的契机已经转瞬而逝，新的危机则在酝酿生成。科里尼说道："20世纪80年代，左翼政治构想被重塑，这是对这10年间的戏剧性变化的默认，其中的变化包括'现实存在的社会主义'的终结。"③导致"现实存在的社会主义"终结的显然是随着撒切尔夫人领导的保守党上台后在英国盛行的新自由主义。在大卫·哈维的研究中，自70年代以来世界范围内"在政治经济的实践和思考上随处可见朝向新自由主义的急剧转变"，这一过程"带来了非常大的'创造性毁灭'，不仅摧毁了先前的制度框架和力量（甚至挑战了传统的国家主权形式），而且摧毁了劳动分工、社会关系、福利供给、技术混合、生活方式和思考方式、再生产活动、土地归属和情感习性"。与这种生产层面的重构相对应的是，"新自由主义作为话语模式已居霸权地位。它对各种思考方式的广泛影响到了这种程度：它已成为我们许多人解释和理解世界的常识的一部分"。④英国的实情告诉我们这绝非夸大其词，当撒切尔夫人的保守党在1979年大选中获胜时，所有公会成员中竟然有三分之一投票支持保守党⑤；而当"常识"已经被牢固地建立之后，似乎台上的领导者是谁都显得不重要了，因为即使是如布莱尔这样身为工党领袖的后来人，"不管乐意与否，他们所能做的不过是继续做好新自由主义化的工作"。⑥

在隔海相望、盛产思想和理论的欧洲大陆，情况也变得让人捉摸不

---

① 〔英〕雷蒙德·威廉斯：《电视：科技与文化形式》，冯建三译，台北：远流出版事业股份有限公司，1994年版，第7页。

② 参见〔美〕丹尼斯·德沃金《文化马克思主义在战后英国》，第109～110页。

③ 〔英〕斯蒂芬·科里尼：《政治生涯：〈新左翼评论〉创刊五十周年》，肖辉译，《国外理论动态》2011年第11期，第96页。

④ 〔英〕大卫·哈维：《新自由主义简史》，王钦译，上海：上海译文出版社，2010年版，第3页。

⑤ 参见〔美〕丹尼斯·德沃金《文化马克思主义在战后英国》，第338页。

⑥ 〔英〕大卫·哈维：《新自由主义简史》，第63页。

透。亚历山大·科耶夫在马克思的故国发表了一番演讲，其宗旨是要告诉世人马克思的理论是正确的。科耶夫认为马克思主张让更多的人来分享"剩余价值"是合理的，并且更为重要的是，当代的资本家们已经认识到这是唯一有效的出路，因此已经通过诸如福特主义的"充分就业"等方法"按照一种马克思主义的方式对资本主义进行了重建"。① 这一系列变革的成果既包括在已实现工业化的国家内部消除了马克思主义意义上的"无产阶级"——从相对的意义上讲，生活在资本主义国家中的人都是富裕的——又包括在世界范围内重新合理化了殖民主义的框架——通过"贸易条件"（高价买入欠发达国家的原材料）和向殖民地投资剩余价值（如联合国特别基金等跨国机构以及发达国家内的机构或跨国公司），让被殖民者也更多地分享剩余价值。在科耶夫的设想中，资本主义在马克思的指点下看到了自身的致命问题所在，并且——最为关键的——正在成功地逐一解决这些问题，而不是陷入周期性的崩盘和愈演愈烈的革命泥沼当中：大同世界似乎已经不远了。

正如科耶夫自己承认的那样，这些观点并不新鲜，我们在工党的福利国家政策当中也能发现类似的设想和诉求。这类思想理论无疑会受到新左派的抵制，但此时的情况是，新左派赖以存在的英国社会主义的传统基础已经被破坏殆尽，而曾经被多少寄予希望的各种激进的运动不是迅速地被新自由主义下的资本主义世界收编，就是沦为理论和语词的狂欢。失去了现实政治依托的新左派似乎只剩下了退守"思想阵地"的选择。然而在思想阵地上他们依然难以与真正的"霸权"相抗衡。作为新左派的主要刊物，自60年代末以来的《新左派评论》"从来没有达到与它的前辈相同的权威程度"，不仅如此，"考虑到60年代末新左派的分裂性，很难想到任何杂志能够承担起权威角色"。② 科里尼认为，作为交流争论场所的论坛与政治活动保持一定的距离是合理的，这也正是《新左派评论》从60年代以来就迈向的方向；但随之而来的问题是，"既然一本左翼杂志没有与任何有组织的、激进的或进步的运动建立联系，那么它的目标应该是什么？"

---

① 参见亚历山大·科耶夫《从欧洲视角看殖民主义》，《科耶夫的新拉丁帝国》，邱立波编译，北京：华夏出版社，2008年版，第191~192页。

② 〔美〕丹尼斯·德沃金：《文化马克思主义在战后英国》，第180页。

纵观《新左派评论》的发展历史，它从最初致力于推动和宣传有组织的左翼大众运动的杂志转而成为一本更注重理论研究的杂志，转变的推动者认为这一过程会有助于英国的革命政治；然而"从 2000 年开始，它不知不觉地成为一本'充满思想'的杂志——当然这些思想是偏左的，但是现在已远离激进运动，开始设计未来的政治蓝图"。初听起来这个方向并不算太坏，但正是在 2000 年新版《新左派评论》的第一期（从这一期开始该杂志重新计算期号，实际上也标志着某种彻底的转变）上，安德森说道："如今现实主义左派的唯一出发点就是清晰地定位历史性的失败。"无疑，这种历史性的失败是属于左派整体的，新左派并不需要为无法抗衡强大的对手而过分不安。此外，正如科里尼指出的那样，如果说新自由主义在全球的胜利是因为缺乏有效而激进的对抗力量的话，安德森等新左派的继承者至少还能暗示我们去寻求一种对当今世界有生力量的合理的阐释性理解："人们只有基于系统的、深入的了解及国际性的分析，才能采取尝试性的步骤，制定出可行的替代路径。"① 只是我们忍不住要问，在当下的整体情形下，思考、阐释与可行的替代性路径之间，究竟应当是一种什么样的关系呢？

---

① 参见〔英〕斯蒂芬·科里尼《政治生涯：〈新左翼评论〉创刊五十周年》，肖辉译，《国外理论动态》2011 年第 11 期，第 96～97 页。

参考文献

中文著作

〔法〕路易·阿尔都塞:《黑格尔的幽灵:政治哲学论文集》(1),唐正东、吴静译,南京:南京大学出版社,2005 年版。

〔法〕路易·阿尔都塞:《保卫马克思》,顾良译,北京:商务印书馆,2006 年版。

〔法〕路易·阿尔都塞、艾蒂安·巴里巴尔:《读〈资本论〉》,李其庆、冯文光译,北京:中央编译出版社,2008 年版。

〔英〕马修·阿诺德:《文化与无政府状态——政治与社会批评》,韩敏中译,北京:生活·读书·新知三联书店,2008 年版。

〔英〕托·丝·艾略特:《艾略特文学论文集》,李赋宁译,南昌:百花洲文艺出版社,2010 年版。

〔英〕佩里·安德森:《西方马克思主义探讨》,高铦、文贯中、魏章玲译,北京:人民出版社,1981 年版。

〔英〕佩里·安德森:《后现代性的起源》,王晶译,台北:联经出版事业公司,1999 年版。

〔英〕佩里·安德森:《从古代到封建主义的过渡》,郭方、刘健译,上海:上海人民出版社,2001 年版。

〔英〕佩里·安德森、帕屈克·卡米勒主编《西方左派图绘》,张亮、吴勇立译,南京:江苏人民出版社,2002 年版。

〔英〕佩里·安德森:《交锋地带》,郭英剑、郝素玲等译,北京:中国社会科学出版社,2008 年版。

〔英〕佩里·安德森：《思想的谱系：西方思潮左与右》，袁银传、曹荣湘等译，北京：社会科学文献出版社，2010 年版。

〔英〕迈克尔·奥克肖特：《政治中的理性主义》，张汝伦译，上海：上海译文出版社，2003 年版。

〔英〕迈克尔·奥克肖特：《经验及其模式》，吴玉军译，北京：文津出版社，2005 年版。

〔英〕托尼·本尼特：《本尼特：文化与社会》，王杰、强东红等译，桂林：广西师范大学出版社，2007 年版。

〔德〕马克斯·比尔：《英国社会主义史》（上、下），何新舜译，北京：商务印书馆，1959 年版。

〔法〕让·鲍德里亚：《消费社会》，刘成富、全志钢译，南京：南京大学出版社，2006 年版。

〔英〕彼得·伯克：《欧洲近代早期的大众文化》，杨豫、王海良等译，上海：上海人民出版社，2005 年版。

〔英〕奥利弗·博伊德－巴雷特、克里斯·纽博尔德编《媒介研究的进路》，汪凯、刘晓红译，北京：新华出版社，2004 年版。

蔡少卿主编《再现过去：社会史的理论视野》，杭州：浙江人民出版社，1988 年版。

陈越编《哲学与政治：阿尔都塞读本》，长春：吉林人民出版社，2003 年版。

〔美〕丹尼斯·德沃金：《文化马克思主义在战后英国》，李凤丹译，北京：人民出版社，2008 年版。

复旦大学哲学系现代西方哲学研究室编译《西方学者论〈一八四四年经济学—哲学手稿〉》，上海：复旦大学出版社，1983 年版。

〔意〕安东尼奥·葛兰西：《狱中札记》，曹雷雨、姜丽、张跣译，北京：中国社会科学出版社，2000 年版。

〔美〕迈克尔·哈特、〔意〕安东尼奥·奈格里：《帝国——全球化的政治秩序》，杨建国、范一亭译，南京：江苏人民出版社，2003 年版。

〔英〕大卫·哈维：《希望的空间》，胡大平译，南京：南京大学出版社，2006 年版。

〔英〕大卫·哈维：《新自由主义简史》，王钦译，上海：上海译文出版社，2010 年版。

黄伟合：《英国近代自由主义研究——从洛克、边沁到密尔》，北京：北京大学出版社，2005 年版。

〔英〕艾瑞克·霍布斯鲍姆：《趣味横生的时光：我的 20 世纪人生》，周全译，北京：中信出版社，2010 年版。

〔英〕肖恩·霍默：《弗雷德里克·詹姆森》，孙斌等译，上海：上海人民出版社，2004 年版。

〔英〕安东尼·吉登斯：《第三条道路：社会民主主义的复兴》，郑戈译，北京：北京大学出版社，2000 年版。

季广茂：《意识形态》，桂林：广西师范大学出版社，2005 年版。

蒋原伦、张柠编《媒介批评》，桂林：广西师范大学出版社，2005 年版。

〔美〕乔纳森·卡勒：《文学理论》，李平译，沈阳：辽宁大学出版社，1998 年版。

〔英〕约翰·凯里：《知识分子与大众：文学知识界的傲慢与偏见，1880—1939》，吴庆宏译，南京：译林出版社，2008 年版。

〔英〕克里斯托弗·考德威尔：《考德威尔文学论文集》（上、下），陆建德等译，南昌：百花洲文艺出版社，2010 年版。

〔英〕迈克尔·肯尼：《第一代英国新左派》，李永新、陈剑译，南京：江苏人民出版社，2010 年版。

刘进：《文学与“文化革命”：雷蒙德·威廉斯的文学批评研究》，成都：巴蜀书社，2007 年版。

刘金质：《冷战史》（上、中、下），北京：世界知识出版社，2003 年版。

〔匈〕卢卡奇：《历史与阶级意识——关于马克思主义辩证法的研究》，杜章智、任立、燕宏远译，北京：商务印书馆，2004 年版。

《卢卡奇早期文选》，张亮、吴勇立译，南京：南京大学出版社，2004 年版。

罗钢、刘象愚编《文化研究读本》，北京：中国社会科学出版社，2000 年版。

〔英〕弗兰西斯·马尔赫恩：《当代马克思主义文学批评》，刘象愚、陈永国、马海良译，北京：北京大学出版社，2002 年版。

〔德〕马克思：《1844 年经济学哲学手稿》，中共中央马克思、恩格斯、列宁、斯大林著作编译局编译，北京：人民出版社，2000 年版。

《马克思恩格斯选集》第一、四卷，中共中央马克思、恩格斯、列宁、斯大林著作编译局编译，北京：人民出版社，1995 年版。

〔英〕吉姆·麦克盖根：《文化民粹主义》，桂万先译，南京：南京大学出版社，2001 年版。

NLR 编《西方马克思主义批判文选》，徐平译，台北：远流出版事业股份有限公司，1994 年版。

邱立波编译《科耶夫的新拉丁帝国》，北京：华夏出版社，2008 年版。

〔英〕拉斐尔·塞缪尔：《英国共产主义的失落》，陈志刚、李晓江译，北京：社会科学文献出版社，2010 年版。

商文斌：《战后英国共产党对社会主义发展道路的探索》，北京：中国社会科学出版社，2006 年版。

〔英〕约翰·斯道雷：《文化理论与通俗文化导论》，杨竹山等译，南京：南京大学出版社，2001 年版。

〔美〕罗兰·斯特龙伯格：《西方现代思想史》，刘北成、赵国新译，北京：中央编译出版社，2005 年版。

〔英〕E. P. 汤普森：《英国工人阶级的形成》（上、下），钱乘旦等译，南京：译林出版社，2001 年版。

〔英〕爱德华·汤普森：《共有的习惯》，沈汉、王加丰译，上海：上海人民出版社，2002 年版。

〔英〕哈罗德·威尔逊：《英国社会主义的有关问题》，李崇淮译，北京：商务印书馆，1966 年版。

〔美〕雷纳·韦勒克：《批评的概念》，张金言译，杭州：中国美术学院出版社，1999 年版。

〔美〕雷纳·韦勒克：《近代文学批评史》（第 5 卷），杨自伍译，上海：上海译文出版社，2002 年版。

〔英〕雷蒙德·威廉斯：《文化与社会》，吴松江、张文定译，北京：北京大学出版社，1991 年版。

〔英〕雷蒙德·威廉斯：《电视：科技与文化形式》，冯建三译，台北：

远流出版事业股份有限公司，1994 年版。

〔英〕雷蒙德·威廉斯：《现代主义的政治：反对新国教派》，阎嘉译，北京：商务印书馆，2002 年版。

〔英〕雷蒙德·威廉斯：《关键词：文化与社会的词汇》，刘建基译，北京：生活·读书·新知三联书店，2005 年版。

〔英〕雷蒙德·威廉斯：《现代悲剧》，丁尔苏译，南京：译林出版社，2007 年版。

〔英〕雷蒙德·威廉斯：《马克思主义与文学》，王尔勃、周莉译，开封：河南大学出版社，2008 年版。

〔英〕雷蒙德·威廉斯：《政治与文学》，樊柯、王卫芬译，开封：河南大学出版社，2010 年版。

武桂杰：《霍尔与文化研究》，北京：中央编译出版社，2009 年版。

吴冶平：《雷蒙德·威廉斯的文化理论研究》，兰州：甘肃人民出版社，2006 年版。

〔英〕特里·伊格尔顿：《马克思主义与文学批评》，文宝译，北京：人民文学出版社，1980 年版。

〔英〕特里·伊格尔顿：《历史中的政治、哲学、爱欲》，马海良译，北京：中国社会科学出版社，1999 年版。

〔英〕特里·伊格尔顿：《后现代主义的幻象》，华明译，北京：商务印书馆，2000 年版。

〔英〕特里·伊格尔顿：《审美意识形态》，王杰、付德根、麦永雄译，桂林：广西师范大学出版社，2001 年版。

〔英〕特里·伊格尔顿：《沃尔特·本雅明：或走向革命批评》，郭国良、陆汉臻译，南京：译林出版社，2005 年版。

〔英〕特里·伊格尔顿：《文化的观念》，方杰译，南京：南京大学出版社，2006 年版。

〔英〕特里·伊格尔顿：《二十世纪西方文学理论》，伍晓明译，北京：北京大学出版社，2007 年版。

〔英〕特里·伊格尔顿：《理论之后》，商正译，北京：商务印书馆，2009 年版。

张亮：《阶级、文化与民族传统：爱德华·P. 汤普森的历史唯物主义思想研究》，南京：江苏人民出版社，2008 年版。

张亮编《英国新左派思想家》，南京：江苏人民出版社，2010 年版。

张新生：《英国成人教育史》，济南：山东教育出版社，1993 年版。

张志洲：《英国工党社会主义意识形态变迁研究》，北京：社会科学文献出版社，2011 年版。

赵毅衡：《重访新批评》，天津：百花文艺出版社，2009 年版。

中文论文

曹成竹：《考德威尔：英国马克思主义文论和美学传统的奠基人》，《马克思主义美学研究》第 12 卷第 1 期，北京：中央编译出版社，2009 年版。

陈越：《葛兰西和孤独》，《马克思主义美学研究》2008 年第 2 期。

邓晓芒：《"三层楼说"的误区与艺术的定位》，《云南大学学报》（社会科学版）2003 年第 2 期。

付德根：《威廉斯论共同文化》，《马克思主义美学研究》第 3 辑，桂林：广西师范大学出版社，2000 年版。

付德根：《〈新左派评论〉与战后英国马克思主义文论》，《马克思主义美学研究》第 11 辑，北京：中央编译出版社，2008 年版。

付德根：《战后英国成人教育与文化研究》，《马克思主义美学研究》2008 年第 2 期。

〔英〕斯蒂芬·科里尼：《政治生涯：〈新左翼评论〉创刊五十周年》，肖辉译，《国外理论动态》2011 年第 11 期。

李永新：《文化批评和美学研究中的领导权理论——兼论威廉斯和伊格尔顿对葛兰西领导权理论的接受与发展》，《文艺理论研究》2008 年第 2 期。

马驰：《论威廉斯及其"文化唯物主义"》，《马克思主义美学研究》第 3 辑，桂林：广西师范大学出版社，2000 年版。

〔英〕弗兰西斯·马尔赫恩：《一种福利文化?：50 年代的霍加特与威廉斯》，黄华军译，《马克思主义美学研究》第 3 辑，桂林：广西师范大学出版社，2000 年版。

〔英〕弗兰西斯·马尔赫恩：《瓶中信：文学研究中的阿尔都塞》，孟登迎译，《中外文化与文论》2009 年第 2 期。

王杰：《漫长的革命：20 世纪英国马克思主义文论的问题与理论立场》，《湖北大学学报》（哲学社会科学版）2008 年第 1 期。

〔英〕雷蒙德·威廉斯：《马克思主义文化理论中的基础和上层建筑》，付德根译，《马克思主义美学研究》第 2 辑，桂林：广西师范大学出版社，1999 年版。

武桂杰：《"新左派"刊物与英国"文化研究"的原动力》，《文艺研究》2010 年第 6 期。

〔英〕特里·伊格尔顿：《话语与意识形态》，马驰、王朝元、麦永雄译，《马克思主义美学研究》第 2 辑，桂林：广西师范大学出版社，1999 年版。

张劲松：《文化研究中的意识形态嬗变》，《求索》2009 年第 10 期。

张亮：《从文化马克思主义到"结构主义的马克思主义"：20 世纪 60 年代初至 80 年代初英国马克思主义的发展历程》，《文史哲》2010 年第 1 期。

英文著作

Perry Anderson, *Arguments Within English Marxism* (London: Verso, 1980).

Perry Anderson, *In the Tracks of Historical Materialism* (London: Verso, 1983).

Tony Bennett, *Formalism and Marxism*, London (New York: Routledge, 2003).

Ted Benton, *The Rise and Fall of Structural Marxism: Althusser and His Influence* (London: Macmillan, 1984).

Terry Eagleton, eds. *Raymond Williams: Critical Perspectives* (Boston: Northeastern University Press, 1989).

Terry Eagleton, *Ideology: An Introduction* (London, New York: Verso, 1991).

Terry Eagleton, *Criticism and ideology: a study in Marxist literary theory* (London, New York: Verso, 2006).

Robin Gable, eds. *Resources of Hopes* (London & New York: Verso,

1989).

RichardHoggart, *Auden: An Introductory Essay* (London: Chatto & Windus, 1965).

RichardHoggart, *The Use of Literacy* (New Brunswick, New Jersey: Transaction Publisher, 1998).

RichardHoggart, *Mass Media in A Mass Society: Myth and Reality* (London, New York: Continuum, 2005).

Martin Jay, *Marxism and Totality* (Cambridge: Polity Press, 1984).

Martin Jay, *Songs of Experience* (Berkeley: University of California Press, 2005).

LinChun, *The British New Left* (Edinburgh: Edinburgh University Press, 1993).

Francis Mulhern, *The Moment of Scrutiny* (London: New Left Books, 1979).

FrancisMulhern, *Culture/ Metaculture* (London, New York: Routledge, 2000).

Alan O'Connor, eds. *Raymond Williams: Writing, Culture, Politics* (Oxford & New York: Basil Blackwell, 1989).

Chtistopher Prendergast, eds. *Cultural Materialism: on Raymond Williams* (Minneapolis: University of Minnesota Press, 1995).

I. A. Richards, *Practical Criticism: A Study of Literary Judgment* (New Brunswick, New Jersey: Transaction Publishers, 2004).

E. P. Thompson, *The Poverty of Theory & Other Essays* (London: Merlin, 1978).

E. P. Thompson, *Making History: Writings on History and Culture* (New York: The New Press, 1994).

Raymond Williams, *Culture and Society* 1780 – 1950 (Garden City & New York: Anchor Books, 1960).

Raymond Williams, *Drama from Ibsen to Eliot* (London: Chatto & Windus, 1964).

Raymond Williams, *Communications* (Harmondsworth: Penguin Books,

1968）.

Raymond Williams, eds. *May Day Manifesto* 1968 （Harmondsworth: Penguin Books, 1968）.

Raymond Williams, *Drama in performance* （New York: Basic Books, 1969）.

Raymond Williams, *Drama from Ibsen to Brecht* （New York: Oxford University Press, 1969）.

Raymond Williams, *The English novel; from Dickens to Lawrence* （New York: Oxford University Press, 1970）.

Raymond Williams, *George Orwell* （New York: Viking Press, 1971）.

Raymond Williams, *The Long Revolution* （Harmondsworth: Panguin Books, 1971）.

Raymond Williams, *The Country and the City* （Oxford University Press, 1973）.

Raymond Williams, *Problems in Materialism and Culture* （London: Verso, 1980）.

Raymond Williams, *The Year* 2000 （New York: Pantheon Books, 1983）.

Raymond Williams, *What I Came to Say* （London: Hutchinson Radius, 1989）.

英文文章

Perry Anderson, "Origin of the Present Crisis, " *New Left Review* 23, 1964.

Perry Anderson, "The Left in the Fifties," *New Left Review* 29, 1965.

Perry Anderson, "The Antinomies of Antonio Gramsci," *New Left Review* 100, 1976.

Anthony Barnentt, "Raymond Williams and Marxism: A Rejoinder to Terry Eagleton," *New Left Review* 99, 1976.

Terry Eagleton, "Criticism and Politics: The Work of Raymond Williams," *New Left Review* 95.

Terry Eagleton, "The Idealism of American Criticism," *New Left Review* 127, 1981.

Terry Eagleton, "Fredric Jameson: The Politics of Style," *Diacritics*, Vol. 12, No. 3, 1982.

Terry Eagleton, "Review on *Jameson, Althusser, Marx: An Introduction to The Political Unconscious* by William C. Dowling," *The Review of English Studies*, New Series, Vol. 37, No. 146, 1986.

Terry Eagleton, "Jameson and Form," *New Left Review* 59, 2009.

Colin Falck, "Romanticism in Politics," *New Left Review* 18, 1963.

Stuart Hall, "Life and Times of The First New Left," *New Left Review* 61, 2010.

Francis Mulhern, "The Marxist Aesthetics of Christopher Caudwell," *New Left Review* 85, 1974.

Francis Mulhern, "Comment on 'Ideology and Literary Form'," New Left Review 91, 1975.

Tom Nairn, "Landed England," *New Left Review* 20, 1963.

Tom Nairn, "The British Political Elite," *New Left Review* 23, 1964.

Tom Nairn, "The English Working Class," *New Left Review* 24, 1964.

NLR, "Themes," *New Left Review* 93, 1976.

NLR, "Themes," *New Left Review* 127, 1981.

E. P. Thompson, "The Long Revolution," *New Left Review* 9, 1961.

E. P. Thompson, "The Long Revolution II," *New Left Review* 10, 1961.

Williams Raymond, "The British Left," *New Left Review* 30, 1965.

Williams Raymond, "Base and Superstructure in Marxist Cultural Theory," *New Left Review* 82, 1973.

Williams Raymond, "Note on Marxism in Britain since 1945," *New Left Review* 100, 1977.

Williams Raymond, "Marxism, Structuralism and Literary Analysis," *New Left Review* 129, 1981.

┃后　记┃

　　这本小书是由我的博士学位论文修改而来的。修改的工作主要集中在部分章节的调整和字句的打磨上，整体上呈现了论文本来的样貌。这也意味着，它保留了我在彼时彼刻的思考，同时也保留了各种不足和遗憾。当初的偶得与欣喜随着时间的推移早已消散，不足和遗憾却不会。不过，处理它们应是下一个阶段的事，这本小书不妨就留作一个无声的注脚吧。

　　我要感谢我的博士生导师罗钢先生，是他的悉心指导帮助我渡过了诸多难关，完成了这番探索。同样要感谢我硕士阶段的两位老师倪文尖先生和罗岗先生，本书多有从二位老师那里获益之处。拙作得以付梓，还要感谢我的博士后合作导师汪民安先生的帮助和指导，感谢社会科学文献出版社李建廷兄的牵线协调，以及编辑张金木老师耐心、细致、专业的工作。

　　最后，还请读者们多多指正、批评，不吝赐教。

程祥钰

2019 年 12 月 24 日

图书在版编目（CIP）数据

历史、经验与感觉结构：英国新左派的文化观念／
程祥钰著. -- 北京：社会科学文献出版社，2020.4
ISBN 978 - 7 - 5201 - 4992 - 1

Ⅰ.①历… Ⅱ.①程… Ⅲ.①政治思想 - 研究 - 英国
Ⅳ.①D095.61

中国版本图书馆 CIP 数据核字（2019）第 104868 号

历史、经验与感觉结构
——英国新左派的文化观念

著　　者／程祥钰

出 版 人／谢寿光
组稿编辑／李建廷　宋月华
责任编辑／李建廷
文稿编辑／张金木

出　　版／社会科学文献出版社·人文分社（010）59367215
　　　　　地址：北京市北三环中路甲 29 号院华龙大厦　邮编：100029
　　　　　网址：www. ssap. com. cn
发　　行／市场营销中心（010）59367081　59367083
印　　装／三河市尚艺印装有限公司

规　　格／开本：787mm × 1092mm　1/16
　　　　　印张：16　字数：264 千字
版　　次／2020 年 4 月第 1 版　2020 年 4 月第 1 次印刷
书　　号／ISBN 978 - 7 - 5201 - 4992 - 1
定　　价／98.00 元

本书如有印装质量问题，请与读者服务中心（010 -59367028）联系

▲ 版权所有 翻印必究